大学英语教学基础理论与实践研究

王华兰　王业璇　曾润婷 ◎ 著

中国商务出版社

·北京·

图书在版编目（CIP）数据

大学英语教学基础理论与实践研究 ／ 王华兰，王业
璇，曾润婷著. -- 北京：中国商务出版社，2023.12
ISBN 978-7-5103-4974-4

Ⅰ. ①大… Ⅱ. ①王… ②王… ③曾… Ⅲ. ①英语－
教学研究－高等学校 Ⅳ. ①H319.3

中国国家版本馆 CIP 数据核字（2023）第 237380 号

大学英语教学基础理论与实践研究

DAXUE YINGYU JIAOXUE JICHU LILUN YU SHIJIAN YANJIU

王华兰　王业璇　曾润婷　著

出　　版：中国商务出版社	
地　　址：北京市东城区安外东后巷 28 号	邮　编：100710
责任部门：发展事业部（010-64218072）	
责任编辑：周　青	
直销客服：010-64515210	
总 发 行：中国商务出版社发行部（010-64208388　64515150）	
网购零售：中国商务出版社淘宝店（010-64286917）	
网　　址：http://www.cctpress.com	
网　　店：https://shop595663922.taobao.com	
邮　　箱：295402859@qq.com	
排　　版：北京宏进时代出版策划有限公司	
印　　刷：廊坊市广阳区九洲印刷厂	
开　　本：787 毫米×1092 毫米　1/16	
印　　张：13.5	字　　数：317 千字
版　　次：2023 年 12 月第 1 版	印　　次：2023 年 12 月第 1 次印刷
书　　号：ISBN 978-7-5103-4974-4	
定　　价：65.00 元	

凡所购本版图书如有印装质量问题，请与本社印制部联系（电话：010-64248236）

前　言

　　大学英语教学是培养学生英语语言综合运用能力的阶段，也是推动学生全面发展的因素。在信息爆炸的时代，英语已经超越了语言学科的范畴，成为全球沟通与合作的桥梁。因此，深入研究大学英语教学的基础理论与实践，不仅是迎合时代潮流的需要，还是满足学生跨文化交际和专业发展的迫切需求。

　　本书致力于从理论和实践两个维度深入剖析大学英语教学，探讨如何更好地满足学生的学科需求、培养他们的英语能力，并促使他们在全球范围内具备竞争力。本书旨在梳理大学英语教学的基础理论，系统探讨实践中的问题与挑战，并为教师提供实用的指导和策略，以提高教学质量和学生的综合素养。

　　本书将深入研究语言学习理论、教学方法理论和语言教学模式，为大学英语教学提供理论支持。同时，本书从实践的角度出发，探讨教学的意义、目的、方法和评估反思，以期找到更切实可行的教学途径。通过深入剖析教学策略、方法和评价体系，本书为教育工作者提供创新型的教学理念，使他们可以更好地适应不断变化的教育环境。

　　本书结构设计得体，旨在从整体到细节，全面地探讨大学英语教学的方方面面。通过前瞻性的研究，本书将为读者提供一份系统而有深度的大学英语教学参考，助力广大教育工作者更好地理解和应对教学挑战。

　　最后，本书的完成离不开各方的支持与帮助，衷心感谢所有付出辛勤努力的人们。希望本书能够为大学英语教学领域的学术研究和实际教学提供有益的启示，从而推动大学英语教学的不断创新与发展。

编者

2023.11

目 录

第一章 引言

第一节 研究背景和意义

一、全球化背景下英语教学的重要性

（一）与英语的紧密关系

在全球化的浪潮中，信息、文化和经济之间的交流变得更为频繁与深入。英语作为一种全球主要通用语言之一，在这一背景下显得尤为重要。它不仅是国与国之间的沟通媒介，更是连接各种文化和知识的纽带。全球化的推动使得英语的应用领域更加广泛，其重要性日益凸显。

（二）大学英语教学的新要求

全球化背景下，大学英语教学不再仅仅关注语言能力的培养。更为重要的是培养学生具备跨文化交际的能力，以便他们能够在不同文化背景下自如地交流。大学英语教育可以培养学生的国际视野，使其在国际社会交往中具备更强的竞争力。

二、大学英语教学的挑战与需求

（一）学科知识与英语能力培养的有机结合

与中学阶段存在明显的不同，大学生面对更广泛、更深入的知识领域，需要在学科学习中运用英语。这使得教师要面对学科知识与英语能力培养方面的挑战。大学英语教学不再只是英语语法和词汇的传授，更需要与各个专业学科深度融合，以确保学生能够在专业领域内自如地运用英语。

（二）学科特色和专业需求

大学英语教学需要更灵活的教学方法，因为不同专业对使用英语的需求差异较大。在不同领域，学生需要掌握特定领域的词汇和表达方式。这就要求教师根据学科特色和专业需求，有针对性地设计教学内容，以满足学生在各自专业领域中的语言需求。

（三）教师面临的挑战

教师在大学英语教学中面临的挑战逐渐增多。他们不仅需要了解学科知识，还要关注英语教学的最新发展情况，不断更新自己的教学理念和方法。同时，他们需要具备激发学

生学习兴趣、培养学生主动学习的能力。

三、研究对提升大学英语教学质量的意义

（一）深入了解全球化背景下的英语教学要求

深入研究大学英语教学，首先有助于我们更深入了解全球化趋势下英语教学的新要求。其次，通过对全球化的深入剖析，我们可以更好应对握英语教学需要适应的新环境，了解学生在全球化的背景下的实际语言需求。

（二）为教师提供科学、有效的教学方法

研究大学英语教学意义重大，因为它为教师提供更科学、更有效的教学方法。通过深入研究全球化对英语教学的影响，可以更好地指导教师如何调整教学策略，使教学策略更贴合学科特点，从而更好地培养学生的英语能力培养。

（三）为学生提供更具实际应用价值的英语学习体验

深入研究大学英语教学有助于为学生提供更具实际应用价值的英语学习体验。通过更好地结合专业知识与英语语言学习，学生能够更好地将所学知识运用到实际工作和生活中，提升他们的综合素养和竞争力。

（四）提升大学英语教学的整体质量

深入研究大学英语教学对提升教学整体质量至关重要。通过对教学目标、方法和评价体系的深入探讨，能够建立更完善的英语教学体系，提高学生的学习效果，有助于培养更具国际竞争力的英语人才。

第二节　研究目的和方法

一、确定研究的具体目标和问题

（一）深入了解全球化趋势下大学英语教学的新要求

全球化已成为当今社会发展的主导趋势，其对大学英语教学提出了全新的要求。

首先，全球化背景下，英语不仅仅是一种语言工具，还成为连接跨文化交际和国际合作的纽带。大学英语教学要适应不同文化背景下学生的需求，培养他们具备在跨国企业、国际组织中工作的能力。

其次，全球化带来了海量的信息，学生只有具备批判性思维和信息处理能力，他们能够在海量信息中迅速定位所需要掌握的内容。这要求大学英语教学要注重培养学生的信息筛选和分析能力，使其能够更好地适应知识社会的发展。

（二）探讨大学英语教学中的挑战与需求

大学英语教学在高等教育中有其独特性，其面临着一系列挑战。

首先，学科知识与英语能力培养的有机结合成为主要问题。学生需要在学科学习中运用英语，因此大学英语教学不再是简单的语法与词汇教学，而需要与各专业学科深度融合。

其次，学生面临的学科压力较大，需要在短时间内掌握大量专业英语词汇和知识，因此教学需要更注重实用性和高效性。此外，英语听说读写能力的均衡发展也是学生亟待解决的问题，因为不同专业对这些能力的需求差异较大。

（三）研究如何提升大学英语教学的质量，培养更具国际竞争力的英语人才

提升大学英语教学质量，培养更具国际竞争力的英语人才是本书研究的核心目标。

首先，需要树立更符合全球化背景的英语教学理念，注重培养学生的国际视野和文化意识。

其次，采用创新型教学方法，如任务型教学、项目驱动教学等，使学生能够在实际问题中运用英语解决问题。同时，加强对学科英语的培训，使学生具备专业领域内的英语表达和交流能力。此外，建立健全的英语教学评价体系，以确保教学目标的实现，并为学生提供个性化的学习支持。

在全球化浪潮中，大学英语教学面临的任务虽然繁重，但同时蕴藏着更多机遇。通过深入研究全球化趋势下的新要求、大学英语教学面临的挑战与需求，以及提升教学质量的方法，我们能够更好地为培养更具国际竞争力的英语人才提供理论基础和实践指导。本书旨在为大学英语教学的发展提供有益的启示，促进全球化条件下的英语教学不断创新与进步。

二、采用的研究方法和理论框架

（一）文献综述法

第一，在全球化的时代背景下，大学英语教学面临着前所未有的机遇和挑战。通过对国内外相关大学英语教学文献的广泛收集，我们能够深入了解全球化趋势对大学英语教学提出的新要求。国内外学者纷纷就如何更好地培养学生的跨文化交际能力、提升学生语言实际运用能力等方面进行了深刻的探讨。他们的研究为本书提供了宝贵的理论支持，为大学英语教学在全球化时代的发展提供了指导方向。

第二，在深入综合国内外相关文献的过程中，本书不仅关注理论层面的讨论，还将聚焦大学英语教学的实践经验。通过文献综述，本书总结出大学英语教学领域的理论基础，包括语言学习理论、教学方法论以及语言教学模式等方面的研究成果。同时，本书深入分析了教师在实际教学中的经验与教训，探寻教学策略的有效性和可操作性。这有助于构建一个既具备理论深度又具有实际指导意义的研究框架。

第三，文献综述法将有助于本书可以全面了解国际化视角下的大学英语教学模式。通过对比不同国家和地区的大学英语教学模式，本书可以发现各国在教学目标、教学方法、课程设计等方面的异同。这有助于我们可以借鉴其他国家成功的经验，同时更好地应对我国大学英语教学的需求。

通过对文献的综合梳理，本书得出一系列结论，对大学英语教学的创新与发展提出建议。本书探讨了当前大学英语教学领域的研究热点及其未来的发展方向。这包括但不限于数字化技术在英语教学中的应用、语言测试方法的创新、全球化时代下的语料库语言学研究等，并对大学英语教学未来的研究方向提出建议，为后续研究者提供有益的参考。

（二）案例分析法

第一，在采用案例分析法的初期，本书精心选择具有代表性的案例，这些案例来自不同大学，涵盖不同地域和类型的英语教学环境。通过深入案例研究，本书挖掘出大学英语教学中普遍存在的问题，如学生参与度低、教学资源不足、评价体系不科学等。这有助于建立对大学英语教学全貌的全面认知。

第二，通过对选定案例的深入分析，本书聚焦大学英语教学中的具体问题，逐一剖析其背后的原因。其次，本书关注教学方法的有效性、教材的实用性以及学生的学习体验。通过深入分析案例中的各种细节，本书发现一些潜在的、未被察觉的问题，并为解决这些问题提供理论和实践的支持。

第三，在案例分析的过程中，本书借助先前的文献综述，构建解决问题的理论框架。首先，本书结合案例分析的具体情况，引入相关的教学理论、语言习得理论等，为问题的解决提供理论支持。其次，本书考虑到实际操作层面，在教学方法、课程设计等方面提出切实可行的解决方案。

通过对多个案例的深入研究，本书汇总案例中的共性问题，并提炼出具有广泛适用性的解决之道。首先，本书将这些案例的启示进行总结，从而为其他大学英语教学提供经验借鉴。其次，本书对未来大学英语教学的发展趋势进行了展望，将结合案例分析的经验，提出未来研究的方向和重点。

（三）调查研究法

第一，在采用调查研究法的初期，本书首先设计了一套科学合理的问卷和访谈提纲，以确保能够全面、准确地获取大学生和教师的意见与反馈。其次，调查的目的在于深入了解大学英语教学的现状、问题和期望，为其后续的研究提供实证基础。通过调查，本书借助学生和教师的视角，呈现出大学英语教学的多元面貌。

第二，问卷调查突显了广泛参与。首先，本书通过问卷调查方式，广泛征集大学生对英语教学的看法。通过设计具有一定深度的问卷题目，全面了解学生对英语教学内容、教学方法、教师评价等方面的看法。其次，问卷设计将兼顾开放性问题，鼓励学生提出建议和意见，以获取更为丰富的信息。最后，通过分层抽样，确保问卷能够反映不同年级、专业和英语水平的学生群体的声音。

第三，通过访谈方式，深入挖掘学生和教师的意见和反馈，寻找问题的本质和解决之道。其次，访谈将采用半结构化的形式，以确保在深入探讨问题的同时，能够保持一定的灵活性。最后，通过选择具有代表性的受访者，可以获取更为具体的信息，从而帮助揭示大学英语教学中存在的潜在问题。

在数据收集完成后，本书对问卷和访谈数据进行了系统性地分析。首先，本书采用统计分析方法，对问卷数据进行量化处理，形成可视化的结果。其次，通过对访谈内容的归纳和整理，本书总结出大学生和教师对于英语教学的意见、问题和建议。最后，本书综合问卷和访谈的结果，形成综合性的调查报告，以直观、全面地展现大学英语教学的真实面貌。

三、数据收集与分析方法的详细说明

（一）问卷调查

首先，为确保问卷的科学性和准确性，本书设计了一套结构合理、有层次的问卷。通过文献综述的基础上，一是本书明确定义调查的目标，明确调查的范围。二是问卷中包含开放性和封闭性问题，以全面获取受访者对大学英语教学的看法、期望和建议。三是问卷的设计充分考虑了大学生和教师的不同需求，以确保问卷的适用性。

其次，为确保样本的广泛性和代表性，本书采用随机抽样的方法，选择不同年级、专业和英语水平的学生与教师一起进行问卷调查。一是问卷的分发采用在线和线下相结合的方式，以确保更多人的参与。二是在回收阶段，本书设置合理的截止日期，并通过多种途径，如邮箱、课堂收集等方式，确保问卷的高回收率。

最后，对问卷数据进行详细的统计和分析。一是我们将采用统计软件对封闭性问题进行量化分析，形成图表和统计报告。二是对开放性问题，本书进行了内容分析，通过主题词提取和分类，深入分析受访者的深层次需求和期望。这种综合性的数据分析将为本书提供了全面的调查数据，有助于深入了解大学生和教师对英语教学的真实看法。

（二）访谈

首先，本书选择了一些经验丰富的英语教师和在学业上取得显著成绩的学生作为访谈对象。通过精心选择受访者，本书获取了更为深刻、具体的经验分享，为后续教师的教学和学生的学习提出了有针对性的建议。

其次，本书采用半结构化的访谈形式，结合问卷调查的结果，设计出具有针对性的问题。访谈的问题涵盖教学方法、课程设计、学习经验等多个方面，以获取受访者的全面反馈。

访谈数据的整理和分析是深度挖掘的关键。一是本书对访谈录音进行逐字转录，整理出关键信息。二是通过内容分析的方法，本书对受访者的回答进行分类和总结，提炼出具有共性的经验和见解。这种深度访谈的结果为本书提供了更为直观和个体化的反馈，有助于为大学英语教学提出有个性化的改进建议。

（三）文本分析

首先，本书选择大学英语教材、课程大纲等重要文本进行深入分析。通过精心挑选具有代表性的文本，本书更好地了解大学英语教学的理念、目标和方法。

其次，本书采用内容分析的方法，通过关键词提取、主题分类等手段，深入挖掘文本中蕴含的信息。分析的重点将包括教材的适用性、课程大纲的设计理念等方面，从而更全面地了解大学英语教学的实际运作。

最后，通过对文本分析的结果进行整理和呈现。一是本书将形成文本分析报告，提炼出文本中的亮点和问题。二是通过图表、表格等方式，将结果生动地呈现出来，为后续研究者和决策者提供直观的参考。

通过综合运用问卷调查、深度访谈和文本分析，本书获取了多维度、多层次的数据，为深入了解大学英语教学提供丰富的信息。这种多方法的数据收集与分析，将有助于了解大学英语教学的现状、问题和发展方向，为提升教学质量提供科学依据。

第三节　研究综述

一、国内外大学英语教学研究现状

（一）国际视野下的大学英语教学研究

首先，随着全球化的推进，国际视野下的大学英语教学研究变得愈发重要。在这一背景下，各国积极借鉴先进的大学英语教学模式，以更好地适应国际社会的发展。

其次，通过对国外大学英语教学模式的引介和分析，我们能够深入了解国外先进的教学理念、方法和管理体制。通过文献综述，我们将挖掘先进模式中的亮点和特色，如任务型教学法、交际式教学法等，为我国大学英语教学的改革提供宝贵的经验借鉴。

再次，国际比较研究将是关键的一环。通过对比不同国家和地区的大学英语教学模式，我们可以发现各自的优势和劣势，为更全面地认识国际化背景下大学英语教学的多样性，为我国的教学改革提供启示。

最后，我们将关注国际合作与交流在大学英语教学中的作用。通过对国际合作项目的案例分析，我们可以了解掌握国际资源在提升我国大学英语教学水平过程中的贡献，从而为我国大学英语教学的国际化提供实践经验和理论支持。

（二）国内大学英语教学的历史演进

首先，了解国内大学英语教学的历史演进对了解当前教学状况具有重要意义。通过历史回顾，我们可以把握大学英语教学的发展脉络，为当前的教学改革提供参考。

其次，我们将深入研究我国大学英语教学的开篇时期。这一时期，英语教学主要以语法翻译为主，着眼于语法知识的传授。通过分析当时的教学方法和教材，我们可以了解我国大学英语初期的教学特点。

再次，我们将关注我国大学英语教学中的改革与创新阶段。这一时期，我国不断吸收国外先进经验，开始尝试任务型教学法、交际式教学法等模式。通过文献综述，我们能够追踪我国大学英语教学改革的重要事件和关键人物，了解我国教学理念的逐步更新过程。

最后，我们将分析当前国内大学英语教学的形势，关注现行政策和教学实践的结合。同时，通过对未来的展望，我们将探讨我国大学英语教学的发展方向和可能的创新路径。

这一部分将为我们提供历史的启示，引导我们更好地迎接未来的挑战。

二、先前研究的主要发现和不足

（一）成果与进展

首先，回顾先前研究在大学英语教学领域所取得的成果和进展对了解该领域的发展轨迹至关重要。通过综合分析先前研究的成果，我们可以认识大学英语教学研究的前沿问题和热点。

其次，先前研究取得的突出成果主要体现在理论框架、教学方法和教学策略等方面。通过文献综述，我们将挖掘出在语言学习理论、任务型教学法、交际式教学法等方面的重要发现。这些成果为大学英语教学提供了理论支持和实践经验，促进了教学模式的创新和发展。

最后，先前研究在实践层面取得的进展也是显著的。通过实证研究、调查和案例分析等方法，先前研究为大学英语教学提供了具体的实践指导。这些实践研究不仅促进了理论的深化，也在一定程度上解决了实际教学中的问题。

（二）存在的不足

首先，先前研究中可能存在的不足主要集中在研究方法论的层面。有些研究可能过于依赖理论探讨，而缺乏实证数据的支持；另一些研究可能受到样本选取和研究设计的局限，使得研究结论的普适性受到一定影响。

其次，部分研究在全球化背景下缺乏对跨文化适应性的充分考虑。由于不同文化和背景的学生在大学英语教学中存在差异，先前研究中未能充分解析这些差异，限制了研究成果在国际范围内的推广。

最后，教学实践与研究之间存在一定的脱节。有些研究成果未能充分融入实际教学中，导致研究成果的转化和应用存在一定的滞后性。

三、本研究在现有文献基础上的创新点

（一）理论创新

首先，本研究在理论层面的创新点在于提出了全球化背景下大学英语教学的新理论框架。通过对全球化趋势的深入理解，本书构建一个更加符合跨文化交际需求的教学理论，以适应不同国家和地区学生的英语学习需求。

其次，本书从语言学习、教学方法、跨文化沟通等方面对传统理论框架进行扩展和突破。通过引入全球化背景下的新理论，本书旨在提供更具针对性和实用性的教学指导，使学生更好地适应国际社会的语言需求。

（二）实践创新

首先，本书在实践层面的创新点在于基于案例研究，提出切实可行的大学英语教学策略。通过深入分析实际教学案例，本书挖掘出了有效的教学方法和策略，从而解决了先前研究中可能存在的实践问题。

其次，本书强调实证研究与理论的有机结合，确保本书研究成果更具实用性。通过实地考察和案例分析，本书验证了新理论框架的实际效果，并提出具体的教学建议，使研究成果更易于被教育从业者和决策者采纳。

最后，本书采取跨学科的综合方法，结合语言学、教育学、文化学等多个学科的理论和方法。通过整合不同学科的知识，本书旨在构建更为综合和多维的大学英语教学模式，使学科知识与英语能力更好地融合。

第二章 大学英语教学理论基础

第一节 语言学习理论

一、主要语言学习理论概述

（一）行为主义理论

1. 行为主义理论概述

首先，行为主义理论的起源与基本原理。行为主义理论是一种心理学理论，起源于20世纪初，其基本原理认为学习是对外部刺激的反应。这一理论最早由俄国科学家巴甫洛夫提出，他通过对狗的实验观察到动物在面对刺激时的条件反射。随后，美国心理学家斯金纳对行为主义进行了系统阐述，并提出了强调环境刺激和反应之间关系的观点。行为主义理论强调外部刺激与行为的直接关联，认为通过刺激的重复可以形成习得行为。

其次，行为主义理论在语言学习中的应用。一是行为主义在语言学习领域强调通过刺激和响应的重复来形成语言习得。在大学英语教学中，这意味着通过频繁地语言输入，帮助学生建立正确的语言模式。通过不断重复特定的语言结构和表达方式，学生可以逐渐掌握这些语言元素，形成稳定的语言习惯。二是行为主义理论认为通过积极地强化反馈可以增强学习效果。在大学英语教学中，教师可以通过口头表扬、积极地评价和鼓励等方式，及时给予学生正面的反馈，以增强他们的学习兴趣和提高其积极性。另外，纠正错误并提供负面反馈也是帮助学生避免错误习得的重要手段。

再次，行为主义理论的适用性与局限性。一是行为主义理论尤其适用于初学者，因为他们需要通过大量的语言输入和反复练习来构建语言基础。在大学英语的初级阶段，学生通常需要通过对基本词汇、语法规则的反复学习，形成对英语基础知识的牢固掌握。二是行为主义理论更注重对具体语法和词汇的学习，该理论适用于需要学习大量语言元素的阶段。在大学英语教学中，特别是在语法和词汇教学方面，采用行为主义方法可以帮助学生更迅速地掌握和运用这些基础知识。

最后，行为主义理论虽然在语言学习领域取得了一定的成就，但也受到了一些批评，尤其在对学习过程中对认知因素的忽视。未来，行为主义理论可以通过与认知心理学等其他理论的结合，更全面地解释语言习得的复杂过程。同时，随着技术的发展，基于行为主义理论的计算机辅助语言学习将成为可能，从而为个性化和高效的语言学习提供更多可能性。

2.行为主义理论对大学英语教学的启示

（1）语言联结的建立

首先，语言习得是一项复杂而精细的任务，受到多种因素的影响。行为主义理论在语言学习领域中占有重要地位，强调通过刺激和响应的重复来建立语言联结。在大学英语教学中，行为主义理论对语言习得的指导意义可以通过有效的教学策略促进学生逐步建立正确的语言模式。

其次，语言联结的建立是一个渐进的过程。一是学生需要大量的语言输入，以暴露于不同语境中，从而接触到丰富的语言元素。这可以通过阅读、听力和交流等多种方式实现。二是频繁的语言输入有助于学生熟悉语法结构、词汇用法以及语境的运用，为语言联结的形成提供必要的素材。在大学英语教学中，教师应当设计多样化的教学活动，包括阅读理解、听力练习、小组讨论等，以确保学生在各种语境中接触到不同类型的语言输入方式。通过这些活动，学生能够逐渐习得正确的表达方式，并在实践中建立语言联结。

再次，行为主义理论强调强化反馈的作用。在语言学习过程中，学生需要得到及时而积极的反馈，以便纠正错误、强化正确的语言模式。教师在评价学生作业时应注意不仅要指出错误，还要提供详细的解释和建议，帮助学生理解并改正问题。同时，积极地强化反馈可以提高学生学习的积极性，增强他们对语言学习的兴趣和自信心。在大学英语教学中，可以采用多种形式的强化反馈，包括口头表扬、书面评价、小组讨论等。通过这些方式，学生能够更清晰地了解自己的语言表达能力，从而做出更有针对性地改进和提高。

最后，为了有效地促进语言联结的建立，教师应该精心设计教学策略，包括合理的课程设置、教学资源的选择以及有效的评估方法。一是课程设置应该贴近实际语言运用情境，使学生能够在真实的语境中运用所学知识。二是选择丰富多样的教学资源，如多媒体教学、语言实践活动等，以提供多样性的语言输入方式。三是评估方法应该全面而具体，能够客观地反映学生的语言水平，并为他们提供明确的改进方向。

（2）重视反馈机制

第一，语言习得是一个需要反复实践和反馈的过程。行为主义理论强调通过正面和负面的反馈，使学生能够更好地理解和记忆语言。在大学英语教学中，及时而积极的反馈对学生的语言习得至关重要。本书将探讨重视反馈机制在大学英语教学中的实践与应用，以深入了解如何通过反馈机制促进学生的语言习得。

第二，为了建立有效的反馈机制，首先需要明确反馈的目的和方式。其次，反馈不仅仅是指出错误，还应该是为学生提供指导，帮助他们理解语法、词汇和语言运用的规律。最后，教师应该在反馈中注重积极的元素，强调学生已经掌握的知识和表达方式，以增强他们的信心。在大学英语教学中，反馈可以通过口头表扬、书面评价、小组讨论等多种方式进行。口头表扬能够直接激发学生的兴趣和提高其积极性，而书面评价则可以为学生提供了更具体的信息和建议。小组讨论可以促使学生在互动中学习，相互之间进行反馈，增加学习的多样性和深度。

第三，及时性是反馈机制的关键。学生在语言习得过程中需要立即知道他们的表达模式是否正确，以便及时纠正错误并巩固正确的语言模式。教师应该在学生完成任务后尽快提供反馈，避免学生在错误的语言习惯中形成固定的模式。在大学英语教学中，教师可以通过即时批改作业、实时评估课堂表现等方式实现及时反馈。此外，借助技术手段，如在线平台和语音识别软件，也能够加速反馈的传递速度，提高反馈的及时性。

第四，个性化反馈是一种更为深入和精细化的反馈方式。不同学生在语言习得上存在个体差异，因此，教师应该根据学生的具体情况提供个性化的反馈，包括对不同学生的错误类型、学习风格、兴趣爱好等方面的个性化考虑。在大学英语教学中，教师可以通过与学生进行一对一地交流、定制化的任务设计等方式实现个性化反馈。这样的反馈不仅更具针对性，也能够更好地激发学生的学习兴趣和动力。

第五，为了充分发挥反馈机制的作用，教师可以采用一些策略提高学生的参与度。首先，通过设立学生自评和同学评价的机制，可以使学生更主动地参与到反馈过程中。其次，组织定期的反馈讨论会，让学生有机会与教师深入交流，共同探讨语言学习中存在的困难并提出解决方案。

通过这些策略，学生能够更全面地了解自己的语言水平，更有动力地参与到反馈过程中，进一步促进语言习得的深层次发展。

（二）认知理论

1.认知理论概述

首先，认知理论在教育领域中占有重要地位，强调学习者内部的认知过程对知识的获取和应用至关重要。在语言学习中，认知理论将学习视为一种积极地、主动的认知活动，注重学生通过对信息的主动处理和理解来学习语言。本书探讨了认知理论在语言学习中的关键作用，以深入了解学生在认知过程中如何习得语言。

其次，认知理论强调学习者的主动参与。学生不仅是知识的接受者，更是知识的构建者。在语言学习中，学生通过思考、分析、比较等认知过程，将外部输入的语言信息内化为自己的认知结构。这种内部的认知活动包括思维、记忆和问题解决等方面，构成了学生语言学习的核心。在大学英语教学中，教师应该通过激发学生的思维，引导他们思考语言习得背后的规律和结构。通过实施启发性的问题、案例分析等教学手段，促使学生在语言学习中更为深入地参与认知过程，从而提高他们的语言能力。

再次，认知理论强调认知活动与语言习得之间的密切关系。学生通过对语言信息的主动处理，将其编码、存储和检索，形成对语言的深层次理解。认知活动在语言习得中扮演着关键的角色，影响着学生对语法规则、词汇用法和语境运用的掌握程度。在大学英语教学中，教师可以通过引导学生完成语言分析、应用语境理解等任务，促使他们在认知活动中深入思考和理解语言的本质。这有助于提高学生对语言知识的掌握，使其能够更灵活地运用在实际语境中。

再次，认知理论强调知识的建构与解决问题之间的紧密联系。学生通过将已有的知识与新学习的知识相连接，形成更为完整和有机的知识体系。此外，学生通过解决问题的过程中，不仅加深对知识的理解，还培养其解决实际问题的能力。在大学英语教学中，教师可以设计一些开放性问题、案例分析等任务，引导学生主动运用已有的语言知识解决问题。这不仅可以激发学生的学习兴趣，同时可以培养他们在实际语境中运用语言知识解决问题的能力。

最后，认知理论关注学生的个体差异。每个学生在认知活动中的方式和特点都有所不同。因此，在大学英语教学中，教师需要充分考虑学生的个体差异，采用差异化教学策略，以满足不同学生的学习需求。个体差异的考虑包括学生的学习风格、认知水平、兴趣爱好等方面。通过了解学生的个体特点，教师可以更有针对性地设计教学活动，提供个性化的学习支持，从而更好地促进学生在语言习得中的认知发展。

2.认知理论对大学英语教学的启示

（1）注重学生思维过程

第一，认知理论的重要性在于它关注学生的思维过程，将学习视为一种积极的认知活动。在大学英语教学中，如何有效引导学生的思考和记忆，提高他们的深度学习水平成为关键问题。本书探讨了认知理论在大学英语教学中的实践，强调设计具有思辨性和启发性的教学活动，以促进学生在语言习得中的深度学习。

第二，认知理论提示我们应该设计具有挑战性的任务，激发学生的思考和记忆。挑战性的任务可以刺激学生的认知活动，使他们更加专注、深度思考，从而更好地理解和掌握语言知识。在大学英语教学中，这可以体现为设计复杂的阅读材料、开放性的讨论题目或实际语境中的任务，引导学生在面对挑战时进行思辨性的处理。教师在设计任务时，应充分考虑学生的水平和兴趣，确保任务的难度既能够激发学生的热情参与，又不至于让学生感到过于沮丧。通过适度的挑战，可以引导学生建立起对语言知识更为深刻的认识。

第三，认知理论强调激发学生思考和记忆的参与热情。在大学英语教学中，这可以通过多种方式实现。首先，教师可以设计出有启发性的问题，引导学生思考语言背后的逻辑和规律。其次，通过课堂讨论、小组合作等形式，促使学生在交流中加深对语言知识的理解，从而更好地记忆。最后，教师可以运用记忆技巧和认知策略，教导学生更有效地存储和回忆语言信息。通过促进学生的思考和记忆，教师能够培养学生更主动地参与语言学习的习惯，使他们的学习过程更有深度和内涵。

第四，认知理论提示我们应该注重思辨性和启发性的教学活动设计。思辨型的活动能够引导学生进行深度思考，培养他们批判性思维和解决问题的能力。在大学英语教学中，可以通过辩论、案例分析等方式，让学生从不同角度思考语言问题，形成更为全面的认知结构。同时，启发型的教学活动能够激发学生的学习兴趣，促使他们在学习中保持积极态度。这可以通过引入有趣的实例、设计富有创意的任务等方式实现。通过这样的活动，学生更容易提高对语言学习的主动性，并在思考中逐渐建立起对语言的深层次认知。

第五，认知理论实践的目标之一是提升学生的参与度。学生参与度的提升不仅意味着他们可以积极地参与教学活动，也意味着他们能够深度参与到认知活动中。在大学英语教学中，可以通过营造积极的学习氛围、采用互动性强的教学方法等手段，激发学生的学习热情。另外，教师还可以通过提供实时反馈、定期评估学生的思考和表达能力，帮助学生可以全面地了解自己的学习水平，从而使其可以更加主动地参与到学习过程中。

（2）强调问题解决能力

第一，认知理论强调学习是一个积极的过程，学生通过解决问题来构建知识。问题解决的能力是学生在面对复杂情境时应具有的核心技能之一。在大学英语教学中，如何培养学生的问题解决和分析能力成为至关重要的任务。本书探讨了认知理论在大学英语教学中强调问题解决能力的实践，通过提供实际案例、讨论活动等方式，促进学生在语言习得中问题解决能力的发展。

第二，认知理论将学习视为学生积极主动的认知过程，强调学生通过参与认知活动来获取和构建知识。解决问题作为认知活动的一部分，不仅是获取知识的手段，更是将知识应用到实际情境中的关键。在大学英语教学中，教师可以通过激发学生思考、引导解决问题的任务等方式，使学生更积极地参与到学习过程中。

第三，为了培养学生的问题解决能力，教师可以引入实际案例。实际案例能够将学生从抽象的语言知识学习中引导出来，使他们更好地理解和运用所学。这可以通过真实生活中的语言使用场景、专业领域的实例等来实现。例如，通过分析真实商务文件中的语言表达方式，学生不仅能够了解语法和词汇的运用，还能够理解不同语境下的得体表达方式。在实际案例的引入中，教师应该注重案例的多样性，确保学生在解决问题的过程中能够面对不同类型和难度的情境，有助于培养学生更全面的问题解决能力。

第四，讨论活动是促进问题解决能力提升的有效途径。通过讨论，学生可以在团队中交流思想，分享观点，共同解决问题。教师可以设计有挑战性的讨论话题，引导学生的思考和争论。例如，讨论某一社会话题，要求学生从多个角度出发提出解决方案，并通过讨论得出结论。讨论活动的设计不仅要关注问题本身，还要注重过程的引导。教师可以提供有效的问题引导、讨论规则，使学生更有组织地表达观点，提高解决问题的效率。

第五，认知理论实践中，引导学生使用认知策略是培养其问题解决能力的重要手段。认知策略包括问题分解、归纳与演绎、假设与验证等，这些策略可以帮助学生更系统地解决问题。在大学英语教学中，可以通过教授问题解决的具体策略，鼓励学生在解决问题时有目的地运用这些策略。例如，教师可以引导学生分析一篇难度较大的文章，指导他们如何通过分解问题，提取关键信息，逐步理解文章的整体结构和含义。通过这样的训练，学生不仅可以提高对语言的理解能力，同时可以培养更高层次的问题解决技能。

第六，认知理论实践中，对学生问题解决能力的评估和反馈至关重要。教师可以通过作业、考试、项目等方式对学生的问题解决能力进行定期评估。评估过程不仅关注解决问题的结果，更应该注重解决问题的思路、方法和逻辑。同时，及时而具体的反馈是提高学生问题解决能力的有效途径。通过指出学生在解决问题中的优点和不足，教师可以帮助学生更好地了解自己的思考过程，指导他们提出改进问题解决的方法，促进其能力的提升。

（三）社会文化理论

1.社会文化理论概述

第一，社会文化理论在语言学习领域占据重要地位，其强调了社会互动和文化背景在语言习得中的关键作用。该理论认为语言的习得是社会参与和文化实践的产物，学习者通过参与各种社会活动来获得语言。

第二，社会文化理论的核心观点是语言习得不仅仅是个体内部的认知过程，更是一种社会参与和文化实践的产物。该理论最初由维果茨基提出，其强调了社会环境在个体学习过程中的关键性作用。语言的习得被看作是与社会互动和文化实践紧密相连的过程。

第三，社会文化理论强调社会参与对语言习得的重要性。学习者通过与更有经验的社会成员互动，参与各种社会活动，从中获取语言和文化知识。这一过程中，学习者逐渐参与到社会的语言实践中，通过模仿、合作和交流等方式，积累并内化语言规则和表达方式。在大学英语教学中，教师可以通过设计实践性的任务、模拟社会场景的对话等方式，促使学生更积极地参与到英语语境的社会活动中，从而更全面地理解并习得语言。

第四，社会文化理论强调文化实践对语言习得的影响。语言不仅仅是词汇和语法的组合，还包含了一系列文化的内涵。学习者在社会实践中不仅要学习语法规则，更需了解背后的文化价值观、社交礼仪和交际习惯。在大学英语教学中，教师可以引入与文化相关的素材，如文学作品、电影、音乐等，通过这些文化实践的介入，让学生更深入地了解语言的多样性和其背后的文化内涵。

第五，社会文化理论在教学实践中的运用至关重要。首先，教师应该创设有利于学生社会参与的教学环境，鼓励学生在课堂上进行互动和合作，参与各种语言实践活动。其次，教师可以通过引入真实的社会场景、模拟实际交际情境的教学材料，让学生更直观地感受语言的实际运用。最后，教师应该关注文化差异，通过讨论和解释文化背后的语言现象，从而帮助学生更好地理解并尊重不同文化的表达方式。在大学英语教学中，这可以体现为设计项目式学习、组织实地考察、引导跨文化交流等实际活动，以培养学生更全面的语言和文化素养。

值得注意的是，社会文化理论在教学实践中也受到一些学者们的批判。他们认为，该理论可能过于强调社会互动，忽视了个体内部的认知过程。因此，在将社会文化理论应用于具体教学中时，需要结合其他理论，综合考虑学习者的个体差异和认知需求。

2.社会文化理论对大学英语教学的启示

（1）创设真实语境

社会文化理论鼓励创设互动性和丰富的教学环境，使学生能够在真实的语境中运用英语。在大学英语教学中，教师可以通过模拟真实生活场景、引入实际文化元素等方式，提高学生的语言实际运用能力。

（2）强调合作与互动

社会文化理论认为学习是一种社会活动，强调合作和互动。在大学英语教学中，鼓励学生通过小组讨论、合作项目等方式，促进其语言能力的共同提高。

二、不同理论对大学英语教学的启示

（一）行为主义对大学英语教学的启示

1.强调频繁的语言输入

第一，行为主义理论认为语言习得是通过刺激和响应的重复形成的，特别强调频繁的语言输入对学生的语言联结建立至关重要。在大学英语教学中，为了促进学生对英语的更深入理解和有效吸收，教师应该注重提供丰富的语言输入，包括听力、阅读和口语等多个方面。本书深入了探讨如何在大学英语教学中实践强调频繁的语言输入的策略和方法。

第二，首先要关注的是提供多样化的听力材料。听力是语言习得的重要环节，通过频繁的听力练习，学生可以更好地熟悉英语的语音、语调和表达方式。教师可以选择包括新闻、讲座、采访、影视剧等各类听力素材，以涵盖不同语境和语言风格。此外，教师可以结合实际语境，设计听力任务，提高学生对语言输入的关注度和理解深度。

第三，大学英语教学中需要鼓励广泛的阅读实践。阅读是丰富词汇、理解语法结构的有效手段，通过阅读不同主题、不同难度的文本，学生可以接触到更多的词汇和表达方式。教师可以引导学生选择适当难度的英文书籍、文章、新闻等，提供语言输入的丰富性。同时，通过阅读分析、小组讨论等形式，促进学生对所读内容的思考和理解，巩固语言输入的效果。

第四，强调频繁的语言输入要注重口语表达的机会。通过口语的实际运用，学生能够更好地巩固所学语言知识，提高语言输出的流利度。教师可以设计口语练习活动，包括角色扮演、小组讨论、辩论等，使学生在轻松的语境中进行语言输出。同时，提供实时的反馈和纠正，帮助学生不断调整策略并提升口语表达水平，促进语言联结。

第五，随着科技的发展，利用技术手段是提供频繁语言输入的有效途径。教师可以引入多媒体资源，如在线课程、语音应用、学习平台等，为学生提供更灵活、多样化的语言输入渠道。通过互动式的学习环境，学生能够在虚拟的语言场景中进行实践，加深对语言的印象，提高运用语言的能力。

第六，设计任务型教学是强化语言输入的有效手段。任务型教学注重学生在实际任务中的语言运用，通过设立具体任务，激发学生的学习兴趣，使他们可以更主动地去获取和运用语言。这可以包括完成项目、解决问题、参与讨论等形式，让学生在实际任务中获得更多的语言输入内容，提高语言联结的深度和广度。

在大学英语教学中，频繁的语言输入需要得到有效的评估。教师可以通过定期的听力测验、阅读理解测试、口语演讲等方式，检测学生对语言输入的理解和掌握程度。同时，教师可以通过作业和项目评估，了解学生在实际任务中的语言运用能力。这样的评估机制有助于教师调整教学策略，更有针对性地提供适宜难度的语言输入内容。

2.强调积极的反馈

第一，行为主义理论认为通过正面和负面的反馈，学生能够更好地理解和记忆语言。在大学英语教学中，积极的反馈被认为是激发学生学习积极性、促使他们更快适应英语学习过程的关键因素。本书深入探讨了积极的反馈在大学英语教学中的理论依据以及实际运用。

第二，行为主义理论强调通过刺激和响应的重复形成语言联结，而积极的反馈将在这一过程中起到至关重要的作用。正面的反馈如口头表扬、奖励等可以增强学生对正确语言行为的积极认知，而负面的反馈如纠正错误、指导改进等则能够帮助学生纠正不准确的语言习惯，形成更准确的语言结构。

第三，及时给予积极的反馈是在大学英语教学中切实可行的策略。及时的反馈能够帮助学生迅速了解自己的学习成绩，提高学习的积极性。在口头表扬方面，教师可以在课堂上及时表扬学生的正确表达、流利发音等，激发他们的学习热情。同时，在纠正错误方面，教师应当及时指出学生的语法错误、用词不当等，并给予建设性的建议，引导他们改进。

第四，差异化的反馈策略有助于满足不同学生的需求。不同学生在语言学习中存在着个体差异，有的需要更多的正面激励，而有的可能更需要有针对性的指导。教师可以根据学生的表现，差异化地采用鼓励性、引导性和纠正性的反馈策略，以更好地满足他们的学习需求，提高教学的个性化水平。

第五，积极地强化反馈有助于营造积极的学习氛围。通过及时正面的反馈，学生感受到自己的努力和进步得到了认可，从而更愿意积极参与学习。良好的学习氛围对创设更好的学术环境、促进师生交流、提高学生学习动力都具有积极的影响。

在大学英语教学中，反馈可以在不同的语言技能中得到应用。在听力方面，教师可以通过及时的口头表扬、奖励，激励学生认真倾听、提高听力水平。在口语方面，教师的鼓励和指导有助于学生更自信地表达，更流利地沟通。在阅读和写作方面，及时地纠错和建议帮助学生提高语法运用和表达水平。

（二）认知理论对大学英语教学的启示

1.关注学生的思维过程

第一，认知理论强调学习者内部的认知过程，强调学生通过思维、记忆和问题解决等方式来学习语言。在大学英语教学中，关注学生的思维过程成为至关重要的任务。本书深入探讨了认知理论在大学英语教学中的实践，通过设计引导性的问题、讨论活动等方式，促进学生的思考和记忆，使他们可以更深层次地理解和掌握英语知识。

第二，认知理论认为学习是一个积极的过程，学习者通过内部的认知过程主动地构建知识。这强调了学生不仅仅是被动地接收信息，而是通过思考、记忆、分析等过程主动地理解和加工信息。在大学英语教学中，这意味着教师应该设计出能够引导学生思考的教学活动，激发他们的学习兴趣。

第三，设计引导性的问题是关注学生思维过程的有效手段。教师可以通过提出开放性、引导性的问题，引导学生深入思考和讨论。例如，针对一个文本可以设计一系列问题，让学生分析作者观点、推断文章隐含的信息等。这样的设计能够激发学生的批判性思维并提高其逻辑推理能力，使他们在语言学习中更主动地参与到认知过程中。

第四，讨论活动是关注学生思维过程的有效实践。通过组织小组讨论、全班互动等形式，教师可以引导学生分享观点、提出问题、交流意见。这不仅能够培养学生在语言表达方面的能力，还能够促使他们对学习内容进行更深入的思考。在大学英语课堂中，教师可以通过采用分组讨论文学作品、解析新闻报道等方式，培养学生批判性思维和跨学科的思考能力。

第五，启发型地教学活动设计是认知理论实践中的关键环节。教师可以设计具有启发性的任务，鼓励学生在解决问题的过程中运用语言知识。例如，通过提供实际问题，让学生运用所学的英语知识进行分析和解答，从而促使他们将语言应用于实际情境，促进其深度学习。

在关注学生思维过程的同时，认知理论还强调培养学习策略。学习策略包括记忆、阅读理解、问题解决等方面的技能。在大学英语教学中，教师可以通过教授学习策略、引导学生在语言学习中灵活运用策略，帮助他们更高效地进行思考和记忆。

对学生思维过程的评估是认知理论实践中的重要一环。教师可以通过开展小组展示、个人报告、项目作业等方式，评估学生在分析问题、整合信息等方面的思维能力。通过及时反馈，帮助学生认识到自己的优势和不足，促进其思维能力的提升。

在大学英语教学中，认知理论的实践还应该关注跨学科的思考与实践。学生不仅需要掌握语言知识，还需要运用语言进行跨学科的学科思考。教师可以通过引入与其他学科相关的话题，组织跨学科的研讨与合作等方式，帮助学生将语言运用于更广泛的认知领域。

2.促进学生自主学习

第一，认知理论认为学习是一种主动地过程，学生通过对信息的主动处理来构建知识。在大学英语教学中，为了培养学生更深层次的语言能力和自主学习的能力，教师应该采用任务型教学方法，鼓励学生通过阅读、研究等方式主动获取知识。本书深入研究了认知理论在大学英语教学中促进学生自主学习的实践策略。

第二，任务型教学作为认知理论在实践中的延伸，强调学习者在实际任务中应用语言，通过解决问题来构建知识。首先，任务型教学的理论基础在于学生在解决实际问题的过程中，能够更深入地理解和运用所学的语言知识。任务不仅仅是为了完成任务本身，更是一次语言实践的机会，通过实际运用促进学生语言能力的全面发展。

第三，任务型教学需要设计具体而贴切的任务。这些任务应该与学生的学科背景、兴趣爱好紧密相关，以确保学生能够全身心投入任务中。例如，通过让学生进行小组研究、撰写调查报告、参与模拟实际场景的角色扮演等任务，激发学生的学习兴趣，提高他们的参与度。

第四，鼓励学生在任务中进行合作。合作学习是任务型教学中的重要组成部分，通过与同学共同完成任务，学生可以相互交流、分享思想，提高语言交流的效果。教师可以设计小组项目，让学生共同面对任务，互相促进和补充思路，培养他们在团队中合作的能力。

第五，提供及时而具体的反馈是任务型教学中的关键步骤。教师应当及时对学生的任务成绩进行评价，包括语言表达的准确性、逻辑性、团队协作等方面。通过具体的反馈，学生可以了解到自己在任务中的优点和不足，进而调整学习策略，提高学习效果。

在大学英语教学中，除了任务型教学，还可以通过多种方法激发学生的自主学习意愿。首先，通过引导学生制订学习计划，设定学习目标，培养他们自我管理和规划的能力。其次，教师可以推荐并提供多样化的学习资源，如英语学习网站、电子书籍等，让学生可以根据自己的兴趣和需求选择学习材料。最后，鼓励学生参与英语角、线上社区等语言实践活动，通过与其他学习者互动，拓展语言运用的场景范围，提高自主学习的意愿。

在实践中，我们还需要评估学生自主学习的成效。通过定期的学习反馈、作业表现等方式，了解学生在自主学习过程中的学习成绩，从而及时调整教学策略和学习资源，更好地促进学生的自主学习。

（三）社会文化理论对大学英语教学的启示

1.创设互动性和文化丰富的教学环境

第一，社会文化理论强调社会互动和文化背景在语言学习中的重要性。在大学英语教学中，创设互动性和文化丰富教学环境是至关重要的。本书深入探讨了社会文化理论在大学英语教学中的应用，通过小组讨论、合作项目等方式促进学生与他人的互动，提高其语言运用能力。

第二，社会文化理论强调学习者通过参与社会活动来获得语言，语言的习得是社会参与和文化实践的产物。首先，社会文化理论认为语言不仅仅是一种工具，更是社会和文化的载体。其次，在大学英语教学中，这意味着我们需要创造一个既有利于语言学习又注重社会和文化背景的教学环境。

第三，小组讨论是创造互动性和文化丰富环境的有效实践。通过将学生分成小组，教师可以设计具体话题，鼓励学生在小组内展开讨论。这不仅可以提供语言实践的机会，还可以促使学生分享彼此的文化观点、习惯和背景。教师可以设置多样性的小组，让不同文化背景的学生相互交流，拓宽视野。

第四，合作项目是另一种创设互动性和文化丰富的教学环境的途径。通过设计涉及不同文化元素的合作项目，学生能够在实际任务中运用语言，同时学到更多关于其他文化的知识。例如，让学生合作编写一个关于各国文化差异的小册子，或者共同策划一个国际主题的展览。这样的项目既可以锻炼学生的语言表达能力，也可以培养他们的团队合作和跨文化交流能力。

第五，引入文化体验活动是创造文化丰富教学环境的重要手段。这包括组织学生参观博物馆、参与文化展演、品尝异国美食等。这样的活动不仅能够让学生亲身感受不同文化，还可以提供实际运用语言的场景。通过参与这些文化体验活动，学生能够更深入地理解语言与文化的紧密联系。

第六，利用多媒体技术是创造文化丰富教学环境的手段之一。教师可以借助图像、音频、视频等多媒体资源，向学生介绍不同国家的风土人情、传统习俗等。通过多媒体的展示，学生可以更生动地感受和理解其他文化，提高对语言与文化关系的认知。

在大学英语教学中，还可以考虑将文化元素融入跨学科教学中。与其他专业的课程合作，如与社会学、人类学等专业合作，通过跨学科的教学方式，让学生在语言学习的同时，深入了解其他领域的文化背景。

为了进一步创设互动性和文化丰富的教学环境，建立文化交流平台是至关重要的。这可以包括在线社交平台、学校内外的文化交流活动等。学生可以在这样的平台上分享自己的文化经验，与其他学生进行互动，拓宽自己的国际视野。

2. 了解语言和文化的紧密关系

（1）社会文化理论强调语言习得是社会参与和文化实践的产物

在大学英语教学中，了解语言与文化之间的紧密关系至关重要。本书深入探讨了社会文化理论在大学英语教学中的运用，通过引入真实文化元素、文学作品等方式，帮助学生更全面了解和运用英语。

（2）语言与文化的不可分割关系

在大学英语教学中，教师应当引导学生认识到语言背后蕴含的文化因素，包括价值观、信仰、习俗等。通过了解不同文化的语言表达方式，学生可以更深入了解文化多样性，提高跨文化交际的能力。

（3）引入真实文化元素的教学设计

教师可以通过引入地道的文化素材，如视频、音频、图片等，让学生直观感受不同文化的语言特点。此外，真实的文化材料也可以帮助学生了解文化之间的差异，拓宽他们的文化视野。

（4）文学作品的运用

通过引入经典文学作品，教师可以让学生深入感受作者对语言和文化的刻画。文学作品往往蕴含着深刻的文化内涵，通过分析作品中的语言使用和文化描绘，学生能够更好了解语言与文化之间的互动关系。

在大学英语口语教学中，社会文化理论也有着深刻的运用。首先，通过模拟真实场景的角色扮演，学生可以在语境中更好地了解文化因素对语言使用的影响。其次，教师可以设计各种情景，让学生扮演不同文化背景的人物，从而加深他们对语言与文化关系的认识。

（5）文化敏感性的培养

在口语教学中，教师可以通过讨论不同文化间的交际差异，引导学生更理性地看待语言使用中可能出现的误解或冲突。这有助于提高学生的跨文化沟通技能，使他们能够更好地适应多元化的语言环境。

在写作实践中，也可以将社会文化理论融入教学。首先，教师可以鼓励学生在写作中融入自己的文化背景，表达独特的观点和思考。其次，通过分析不同文学作品的写作风格，学生可以更好地了解作者如何通过语言表达文化内涵。通过这样的实践，学生可以提高在写作中运用语言表达文化的能力。

（6）社会文化理论在文学翻译中的应用

在文学翻译领域，社会文化理论同样具有深远的应用价值。首先，翻译不仅仅是语言的转换，更是文化的传递。其次，通过社会文化理论的引导，翻译者可以更好地了解原文中的文化内涵，确保翻译结果在表达作者原意的同时，能传递文化信息。这有助于避免产生文化差异带来的误解，保持作品的文化连贯性。

三、选择采用理论的原因

（一）行为主义理论的选择

1.行为主义理论的优势

（1）重视刺激和反应的重复

行为主义理论注重通过刺激和反应的重复来形成语言习得，强调频繁地语言输入。在大学英语教学中，这一点对帮助学生建立正确的语言模式具有积极的意义。

（2）强化反馈的重要性

行为主义理论认为通过正面和负面的反馈，学生能够更好地记忆和理解语言。在大学英语教学中，及时而积极地反馈有助于激发学生的学习兴趣，提高他们的学习积极性。

2.行为主义理论的适用性分析

（1）适用于初学者

行为主义理论的强调刺激和反应的重复对初学者的语言习得非常有帮助。大学英语课程中，许多学生刚刚接触英语，需要通过大量的语言输入和反复练习来巩固基础。

（2）针对具体语法和词汇的学习

行为主义理论尤其适用于具体语法和词汇的学习，可以通过反复强化和练习，帮助学生熟练掌握英语的基本结构和表达方式。

（二）认知理论的选择

1.认知理论的优势

（1）关注学生的思维过程

认知理论强调学习者内部的认知过程，注重学生对信息的主动处理。在大学英语教学中，这对培养学生的批判性思维和解决问题的能力非常重要。

（2）促进自主学习

认知理论认为学习是一种积极主动的过程，强调学生通过主动参与来构建知识。在大学英语课程中，这一点对培养学生的自主学习意识和能力具有深远的影响。

2.认知理论的适用性分析

（1）适用于高级学习者

认知理论更适用于高级学习者，因为他们已经具备一定的语言基础，需要更深层次的认知活动来提升语言水平。

（2）关注语言运用的实际场景

认知理论注重学生的思维过程，能够更好地体现大学英语教学的综合性和实际应用性。通过设计引导性问题和实际案例，有助于学生更全面地了解和运用英语。

（三）社会文化理论的选择

1.社会文化理论的优势

（1）强调互动和文化背景

社会文化理论强调社会互动和文化背景在语言学习中的重要性。在大学英语教学中，这有助于创造互动性和文化丰富的教学环境，提高学生的语言实际运用能力。

（2）促进语言与文化的紧密结合

社会文化理论将语言习得看作是社会参与和文化实践的产物，这对培养学生对语言和文化之间紧密关系的认识至关重要。

2.社会文化理论的适用性分析

（1）适用于强调实际应用的教学

社会文化理论适用于强调实际应用的大学英语教学，通过创设真实语境和注重互动，帮助学生更好地在实际生活和专业场景中运用英语。

（2）关注学生的社会参与

社会文化理论注重社会参与和文化实践，可以通过小组合作、实地考察等方式，促进学生在语言学习中的社会参与感，提高语言运用能力。

第二节　教学方法理论

一、教学方法理论的主要流派和观点

（一）语法翻译法

1.语法规则的掌握与翻译技能的培养

（1）语法翻译法的基本理念

首先，语法翻译法强调对语法规则的系统性认识。教师在教学中注重学生对比母语和目标语言的语法结构，帮助他们深刻理解不同语言之间的差异和联系。这一方法认为，只有对语法规则有深入的认识，学生才能在翻译中准确把握语言的结构和表达方式。

其次，对比学习是语法翻译法的重要环节。教师通过对比学生母语和目标语言的语法特点，使学生更直观地感受到语法结构上的差异。这有助于学生形成对两种语言的深刻理解，并在翻译时能够更准确地把握语言表达的要领。

再次，语法翻译法注重培养学生对语法规则的深入理解。通过逐句翻译的训练，学生需要仔细考虑每个语法单位的表达方式，这促使他们更仔细地学习和掌握语法知识。逐句翻译的过程不仅仅是机械的语言替换，更是一种对语法规则的深刻反思和运用。

最后，翻译练习是语法翻译法的重要环节。通过反复进行翻译练习，学生不仅能够熟练掌握语法规则，还能够培养其出色的翻译技能。翻译练习的过程中，学生不仅需要考虑语法结构，还需要理解原文的意思，转换为流畅自然的目标语表达，从而提高他们的语言运用和表达能力。

（2）语法翻译法在实际教学中的运用

在实际教学中，语法翻译法可以通过以下步骤来运用。

首先，深入解析语法规则。教师应当对特定的语法规则进行深入解析，包括其用法、搭配、特殊情况等。通过清晰地解释，学生能够更好地理解语法规则的内涵。

其次，进行对比学习。教师引导学生对比母语和目标语言的语法结构，帮助他们促进对两者之间关系的认知。通过对比学习，学生能够更有针对性地学习和运用语法知识。

再次，进行逐句翻译训练。学生需要通过逐句翻译的练习，将语法规则运用到实际翻译中。这一过程不仅有助于巩固知识，还能够培养学生对语法结构的灵活运用能力。

最后，进行翻译练习。学生在掌握了语法规则后，需要进行更广泛的翻译练习，从简单的句子到复杂的篇章，逐渐提高难度。这样的练习能够全面提升学生的翻译水平，使其能够在实际运用中胜任各类翻译任务。

（3）优势与局限性的权衡

在使用语法翻译法时，教育者需要权衡其优势和局限性。首先，语法翻译法有助于学生对语法规则的深入理解，提高翻译准确性。其次，这种方法可能过于注重形式，忽视了语境和语用等因素，导致学生在实际交际中难以流利运用语言。

2.语法翻译法的局限性

（1）过度关注语法规则的问题

学生可能过于注重翻译准确性，将语法规则看作是机械的、刻板的规定，而忽略了语言的实际运用和沟通能力的培养。这使得学生在真实语境中难以流利地运用所学语法知识。

为解决这一问题，教育者可以采用任务型教学方法。通过设计真实而具有挑战性的任务，让学生可以在语言运用中应对各种情境。任务型教学强调学生在实际任务中的合作和沟通，使其在运用语法规则的同时培养实际交际能力。

（2）忽视语境与语用因素

学生可能更关注字面的翻译，而不够重视言语行为的意图和语用特点。这导致了学生在实际沟通中可能产生不自然或不恰当的表达。

为了解决这一问题，教育者可以引入交际语用教学。通过分析真实语境下的语用特点，让学生了解语法规则在不同场景中的变化和运用。这有助于培养学生的语用意识，使其在交际中更加得心应手。

（3）过度依赖翻译的机械性训练

语法翻译法的机械性训练可能导致学生过度依赖翻译。他们可能倾向直译母语，而忽略了语言表达的灵活性和多样性。这使得学生在实际语境中难以灵活应对，限制了他们的语言表达能力。

为了弥补这一不足，教育者可以设计创造性语言活动。通过鼓励学生完成自由创作、角色扮演或其他富有创意的任务，培养学生在语言表达中的灵活性。这有助于打破学生对机械翻译的依赖，提高其语言的表达能力。

（4）培养独立思考与实际运用能力

过于强调规则的背诵和应用，可能使学生缺乏自主性和创造性，难以灵活运用所学语法知识。

为了培养学生的独立思考，教育者可以引入探究性学习。让学生通过实际问题的探讨和解决，发现语法规则的运用和变化内容。这有助于激发学生的主动学习兴趣，培养其独立思考和实际运用能力。

（二）交际法

1. 真实交际中的语言运用

（1）交际法的理论基础

交际法的理论基础在于将语言视为一种社会行为，认为语言的目的是实现交际和交往。交际法主张学习者应该通过参与各种真实的语境中，不仅仅学习语法和词汇，更重要的是培养实际交际所需的语言技能。这一理论强调了语言学习的实用性和功能性，使学习者更能胜任实际语境中的语言运用任务。

（2）真实交际的教学实践

真实交际的教学实践是交际法的核心。在教学中，首先，教师应创设真实、自然的语境，让学生置身于实际生活场景中。通过模拟真实的交际环境，学生能够更好地了解并适应实际语言使用的需求。例如，通过角色扮演、模拟对话等方式，让学生在模拟的情境中运用所学语言。

其次，强调学生的互动参与。真实交际中，学生不仅仅是语言的接受者，更是积极的参与者。教师鼓励学生通过与同学、教师以及其他社会成员的互动，提高他们的语言表达和理解能力。这有助于培养学生在实际交际中的沟通技能，使他们更自信、流利地运用语言。

再次，注重任务型教学。交际法强调教学应该以实际任务为导向，让学生在完成任务的过程中运用语言。例如，设计与日常生活相关的任务，如购物对话、旅游交流等，让学生在完成任务中运用语言解决实际问题。这种任务型教学能够提高学生的语言实际运用能力，使其更好地适应不同语境下的交际需求。

最后，反馈与修正。真实交际中，教师的反馈对学生的语言习得至关重要。及时而具体的反馈有助于学生发现和纠正自己的语言表达错误，提高语言运用的准确性。教师应通过口头反馈、写作评价等方式，帮助学生不断提高语言表达的能力。

（3）真实交际的优势

真实交际中的语言运用具有显著的优势。首先，学生能够在实际语境中感知和理解语言。通过亲身经历在真实生活中的语言使用，学生更容易理解语言的真实含义，掌握语言的语用规则。

其次，提高学生的沟通能力。真实交际注重学生在交际中的互动参与，促使他们在实际语境中培养良好的沟通技能。学生通过与他人交流，不仅可以提高语言表达的流利度，还可以培养倾听、回应和理解的能力。

最后，强化语言的功能性和实用性。真实交际强调语言的实用性，让学生在实际任务中运用所学语言。这种实际应用有助于学生更好地理解语言的功能，使其具备在不同情境中使用语言的实际能力。

2.强调实际运用的优势

（1）实际运用的语境逼真

实际运用的语境逼真是交际法的一大优势。通过在课堂中模拟真实场景，学生能够置身于日常生活或特定工作场景中。例如，模拟购物对话、旅行交流等，让学生在真实情境中运用语言，使其更容易理解并适应实际交际的语境。这种逼真的语境有助于学生更深入地理解和掌握语言的使用规则，提高其在实际生活中的语言运用能力。

（2）提高语言的流利度

实际运用得强调有助于提高学生的语言流利度。在真实场景中，学生需要更自然、更及时地运用语言进行交流。这种实际性的练习促使学生在表达时更加流畅，不仅可以提高口语表达的速度，也使语言的使用更贴近自然语言流程。通过频繁的实际运用，学生能够更快地适应语言的自然流畅性，提高口头表达的流利度。

（3）培养交际效果的意识

实际运用的优势体现在培养学生交际效果的意识上。在真实交际中，学生需要更注重语言的实际效果，包括表达清晰、表达意图准确、得体得当等方面。通过实际运用的练习，学生能够逐渐培养对自己语言表达效果的敏感性，提高在不同情境中达到最佳交际效果的能力。

（4）促进语言技能的综合发展

实际运用的优势在于促进学生语言技能的综合发展。在真实场景中，学生不仅需要运用语法和词汇知识，还需考虑语用、语调、语速等多方面因素。这种综合性的语言运用能够全面锻炼学生的听、说、读、写等多种语言技能，使其在语言能力上取得全面的提升。

（三）任务型教学法

1.以任务为导向的学习

（1）任务型教学法的核心理念

任务型教学法的核心理念在于将学习与实际任务相结合。教师设定有挑战性的任务，学生通过完成任务来达到语言学习的目标。这一理念强调语言的实际应用，使学生在任务中不仅学习语法和词汇，更重要的是培养其实际运用语言的技能。任务的设计可以涉及日常生活、工作或学术领域，使学生在多样的语境中提高语言能力。

（2）任务型教学法的教学步骤

任务型教学法的实施通常包括以下步骤。

①任务设计

教师设计具有挑战性的任务，确保任务能够激发学生的兴趣。任务的内容可以涉及实际生活、工作或学术场景，以确保学生能够在任务中运用所学语言。

②任务介绍

教师向学生介绍任务的背景、目标和要求。通过清晰的任务介绍，学生能够理解任务的意图和完成的标准。

③小组合作

学生通常以小组形式合作完成任务。小组合作鼓励学生互相交流、合作解决问题，培养团队合作精神。

④任务执行

学生根据任务要求展开实际操作，运用所学语言完成任务。这一阶段强调实际运用，让学生在真实场景中运用语言。

⑤成果展示

学生完成任务后，向全班展示成果。这有助于学生分享彼此的学习经验，加深他们对任务内容的理解。

⑥反馈与评价

教师提供及时地反馈，包括语言准确性、表达流利度等方面。学生通过反馈了解自己的不足，为进一步提升语言能力提供指导。

（3）任务型教学法的优势

任务型教学法在教学实践中具有显著的优势。首先，它能够激发学生学习兴趣。通过设计有挑战性的任务，学生能够在实际操作中体验语言的乐趣，增强学习的主动性。

其次，任务型教学法培养了学生的实际应用能力。学生在任务中不仅仅是被动接受语言知识，更是在实际应用中不断提升语言技能，为其将来的实际生活和职业做好准备。

再次，任务型教学法促进了学生的综合语言能力。在任务中，学生需要综合运用听、说、读、写等多种语言技能，提高了他们的综合语言素养。

最后，任务型教学法培养了学生的团队协作精神。通过小组合作完成任务，学生学会了有效地与他人沟通、协商、合作，培养了团队合作的重要素养。

（4）对学生语言能力提升的影响

以任务为导向的学习法对学生语言能力的提升有深远的影响。学生通过实际任务的完成，不仅巩固了语法和词汇知识，更重要的是提高了其实际运用语言的能力。任务的多样性使学生能够在不同领域中运用语言，拓展了他们的语言应用场景，提高了他们适应不同语境的能力。

2.强调语言在实际生活中的运用

（1）任务型教学法的基本理念

任务型教学法的基本理念是将学习与实际任务紧密结合。教学过程中，教师设计有挑战性的任务，要求学生在实际生活中运用所学语言。这一理念突破了传统的以知识点为中心的教学方式，使学生在任务中更直接地体验和运用语言。

（2）任务型教学法的教学策略

①任务设置

教师首先设计任务，确保任务有足够的挑战性，能够激发学生的学习兴趣。任务的设计可以涵盖各种实际生活场景，如购物、旅行、工作等，使学生能够在任务中感受到语言在实际生活中的运用。

②任务导入

在任务开始前，教师向学生介绍任务的背景、目标和要求。通过清晰的任务导入，学生能够理解任务的目的，并明确完成任务所需的语言技能。

③小组合作

学生通常以小组形式合作完成任务。小组合作激发了学生之间的合作精神，使他们能够共同解决问题，互相学习，提高团队协作能力。

④任务执行

学生在小组内展开实际操作，运用所学语言完成任务。这一阶段强调实际应用，让学生在真实生活场景中运用语言，增强语言的实用性。

⑤成果展示

学生完成任务后，向全班展示成果。这有助于学生分享彼此的学习经验，为语言的实际运用提供更多可能性。

⑥反馈与评价

教师及时提供具体地反馈，包括语言的准确性、表达的流利度等。学生通过反馈了解自己在任务中的不足，为语言能力的提升提供指导。

（3）强调语言在实际生活中的应用的优势

强调语言在实际生活中的应用具有显著的优势。首先，学生更容易理解和记忆语言知识。通过将语言嵌入实际任务中，学生能够将所学语言与实际场景联系起来，使语言知识更具体、更有意义。

其次，学生在任务中培养了解决实际问题的能力。任务型教学法强调学生通过合作解决问题，培养了他们的实际应用和解决问题的能力，这对他们未来面对各种挑战具有积极意义。

再次，学生的学习兴趣和动力得到提高。由于任务型教学法强调实际运用，学生更容易看到学习语言的实际价值，从而提高了他们的学习兴趣和动力。

最后，学生在实际应用中培养了合作能力。通过小组合作完成任务，学生在实际生活场景中培养了合作、沟通和协商的能力，这对他们未来的职业发展具有重要意义。

二、各种方法在大学英语教学中的运用

（一）语法翻译法在大学英语教学中的运用

1.英语语法结构的理解

语法翻译法在大学英语教学中被视为一种有益的辅助手段，特别是在英语语法结构的理解方面。通过对比学生母语和英语的语法规则，学生能够更深入地理解句子结构、时态和语态等基本语法知识。

（1）对比语法规则

语法翻译法通过对比学生母语和英语的语法规则，使学生能够更清晰地认识两种语言之间的差异。这有助于学生建立对英语语法结构的准确认知，从而提高语法的正确运用能力。

（2）系统化学习

语法翻译法将语法规则系统地引入学习过程，使学生能够有条理地学习和掌握英语语法的各个方面。通过逐步的翻译练习，学生能够在实际运用中巩固所学的语法知识，使其更为深入和持久。

（3）培养语法意识

通过语法翻译法，学生不仅仅学到了具体的语法规则，更培养了对语法结构的敏感性和意识。这种语法意识有助于学生在语言表达中更自觉地运用正确的语法结构，提高语言表达的准确性。

2.文学和专业文本的阅读

通过对复杂句子结构和专业术语的翻译实践，学生能够更好地理解和解析文学和专业文本，提升他们的阅读能力。

（1）解析句子结构

在文学作品中，往往存在复杂的句子结构，语法翻译法通过将这些句子翻译成学生的母语，帮助学生逐步解析句子的结构和语法成分。这种实际操作使学生更能理解作者的表达方式，提高学生阅读理解的水平。

（2）解读专业术语

在专业文本阅读中，语法翻译法有助于学生理解和解读其中的专业术语。通过对专业术语的翻译，学生能够掌握专业词汇的用法，提高其对专业文本的理解能力，并为其未来的专业学习打下基础。

（3）增强跨文化理解

语法翻译法不仅限于语法本身，同时还在涉及语境和文化。在翻译文学作品时，学生需要了解作者的文化背景，通过语法翻译培养了他们的跨文化理解能力，使其更好地欣赏和理解不同文化的文学作品。

3.实际教学操作与方法

为了有效应用语法翻译法，教师可以采取以下方法。

（1）设计巧妙的翻译练习

教师可以设计巧妙的翻译练习，结合学生所学的语法知识，使其在实际操作中巩固和运用所学内容。这可以包括从简单到复杂的句子结构，从基础到专业的翻译任务。

（2）创设实际语境

为了更好地培养学生对语法的实际应用能力，教师可以创设实际语境，让学生在特定场景中进行语法翻译。例如，模拟商务场景，要求学生翻译相关商务文件，提高其在实际工作中的运用水平。

（3）鼓励合作学习

语法翻译法的实施可以鼓励学生之间进行合作学习。小组合作翻译可以促使学生相互讨论、交流，分享对语法规则的理解，并共同解决翻译中的难题。这样的合作学习不仅提高了学生的语法水平，还培养了团队协作和沟通能力。

（4）引导学生思考文化差异

在进行文学作品翻译时，教师可以引导学生思考语言背后的文化差异。通过分析文学作品中的语法结构和表达方式，学生可以更深入地理解作者所处的文化环境，拓展跨文化理解的层面。

（二）交际法在大学英语教学中的应用

1.口语表达和听说能力的提高

交际法作为一种强调实际交际的教学方法，在大学英语教学中起到了促进学生口语表达和听说能力提高的作用。

（1）创设真实交际场景

交际法通过创设各种真实交际场景，使学生能够在生活化的语境中练习口语表达。例如，模拟购物、旅行、日常对话等情景，让学生在真实场景中使用英语，从而提高他们的口语表达能力。

（2）强调语言的实际运用

交际法注重语言的实际运用，通过实际对话、讨论等活动，培养学生用英语进行日常交流的能力。这种实际操作有助于学生逐渐适应语言的实际运用环境，提高他们的听说能力。

（3）提供实时反馈

在交际法中，学生在进行口语表达时可以获得实时的反馈。这种及时的回馈有助于学生更准确地发现和纠正语言表达错误，促使他们在实践中不断提高口语表达的准确性和流利度。

2.模拟真实场景

（1）商务谈判

交际法的应用包括模拟真实场景，如商务谈判。通过模拟商务场景，学生能够学习并运用商务英语表达，提高其在商务环境中的语言应对能力。

（2）社交场合

另外，交际法还可以应用于模拟社交场合，如参加社交活动、聚会等。这使学生能够在模拟的情境中进行英语交际，不仅提高了他们的语言水平，还培养了在社交场合流利沟通的技能。

通过模拟真实场景，学生可以实践各种英语交际策略，如礼仪用语、表达意见、提出建议等。这种实际操作有助于培养学生在实际生活中灵活应对各种交际情境的能力。

（三）任务型教学法在大学英语教学中的应用

1.综合语言运用能力的提高

（1）任务型教学法的基本原理

首先，任务型教学法注重任务设计的原则。任务应当有明确的目标，要贴近学生的实际需求，并激发学生的学习兴趣。任务设计要充分考虑学生的水平和背景，确保任务既有挑战性又能够完成。

其次，任务型教学法强调学生的主动参与。通过让学生在任务中发挥主体作用，培养其独立思考和解决问题的能力。学生在任务中不仅仅是知识的接收者，更是任务的执行者。

最后，任务型教学法注重综合语言技能的提高。在任务中，学生需要运用听、说、读、写等多种语言技能，促使这些技能在实际运用中得到全面锻炼和提高。

（2）任务型教学法在大学英语教学中的应用

首先，任务型教学法可在日常生活领域设计任务。例如，设计一个购物任务，要求学生根据一份购物清单在模拟超市中购物，使用英语进行商品询问、交流和结账等活动。通过这样的任务，学生能够在实际场景中提高听说能力。

其次，任务型教学法可以涉及工作领域。设计一个模拟面试的任务，要求学生准备自我介绍、回答常见面试问题，并进行角色扮演。这样的任务不仅提高了学生的口头表达能力，还培养了他们在工作场合使用英语的能力。

在学术领域，任务型教学法可以设计一个小组研究项目。学生需要选择一个主题，进行文献综述、实地调研，最后呈现研究成果。这样的任务既提高了学生的阅读和写作能力，又培养了研究和团队协作能力。

2.培养解决问题的能力

（1）任务型教学法的任务设计原则

首先，任务型教学法的任务设计应具有一定的挑战性。任务不仅要能够激发学生的兴趣，还要能够引导学生面对具体问题，促进其进行深入思考和独立解决问题。

其次，任务设计应贴近学生的实际生活和学科领域，使学生在解决问题的过程中感到问题的实际性。这有助于激发学生的学习动力和问题解决的热情。

任务型教学法注重任务形式的多样性。通过设计不同形式的任务，如小组合作项目、个人研究报告等，培养学生在不同情境下解决问题的能力。

（2）任务型教学法在解决问题能力培养中的应用

首先，任务型教学法可以通过利用真实情境设计任务，使学生在实际问题中进行语言运用。例如，设计一个城市导游任务，要求学生使用英语编写导游词，解决在实际导游中可能遇到的语言沟通问题。

其次，任务型教学法强调小组合作，通过小组合作项目培养学生的团队协作和问题的解决能力。例如，设计一个小组研究项目，要求学生共同解决一个复杂的问题，从而培养他们的合作和解决问题的能力。

在任务型教学法中，可以设计个人研究报告的任务，要求学生选择一个感兴趣或相关的主题，进行深入研究和分析，最终呈现研究成果。这种任务有助于培养学生独立解决问题的能力，提高其研究和分析问题的水平。

三、选择最适合的方法的依据

选择教学方法时需根据学生的特点、教学目标和教学资源来综合考虑。结合不同方法的优点，设计多元化的教学活动，确保教学方法与教学内容的匹配，以提高教学效果。

（一）学生的特点

1.学生的语言水平和学科特点

（1）语言水平较低学生的教学方法选择

首先，对语言水平较低的学生，可以采用传统的语法翻译法。这种方法通过系统学习语法规则，注重对比学生母语和目标语言的语法结构，帮助学生建立基本的语法和翻译能力。

其次，教师可以通过词汇和语法的强化训练，提高学生对基本语言结构的掌握。例如，设计基于实际场景的词汇记忆任务，让学生通过日常生活中常见的词汇来增加词汇量，从而加强语言表达能力。

为了提高语言水平较低学生的语言实践能力，可以加强口语和听力的训练。通过模拟日常对话、角色扮演等活动，帮助学生更好地适应实际语境，提高实际语言运用能力。

（2）学科特点明显的专业课程的教学方法选择

对学科特点明显的专业课程，可以采用任务型教学法。该方法通过设计与专业领域相关的实际任务，培养学生在专业领域的语言运用能力。例如，在工程类专业中，可以设计一个小组项目，要求学生完成一个实际的工程方案，并以英语进行专业性的汇报。

其次，教学过程中要特别强调专业术语和表达的学习。通过引入真实的专业文献、案例分析等，让学生熟悉并运用相关专业术语，提高他们在专业领域中的语言表达水平。

为了培养学生在解决实际问题时的能力，可以引入实际案例，要求学生进行深入的分析。这种方法既提高了学生的问题解决能力，又锻炼了他们在专业领域中的语言运用水平。

2.学生的学科兴趣和学习风格

（1）对文学或专业领域感兴趣的学生

首先，对对文学或专业领域感兴趣的学生，可以采用交际法。交际法强调语言是交流的工具，通过各种真实的语境中互动实践，激发学生的兴趣。例如，在文学课程中，可以设计小组讨论、角色扮演等活动，让学生更深入地理解文学作品。

其次，任务型教学法是适用的方法。通过设计与文学或专业领域相关的实际任务，如创作小说、写专业报告等，培养学生在实际任务中的语言运用能力，从而提高他们的学科兴趣和学习动力。

在任务设计中，可以更具体化地考虑学生的兴趣点，使任务更有吸引力。例如，在商业专业中，可以设计一个商务谈判的任务，让学生在模拟的场景中运用专业英语进行交际，提高他们在专业领域中的实际运用能力。

（2）喜欢理论性学习的学生

首先，对更喜欢理论性学习的学生，语法翻译法可能更符合其学习风格。这种方法通过系统学习语法规则，强调对比学生母语和目标语言的语法结构，有助于学生建立起扎实的语法和翻译基础。

其次，教学过程中可以强调理论性知识的学习。通过引入专业术语的解释、文学理论的讲解等，让学生通过理论的学习更好地理解学科知识，满足他们深度学习的需求。

在任务设计中，可以融入理论分析的要素。例如，在一项论文写作任务中，要求学生除了完成实际写作，还需要对所用理论进行分析和运用，提高学生在理论型学科中的语言运用水平。

（二）教学目标

1.语言技能的培养目标

（1）提高口语表达能力的目标

首先，如果主要目标是提高学生的口语表达能力，交际法可能就是更合适的选择。交际法通过创设各种真实交际场景，强调语言在实际交际中的运用，有助于学生更自然地运用语言，提高口语表达能力。

其次，为了达到提高口语表达的目标，可以设计各种口语实践活动，如小组讨论、角色扮演等。这些活动能够让学生在轻松的氛围中进行语言实践，激发他们的口头表达兴趣。

在口语训练中，建立良好的反馈机制至关重要。及时地反馈可以帮助学生发现和纠正口语表达中的错误，提高他们的语言表达水平。

（2）注重语法和写作能力的目标

首先，对注重语法和写作能力的目标，语法翻译法可能更为适用。这种方法通过系统学习语法规则，注重对比学生母语和目标语言的语法结构，有助于建立扎实的语法基础。

其次，任务型教学法可以被运用。通过设计与写作相关的实际任务，如文章写作、作文等，培养学生在实际任务中的语言运用和写作能力，提高他们在学术和实际生活中的写作水平。

在教学中，可以注重将语法知识运用到实际写作中。例如，在教授特定语法知识的同时，设计相关的写作任务，让学生可以在实践中巩固和运用所学语法知识。

2.综合性能力的培养目标

（1）任务型教学法的基本原理

首先，任务型教学法强调以任务为导向，任务的设计具有较大的灵活性。这使得教师可以根据学生的水平、兴趣和实际需求设计多样化的任务，覆盖语言学习的各个方面。

其次，任务型教学法注重综合性能力的培养，强调学生在任务中运用语言的全面性。任务通常要求学生进行听力、口语、阅读和写作等多方面的活动，从而全面提高他们的语言能力。

（2）任务型教学法在听力培养中的应用

首先，任务型教学法可以通过情景模拟，设计真实的听力任务。学生在完成任务中需要理解和应对各种真实生活场景中的语言，从而提高他们的听力水平。

其次，任务型教学法倡导使用多样性的听力素材，如新闻、访谈、影视片段等。通过完成不同类型的听力任务，学生能够更全面地感知和了解语言的多样性。

（3）任务型教学法在口语表达中的运用

首先，在口语表达方面，任务型教学法通过角色扮演、小组讨论等任务激发学生的口语表达能力。这些任务可以让学生在模拟情境中进行实际语言交流，提高他们的表达水平。

其次，任务型教学法注重实际交际任务的设计，如模拟购物、旅行等情境。通过这些任务，学生能够在真实场景中运用语言，提高实际交际能力。

（三）教学资源

1.教材和技术支持

首先，教学资源的一个重要组成部分是教材。教材的充足与否直接影响教学方法的选择。良好的教材可以为不同的教学方法提供支持，使教学更加灵活。例如，对语法翻译法，需要有系统性的语法解释和大量的翻译练习，而交际法可能需要更注重实际对话和情境的教材。

其次，现代技术的运用是教学资源中的重要一环。对交际法和任务型教学法，现代技术提供了更多实践机会。通过在线平台、多媒体资源等，学生可以更方便地进行真实情境的模拟，进行实际交际或完成各类任务。技术的运用可以增强学生的学习体验，提高教学效果。

2.教学时间和教学环境

首先，如果教学时间相对紧张，任务型教学法可能就会更适合，因为它注重实际运用和任务的完成，学生在任务中学到的知识更直接、更实用。

其次，教学环境的多样性是另一个重要的因素。不同的教学方法在不同的环境中可能有不同的实施效果。例如，在一个具有丰富文化背景的教学环境中，社会文化理论可能更容易得到应用。因此，教学环境的多样性需要考虑在内，以确保教师选择的教学方法能够在实践中取得良好的效果。

第三节 语言教学模式

一、不同语言教学模式的特点与优劣

（一）传统教学模式

传统教学模式以教师为中心，强调知识传授和学生被动接受。其优势在于有序、规范，但缺乏互动和灵活性。

1. 有序、规范的特点

传统教学模式以教师为中心，强调教学内容的有序性和规范性。教师通过系统地讲解和组织的教学流程，使学生能够有条不紊地获取知识。这有助于确保教学过程的组织性，使学生更容易理解和掌握学科内容。

2. 学生被动接收的局限

在传统模式下，学生通常扮演被动接收者的角色，主要通过教师的讲解和教材的传达来获取知识。这种单向的知识传授方式可能导致学生在教学过程中缺乏主动性，仅仅是信息的接收者，而缺乏对知识的主动构建。

3. 互动和灵活性的不足

传统教学模式相对缺乏师生互动和灵活性。由于注重教师的授课和学生的被动接收，学生较难在教学过程中提出问题、参与讨论或深入探究。这可能限制了学生对知识的主动探索和深度理解。

（二）情境教学模式

情境教学模式强调学习环境的创设，通过情境化的教学设计提高学生学习兴趣和参与度。优势虽然在于能够使学生更好地融入语境，但需要较多的教学资源。

1. 学习环境的情境化设计

情境教学模式的核心在于通过创设具体的语境，使学生在真实场景中学习，以增加学习的趣味性和实际应用性。教师可以通过以下手段进行情境化设计。

（1）模拟实际场景

创造仿真的实际场景，如模拟商务环境、社交场合或生活场景，让学生在这些情境中进行学习。

（2）使用多媒体资源

整合多媒体资源，如图片、视频等，展示真实的语境，让学生更直观地感受语言的实际运用。

（3）场景布置

在教室内外进行场景布置，打造与学科内容相关的真实环境，使学生能够在情境中获得更全面的学习体验。

2. 学生学习兴趣和参与度的提高

情境教学能够激发学生的学习兴趣，提高学生的参与度，使其更主动地投入到学习中。具体方法包括以下几个方面。

（1）问题导向学习

设计引人思考的问题，让学生通过问题解决的过程深入理解知识，激发他们的好奇心和求知欲。

（2）小组合作学习

通过小组合作，学生在情境中互相交流、讨论，增加学习的互动性和社交性，提高学生的参与度。

（3）个性化学习体验

考虑学生的兴趣和学科特点，根据不同学生的需求调整情境教学设计，提供更符合个体差异的学习体验。

3.需要较多的教学资源

为了实现情境化的教学，确实需要更多的教学资源，包括场景布置、实践活动等。这包括以下几个方面。

（1）物理资源

搭建真实场景可能需要一些物理资源，如模型、道具等，以增强学生对情境的感知。

（2）技术支持

利用现代技术，如虚拟现实、在线模拟等，为情境教学提供更多实践机会，尤其是在远程教学环境中。

（3）培训教师

教师需要接受情境教学方法的培训，以更好地设计和组织情境教学活动。

（三）自主学习模式

自主学习模式强调学生的自主性和主动性，通过自主学习任务来提高学生的自学能力。优势在于可以培养学生的独立思考和学习动力，但需要学生具备一定的学习能力。

1.学生的自主性和主动性：

自主学习模式强调学生更加独立地处理学习任务，鼓励他们在学习过程中扮演更为主动的角色。教学方法包括以下几个方面内容。

（1）学习计划

学生可以制订个人学习计划，根据自身时间和习惯进行合理安排，提高学习效率。

（2）资源选择

学生有权选择适合自己学习风格的资源，包括教材、参考书籍、在线课程等，以满足个体差异。

（3）问题解决

学生在遇到问题时被鼓励主动解决，可以通过独立思考、查阅资料等方式解决学习中的困难。

2.独立思考和学习动力的培养

自主学习模式通过学生主导的学习过程，可以培养学生独立思考和解决问题的学习动力。实施方法包括以下几个方面。

（1）项目学习

学生参与项目学习，通过实际问题的解决来增强独立思考和动手能力。

（2）自主选题

学生可以根据个人兴趣和专业方向选择研究课题，培养主动学习的意愿。

（3）反馈机制

提供及时地反馈，激励学生主动探索和改进，增强他们的学习自觉性。

3.需要学生具备一定的学习能力

自主学习模式要求学生具备一定的学习能力，包括自我管理、目标设定等方面的技能。具体实践方法包括以下几个方面。

（1）学习技能培训

提供学习技能培训，包括时间管理、信息筛选、学习计划等，帮助学生更好地进行自主学习。

（2）个人辅导

教师可以提供个性化的辅导，根据学生的学习风格和需求，帮助其提高学习技能和自主学习能力。

（3）目标设定

学生被鼓励设定短期和长期学习目标，通过不断实现这些目标来提高其自身的学习能力。

二、模式选择与大学英语课程的契合度

（一）大学英语课程的特点

大学英语课程在内容上通常包含语言基础、文学、听说读写等多个方面，要求学生具备全面的语言能力和跨学科的知识。

1.多方面内容涵盖

大学英语课程的特点在于内容广泛，旨在培养学生的听、说、读、写全方位的语言技能，同时涉及文学、文化等领域。

2.综合性和复杂性

课程要求学生在学习语言技能的同时，具备跨学科的知识，使其能够在不同领域运用英语。

（二）模式与课程契合度的考量

教师在选择语言教学模式时，需要综合考虑大学英语课程的综合性和复杂性。不同教学模式对课程的契合度有所不同。

1.情境教学模式的契合度

（1）优点

情境教学模式适用于培养学生的综合语言能力，通过真实场景的创设使学生更好地融入语境。

（2）契合度

契合度较高，特别是在涉及实际应用和跨学科知识时。

2.自主学习模式的契合度

（1）优点

自主学习模式强调学生的主动性和独立思考，适合培养学生的综合能力。

（2）契合度

契合度一定，但需要学生具备自我管理和独立学习的能力。

3.传统教学模式的契合度

（1）优点

传统教学模式在基础知识传授方面具有优势，适用于语法、写作等基础技能的讲解。

（2）契合度

契合度适中，尤其在课程的基础知识部分。

（三）教学资源的支持

在模式的选择中，教学资源的支持是一个关键因素，包括教室设施、教材资源、技术设备等。

1.教室设施

（1）优点

情境教学可能需要更灵活的教室布置，而传统模式对一般教室设施要求较低。

（2）契合度

契合度视情境教学的实际需求而定。

2.教材资源

（1）优点

不同模式对教材资源的需求有所不同，要确保选择的模式与现有教材相匹配。

（2）契合度

契合度需要在模式选择前评估教材的充实度。

3.技术设备

（1）优点

现代技术支持虽然对情境教学和自主学习模式有利，但传统教学模式可能较为灵活。

（2）契合度

契合度视具体的教学模式和技术设备的可用性而定。

三、模式在实际教学中的应用案例

（一）情境教学模式的应用案例

情境教学模式的核心在于通过真实语境的创设，使学生更好地融入语境，提高学习的实际应用能力。以下是情境教学模式在大学英语课堂中的应用案例。

商务谈判模拟

1.场景创设：

在商务英语课程中，为了提高学生的实际应用能力，教师可以设计一个商务谈判的模拟场景。这个场景包括商务会议室的布置、商务礼仪的要求以及真实商务环境中可能出现的问题。

2.学生角色

每个学生被分配一个独特的商务角色，如销售代表、采购经理、市场分析师等。这样的安排有助于学生在模拟中扮演真实职业角色，提高他们理解和运用商务英语的能力。

3.任务

学生的任务是在预设的商务情境中进行谈判。这包括了商务洽谈的全过程，从初次会面到最终达成合作协议。学生需要展示他们在语言运用、谈判技巧和解决问题方面的综合能力。

4.效果

通过商务谈判模拟，学生在一个真实的商务环境中练习其英语交际的各个方面。他们学会在商务会话中使用专业用语、处理商务纠纷、提出建议等技能。此外，学生还可以在合作中培养其团队合作和协调的能力。

商务英语课程中的情境教学模式能够为学生提供实际的语境，让他们更好地理解和运用英语，培养了他们在商务环境中的语言能力和职业素养。整个模拟过程不仅可以提升学生的语言表达水平，还可以增强他们在跨文化交流和团队协作方面的综合能力。这种案例展示了情境教学模式在大学英语教学中的实际应用，为学生提供了更贴近实际工作场景的学习体验。

（二）自主学习模式的应用案例

自主学习模式强调学生的自主性和主动性，通过自主学习任务培养学生的独立思考和解决问题的能力。以下是自主学习模式在大学英语课堂中的应用案例。

专题研究分享

1.任务设计

在学期初，为了激发学生的学习兴趣和主动性，教师可以设计一个自主学习任务。任务要求学生选择一个与他们专业或个人兴趣密切相关的英语专题进行研究。

2.自主学习

学生在任务启动后，开始了独立的自主学习过程。这包括进行文献调研、阅读相关资料、收集信息，以及综合整理形成一份详实的研究报告。

3.分享会

在完成自主学习任务后，教师可以组织一场专题研究分享会。每位学生有机会在课堂上用短暂的时间向同学们展示其研究成果。这个环节旨在提高学生的表达能力，让其能够清晰、简洁地传达他们所学到的知识。

4.效果

这个自主学习模式的应用使得学生在选择性学习中可以培养其解决问题和独立思考的能力。通过深入地研究和准备，学生不仅扩展了自己的知识领域，还提高了英语写作和口头表达的能力。分享会可以为学生提供实际应用所学知识的机会，锻炼了他们的沟通技能和团队合作能力。

自主学习模式的这一案例展示了其在大学英语课堂中的实际应用，通过自主选择和独立学习任务，学生在提升语言能力的同时培养其更广泛的学科能力。这种学习方式有助于激发学生的学习兴趣，培养他们主动学习的态度。

（三）传统教学模式的应用案例

传统教学模式在基础知识传授方面具有优势，以下是传统教学模式在大学英语课堂中的应用案例：

语法规则讲解

1. 教学方法

在大学英语课堂中，语法教学是传统教学模式的一项重要内容。教师采用系统性的方法，通过讲解英语语法规则并提供相关例句进行教学。这包括对句子结构、时态、语态等基础语法知识的详细讲解。

2. 学生练习

为了巩固所学的语法知识，学生需要进行书写和口头练习。这可以包括在课堂上进行的练习，以及课后的个人或小组练习。

3. 作业

教师为学生布置相关的语法作业，如句子改错、语法填空等。这样的作业能够帮助学生在实际操作中运用所学的语法知识，加深其对规则的理解。

4. 效果

通过系统的语法规则讲解和练习，学生能够逐步理解和掌握基础语法知识，这为他们在更高层次的语言运用中打下坚实的基础。此外，通过作业和练习，学生能够在实践中发现和纠正自己的错误，提高语法运用的准确性。

传统教学模式的这一案例突出了在基础知识传授方面的优势，通过有序而规范的教学，帮助学生建立起对英语语法的扎实理解。这种教学模式在提高学生的使用语言准确性和基础能力方面具有积极的效果。

第三章　大学英语教学实践概述

第一节　教学实践的意义和目的

一、教学实践对学生的影响与价值

在大学英语教学中，教学实践将会对学生产生深远的影响。

（一）实际运用能力的培养

1.语言知识的主动运用

首先，通过大学英语的实际运用，学生在语言技能上取得了显著的提升。传统的语言教学注重语法和词汇的学习，但在实际运用中，学生能够将这些知识融会贯通，形成更为灵活和自然的表达方式。这不仅增强了他们的口头表达能力，还提高了写作水平，使得学生在各类语言交际场景中更为得心应手。

其次，实际运用的过程促使学生形成更为深刻的语言认知。通过在实际场景中解决问题、交流思想，学生不仅仅是在运用语法规则，而且可以在实践中体会语言的灵活性和变化性。这种深度的语言认知有助于学生更好地理解语言背后的文化和社会因素，提升他们的跨文化交际能力。

再次，主动运用语言知识可以培养学生的批判性思维和解决问题的能力。在实际场景中，学生面临各种语言难题，需要思考并找到合适的解决方案。这种思维过程不仅仅是对语言知识的简单应用，更是一种对分析问题、解决问题的思辨过程。这有助于培养学生在未知环境中独立思考和解决问题的能力。

最后，大学英语教学中的主动应用不仅对学生个体有益，也对整个学术领域产生积极的影响。学生在实际运用中积累的经验，为语言学、教育学等相关学科提供了宝贵的实践案例。同时教育实践中的问题和挑战能够反哺学术研究，推动语言教学理论的不断创新和发展。

2.提高实际语言运用的能力

首先，大学英语教学实践在提高学生实际语言运用能力方面具有重要的作用。通过在真实的语境中进行练习和运用英语，学生得以更好地适应实际生活中的语言需求。这一过程不仅仅关注书面表达，还包括口语表达，旨在培养学生在多样交际场景中更加自信地运用英语进行有效沟通。

其次，教学实践为学生提供了实际运用英语的机会，加强了他们的语言技能。传统的英语教学往往局限于教授语法和词汇，只有实际应用才是检验语言能力的关键。通过参与实际项目、模拟实际场景，学生能够更全面地理解和运用所学的语言知识。这种全面的语言技能培养不仅涵盖了写作和阅读，还包括听说能力，使学生能够更全面地参与到各种社交和职业活动中。

再次，教学实践强调了语言和文化的密切关系。在真实语境中，学生不仅仅面对语言形式的挑战，还需要理解并尊重不同文化之间的差异。这种文化意识的培养有助于学生更好地适应国际化社会，提高跨文化交际的能力。通过实际项目中的文化交流，学生能够更深入地体验和理解语言与文化之间的互动关系。

最后，大学英语教学实践对学生未来职业发展具有重要意义。随着全球化的推进，英语作为国际交流的主要工具，成为各行各业人员的必备技能。通过教学实践，不仅能够提高学生的语言能力，还能够培养其团队协作、解决问题的能力，为他们进入职场做好充分准备。国际语言运用的能力成为学生在跨国公司、国际组织或国际合作项目中脱颖而出的竞争优势。

（二）团队协作与交际技能

1. 培养团队协作精神

首先，教学实践中对学生进行团队合作是培养团队协作精神的有效途径。通过共同努力完成任务，学生不仅仅是在传递知识，更是在实际操作中培养了他们团队协作的意识和技能。这种实践性的学习方法不仅帮助学生理解课程内容，还为他们提供了在未来职业和社会生活中积极参与团队工作的经验。

其次，团队合作可以培养学生的沟通和交流能力。在团队合作中，学生需要与团队成员有效沟通，共同解决问题。这不仅包括书面沟通，还包括口头表达和倾听。通过与不同背景和观点的同学合作，学生能够学会更加灵活和多样化的沟通技巧，提高了他们在团队中表达自己和理解他人意图的能力。

再次，团队合作有助于学生认识和尊重多元化。在一个团队中，成员可能来自不同的专业背景、文化背景或学科领域。这样的多样性可以为团队提供不同的思维方式和解决问题的途径。学生在团队合作中学会尊重和欣赏他人的差异，形成更加开放和包容的思维方式，从而更好地适应复杂多变的社会环境。

最后，团队合作可以培养学生的领导力和团队管理能力。在团队中，学生有机会担任不同的角色，从而锻炼领导和协调团队的能力。学生知道在团队中如何激发成员的积极性，合理分配任务，解决内部矛盾，提高整个团队的绩效，这对他们未来在职业生涯中承担领导职责是至关重要的。

2. 提升交际技能

首先，实际项目中的学生合作不仅仅是任务的完成，更是一种提升交际技能的实践。在团队合作中，学生需要与同学进行频繁地讨论和交流，从而促使他们积极参与，倾听他人的意见，并提出自己的见解。这种互动过程不仅丰富了学生的专业知识，更培养了他们在协作中的交际技能。

其次，实际项目的学生合作激发了学生对多元观点的理解和尊重。在团队中，成员来自不同的专业、文化和背景，这为团队带来了多样性的观点。学生通过与不同背景的同学交流，学会理解并尊重他人的观点，从而培养了跨文化交际和理解多元性的交际技能。

再次，实际项目中的合作强调了团队内外的沟通。学生需要不断地与团队成员进行有效的沟通，共同解决问题。这种沟通不仅仅包括书面和口头表达，还包括团队间的协调和协作。学生在这个过程中学到了如何清晰表达自己的观点，如何倾听和理解他人意图，以及如何在团队内外进行高效沟通，这为他们未来进入职场提供了宝贵的经验。

最后，实际项目中的合作为学生未来的职业和社交发展奠定了坚实的基础。在职场中，交际技能是成功的关键之一。通过实际项目的交际实践，学生不仅可以提高专业素养，还可以培养团队合作、领导力和问题解决能力，这将使他们在各种职业场景中更为自信和成功。

（三）实践锻炼综合素养

1. 多方面语言技能的综合运用

首先，大学英语教学中的教学实践为学生提供了在真实场景中综合运用多方面语言技能的机会。通过实际项目和情景模拟，学生需要不仅仅可以提高写作技能，还要参与口语交流，倾听他人的观点。这样的综合运用强调了语言技能的整体性，使学生能够更全面地掌握语言。

其次，多方面语言技能的综合运用可以培养学生在不同语境下适应语言需求的能力。在实际项目中，学生需要灵活运用语言技能来解决问题、交流思想。这种跨听、说、读、写的综合运用让学生可以更好地理解语言的多样性，提高他们在不同社交、学术和职业场景中适应语言需求的能力。

再次，综合运用多方面语言技能可以激发学生的创造力和批判性思维。在实际项目中，学生需要综合运用各种语言技能来解决复杂问题，这要求他们不仅要具备基本的语法和词汇知识，还需要灵活运用这些知识，提出独特和创新的观点。这种思辨和创造的过程不仅拓展学生的语言运用能力，还可以培养了他们的批判性思维，为其未来的学术研究和职业发展奠定了基础。

最后，多方面语言技能的综合运用可以为学生未来的学术和职业发展提供有力的支持。在职场中，要求员工不仅要具备扎实的专业知识，还要具备良好的沟通能力、团队协作能力等多方面的语言技能。通过在大学英语教学中的综合运用，学生不仅能够更好地参与学术研究，还能够更自如地在国际化的职场环境中交流和合作。

2. 为学术与职业发展奠定基础

首先，大学英语教学通过实践锻炼不仅仅关注语言技能的提升，更注重学生综合素养的全面提升。在实际项目和情景模拟中，学生需要运用语言技能解决问题，同时培养团队协作、领导力、创造力等综合素养。这样的全面培养使学生在具备良好的语言表达能力的同时，还拥有更强的综合素养，为他们未来在学术和职业领域的发展打下了坚实基础。

其次，实践锻炼在大学英语教学中扮演着促进学术发展的重要角色。通过参与实际项目，学生在真实场景中运用所学的语言知识进行研究和表达。这种实际应用不仅深化了学生对学科知识的理解，更培养了他们进行独立研究和思考的能力。这对学术领域的发展具有积极的推动作用，为学生未来的学术研究奠定了坚实的基础。

再次，大学英语教学通过实践锻炼培养了学生在职业领域中所需的实用技能。在实际项目中，学生除了提高语言表达能力，还学会了团队合作、问题解决、沟通协调等职场必备的技能。这使学生具备在复杂多变的职业环境中脱颖而出的竞争力，为其未来的职业发展提供实际而深刻的经验。

最后，实践锻炼为学生提供了更全面的发展机会，使其在学术和职业领域更加具备竞争力。在实际项目中，学生需要运用语言技能解决实际问题，同时培养批判性思维、创新意识等综合素养。这种全方位的发展使学生不仅在学术领域有所建树，同时为他们在职业生涯中具备更为全面的素质，更好地适应未来社会的多元化需求。

二、设定明确的教学目标

在进行教学实践前，设定明确的教学目标是确保实践活动有效开展的关键。

（一）明确语言技能目标

1. 听力技能的明确目标设定

首先，明确大学英语听力技能的目标是确保教学实践的更具针对性和有效性。通过设定具体的听力目标，教师能够更好地了解学生的需求和水平，有针对性地设计教学内容和活动。例如，明确目标可以包括提高学生听懂不同口音和语速的能力，以及培养他们从复杂语境中获取关键信息的技能。这样的目标设定有助于教师更有序地进行教学，使学生在听力能力方面有更为明确的提升路径。

其次，设定听力目标有助于学生建立长期地学习动力。通过明确目标，学生能够清晰地知道自己在听力技能上的不足，并设定明确的提高方向。这种明确的目标设定可以激发学生的学习兴趣和动力，使他们更有意愿投入听力训练中。例如，如果学生的目标是提高听懂特定口音的能力，他们可能更有动力去寻找相关材料，参与相关练习，从而更迅速地取得进步。

再次，通过设定明确的听力目标，可以更好地衡量学生的听力进步。设定量化的目标，如在一定时间内提高听力水平的百分比或在特定场景中成功理解的比例，有助于评估学生的听力是否达到预期水平。这样的评估不仅可以帮助教师及时调整教学策略，也能够激发学生的成就感，增强他们学习的信心。

最后，通过设定听力目标，能够更好地满足学生未来实际生活和职业需求。明确的听力目标不仅仅是为了提高学生在课堂上的听力水平，也是为了培养他们在各种实际场景中更好地理解他人思想的能力，这对其未来跨文化交际和职业发展至关重要。例如，学生可以设定目标是能够在国际团队中更好地听懂来自不同国家同事的讲话，因为这将直接服务于他们未来的职业生涯。

2. 口语表达的具体目标设定

首先，设定大学英语口语表达的具体目标对教学实践至关重要。通过明确口语目标，教师能够更准确地了解学生的口语水平和需求，有针对性地设计教学内容和活动。例如，明确的口语目标可以提高学生自信的进行简短演讲、参与小组讨论等。这有助于教师更有序地进行口语教学，使学生在口语表达方面有更为明确的提升路径。

其次，设定口语目标可以激发学生的学习兴趣和动力。明确的口语目标使学生清晰地知道自己在口语表达上的不足，并设定明确的提高方向。这种明确的目标设定可以激发学生的学习兴趣和动力，使他们更有意愿投入口语训练中。例如，如果学生的口语目标是能够自信而流利地进行小组讨论，他们可能更有动力去积极参与讨论，从而更迅速地提高口语表达水平。

再次，通过设定明确的口语目标，可以更好地衡量学生的口语水平。设定量化的目标，如在一定时间内提高口语水平的百分比或在特定场景中成功发表演讲的次数，有助于评估学生的口语是否达到预期水平。这样的评估不仅可以帮助教师及时调整教学策略，也能够激发学生的成就感，增强他们的学习信心。

最后，通过设定口语目标，能够更好地培养学生在未来实际生活和职业中所需的口语技能。明确的口语目标不仅仅是为了提高学生在课堂上的口语水平，更是为了培养他们在各种实际场景中更好地表达自己的能力。这对学生未来的社交、职场交流等方面具有直接的应用性。例如，学生可能设定目标是在职场中能够清晰、自信地向同事介绍项目，这将直接服务于他们未来的职业生涯。

3. 阅读与写作目标的明确定位

首先，对大学英语阅读的目标定位至关重要。在大学课程中，学术论文和专业文章是学生主要接触的文本类型之一。因此，设定阅读目标时，可以明确为学生能够理解和分析学术论文或专业文章，包括对文章结构的理解、关键观点的把握、专业术语的掌握等。通过这样的目标设定，教师能够更有针对性地进行阅读教学，帮助学生提高对复杂学术文本的理解能力，更好地适应大学学术环境。

其次，明确大学英语写作的目标定位同样至关重要。学生需要能够撰写清晰、有逻辑性的文章，满足学术和职业领域的写作要求。设定写作目标时，可以明确培养学生能够提出明确论点、组织结构清晰的文章写作能力，包括论点的建立、论据的支持、逻辑结构的合理性等方面。通过这样的目标设定，教师能够更好地引导学生关注在写作中注重论点的深度和逻辑的严谨性，提高他们在不同写作任务中的表达水平。

再次，具体的阅读和写作目标设定需要结合不同的文本类型和写作任务。例如，学术论文和专业文章的阅读目标可以强调对学科特定术语的理解，而商业报告或文学作品的阅读目标则可能更注重对情节和主题的把握。同样，写作目标应根据写作任务的性质进行调整，如在学术写作中注重对文献的引用和分析，而在商业写作中注重对目标受众的关注点和需求。

最后，明确的阅读和写作目标定位有助于学生更好地达到大学课程中的学术要求，并为其将来的研究和职业生涯做好准备。在大学学习过程中，学生需要通过阅读和写作来深化其对专业知识的理解，并能够用清晰的语言表达自己的思想。这种能力不仅是学生学术成功的关键，也是其在职场上脱颖而出的基础。

（二）强调综合素养培养

1.团队协作与跨学科应用目标的设定

首先，明确大学英语教学实践中的团队协作目标是促使学生在小组中能够高效协作、分工合作，并共同解决问题。在大学英语课程中，通过实践项目或小组任务，学生能够培养在团队中有效沟通、协调分工的能力。设定这样的团队协作目标有助于教师更有针对性地组织教学活动，帮助学生建立良好的团队合作意识和技能。

其次，设定跨学科应用目标是培养学生将不同学科知识运用于实际情境的能力。大学英语教学可以通过引入多元文本，涵盖不同学科领域的知识，激发学生的跨学科思维。明确的跨学科应用目标可以包括学生能够在解决实际问题时，整合英语、科学、人文等多学科知识，形成全面而深刻的分析和解决方案。

再次，设定团队协作和跨学科应用的目标需要根据不同的实践项目及任务进行具体的调整。例如，在一个实际项目中，目标可以设定为学生能够在小组中运用英语沟通技能，同时整合来自不同学科的知识解决一个复杂的问题。这种具体而有针对性的目标有助于确保学生在实践中能够真正达到团队协作和跨学科应用的要求。

最后，明确的团队协作和跨学科应用目标有助于学生在未来的工作中更好地适应团队合作的环境，提高解决实际问题的能力。在职场中，团队协作和跨学科应用能力是越来越受到重视的素养。通过在大学英语教学中培养这些能力，学生不仅在学术领域有更好的发展，而且能够在各种职业领域中脱颖而出。

2.跨文化交际目标的设定

首先，大学英语教学中跨文化交际目标的设定，是确保学生在学术和职业领域更好地理解、尊重和适应不同文化的沟通方式。通过设定明确的目标，学生能够理解和尊重多元文化环境中的沟通差异，以及能够在跨文化环境中有效地进行交流。教师能够更有针对性地设计教学内容和活动，帮助学生培养更全面的跨文化交际能力。

其次，跨文化交际目标的设定有助于学生培养全球意识和全球竞争力。在当今社会国际化的学术和职业环境中，跨文化交际能力变得尤为重要。通过设定目标，教师可以引导学生认识到不同文化之间的差异性，并培养他们在多元文化环境中更好地融入和协作的能力。这不仅有益于学生在国际化的职场中更好地参与竞争，还有助于拓宽他们的国际视野，增强其综合素养。

再次，设定跨文化交际目标涉及学生的文化敏感性和文化适应能力。通过明确的目标，学生能够在不同文化环境中灵活调整沟通方式，适应当地的文化习惯，教师可以通过实践活动帮助学生增强对文化差异的敏感性，提高他们在跨文化交际中的适应能力。这有助于培养学生在全球范围内更好地应对复杂多变的文化挑战。

最后，明确的跨文化交际目标有助于学生形成更广泛的国际人才素养。在大学英语教学中，通过跨文化交际目标的设定，不仅能够提高学生的英语表达能力，还能够形成更全面地了解和尊重不同文化的价值观与沟通方式。这样的素养对学生未来在国际组织、国际企业等领域的职业发展至关重要。

（三）关注实际应用

1.真实场景中的实际应用目标设定

首先，设定大学英语教学中的实际应用目标旨在确保学生能够在真实场景中灵活运用所学英语技能。教师可以通过设定目标，使学生能够在模拟的实际工作场景中进行英语沟通，与同事协作解决问题，或者在真实生活中处理日常语言需求。这种目标的设定可以使学生更深刻地理解英语的实际运用，提高他们在实际场景中的语言运用能力。

其次，明确实际应用目标有助于提高学生的学习动机。学生在意识到所学英语技能能够直接应用于实际工作和生活中时，更容易保持学习的兴趣和动力。例如，设定目标为学生能够在模拟商务谈判中运用专业英语进行有效沟通，可以激发学生对商务英语的学习热情，因为他们清楚这项技能将在其未来的职业生涯中发挥重要作用。

再次，实际应用目标的设定应考虑多样化的场景，以涵盖学生未来可能面临的各种语言需求，可以包括社交场合、职业环境、学术研究等多个方面。通过设定不同场景下的实际应用目标，教师能够帮助学生全面提升语言能力，使其在多种实际情境中都能够游刃有余地运用英语。

最后，实际应用目标的设定应强调学生在实践中的自主学习和反思能力。例如，目标可以包括学生能够在实际应用场景中发现并改进自己的语言表达问题，进而不断提升自己的语言水平。这种自主学习和反思的能力对学生未来的职业和学术发展至关重要，因为他们需要通过不断适应不同的语境来提升自己的语言能力。

2.职业导向目标的明确定位

首先，设定职业导向目标是确保大学英语教学紧密贴合学生未来职业发展的需求。一个具体的职业导向目标可以使学生能够在特定领域中运用专业英语。这要求教师在教学中注重相关领域的专业术语和表达方式，帮助学生建立起在特定职业领域中流利运用英语的能力。例如，在医学领域，目标可以是学生能够理解和运用医学英语与同行进行交流。

其次，职业导向目标可以设定为学生能够顺利参与相关领域的专业讨论。这需要学生不仅具备良好的英语表达能力，还需要了解和熟悉特定领域的专业知识。教学中可以通过模拟专业讨论、案例分析等方式，帮助学生提高在特定领域的专业英语口头表达能力。这有助于他们更好地适应其在未来职场中专业讨论和团队合作的要求。

再次，明确的职业导向目标可以促使学生在学习过程中更加注重实际应用，关注与自身职业发展相关的英语技能。例如，学生可能会设定目标为能够在国际商务谈判中熟练运用商务英语，或者在国际市场中进行有效的销售沟通。这样的目标有助于激发学生学习英语的动力，因为他们能够清晰地看到所学技能对其未来职业的直接帮助。

最后，职业导向目标的设定需要结合不同专业领域的特点进行调整。不同领域的职业要求和语言环境差异巨大，因此需要根据特定领域的需要设定具体的目标。例如，在工程领域，目标可以使学生能够理解和使用工程领域的专业术语，以便更好地参与工程项目的沟通和协作。

三、实践对教师自身发展的意义

（一）教学方法的创新

1.实践中的教学方法尝试与改进

首先，教学实践中的创新可以从不同的教学方法和策略尝试开始。例如，教师可以探索使用技术辅助教学，如在线学习平台、虚拟现实技术等，以提供更多形式的学习资源。另外，采用案例教学、问题解决、小组合作等活动形式，还可以激发学生的主动参与和批判性思维。这些创新的方法有助于调动学生学习的兴趣，提高课堂的互动性和参与度。

其次，实践中的教学方法的尝试需要关注学生的反馈和需求。通过定期收集学生的意见和建议，教师可以更好地了解学生对不同教学方法的看法，从而调整教学策略。例如，通过课程评价、学生反馈问卷等方式，教师可以得知学生对在线学习平台的使用是否方便、对小组合作是否感到参与度高等。这样的反馈信息是调整和改进教学方法的有力依据。

再次，教学实践中的改进需要基于深入的教育研究。教师可以通过阅读最新的教育研究文献，了解教育心理学、学习理论等方面的新进展，从而更好地指导自己的教学实践。例如，教师可以尝试应用认知心理学的原理来设计更有效的学习任务，或者结合社会构建主义理论来推动学生之间的合作和互动。这样的理论基础有助于教师更系统地思考和改进自己的教学方法。

最后，教学实践中的创新和改进需要教师具备灵活性和适应性。由于学生群体的多样性，不同的教学方法可能对不同学生产生不同的效果。因此，教师应当在实践中保持开放的心态，根据学生的特点和反馈进行调整。这需要教师具备不断学习和适应新知识的能力，从而跟上教育领域的发展和变化。

2.提高教学水平的动力

首先，教学实践为教师提供了深入理解学生需求和教学挑战的机会。在实际课堂中，教师能够直接感受到学生对不同教学方法的反应，了解学生的学习习惯和认知水平。这使得教师能够更准确地把握学生的需求，及时调整教学策略，提高教学的更具针对性和有效性。这种直接地、实际地教学反馈成为教师改进教学的重要动力。

其次，实践中的教学挑战促使教师不断寻求创新和改进。在教学实践中，教师可能会面临学生学习兴趣不高、语言水平差异大等各种挑战。为了应对这些挑战，教师需要寻找新的教学方法和策略。这种迫切的需求驱使教师主动寻求专业发展，不断学习和尝试新的教学理念，从而不断提高自己的教学水平。

再次，实践中的成功经验成为教师进一步提高教学水平的动力。当教师在实践中尝试新的教学方法并取得成功时，这种成功经验将激发教师的积极性和动力。通过分享成功案例，教师可以在专业圈内互相学习和交流，进一步激发创新精神。成功的实践经验不仅对教师自身的教学水平提升有益，也对整个教育领域产生积极的影响。

最后，教学实践的动力体现在教师在专业发展中的竞争力上。随着教育领域的不断发展和变化，具备创新精神和灵活教学方法的教师更受欢迎。通过不断提高教学水平，教师不仅可以提升自己在学术界的声望，还在职业晋升和求职过程中更具竞争力。这种外在地激励成为教师不断追求卓越的重要动力之一。

（二）教学反思与提升

1.深入反思个体教学方式

首先，教学实践的参与为教师提供了观察学生实际表现的机会，促使教师更深入地反思个体教学方式。通过亲身参与课堂和实践活动，教师能够亲自感受学生在不同环境中的学习状态和表现。这种直观体验有助于教师更准确地了解学生的学习需求，发现个体教学方式中的可改进之处。

其次，实践的参与使教师能够收集更具体的教学反馈。在实际操作中，教师可以通过观察学生的学习过程、听取他们的意见和建议，获得更丰富的教学反馈。这种反馈不仅包括学生对教学内容的理解程度，还包括他们对教学方法的接受程度和学习体验的反馈。这样的具体反馈有助于教师更具体、有针对性地反思自己的个体教学方式。

再次，深入反思个体教学方式有助于教师发现潜在的教学问题。在实践中，教师可能会发现一些之前未曾察觉的教学盲点或隐性问题。例如，教师可能会意识到某个教学环节的设计不够清晰，导致学生理解困难；或者发现某个教学方法在实践中的效果不如预期。深入地反思使教师能够及时发现并解决这些问题，提高个体教学方式的质量。

最后，深入反思能够帮助教师制订有效的提升计划。通过对个体教学方式的深入分析，教师可以明确自身在教学中存在的不足，并确定针对性的改进措施。这可以包括调整教学方法、优化教学资源、加强与学生的互动等方面。制订有效的提升计划有助于教师有针对性地完善自己的个体教学方式，使其更符合学生的实际需求和学科特点。

2.教学能力的定期提升

首先，实践活动为教师提供了实时地教学反馈机制。通过在实际教学中与学生互动，教师能够迅速获取学生对教学内容和方法的反馈。这种实时地反馈有助于教师更准确地了解学生的学习状态和需求。同时教师可以从实践中收集学生的意见、观察学生的学习表现，从而及时调整教学策略，提升教学的更具针对性和有效性。

其次，通过分析实践中的教学经验，教师能够更有针对性地选择参与专业培训和进修课程。实践经验的总结和分析有助于教师明确自身在教学中的不足，从而有针对性地选择相关的培训课程。这可以包括提高教学技能、深化学科知识、了解最新的教育理论等方面。通过参与专业培训，教师能够系统地提升自己的教学水平，并将新的理念和方法融入实际教学中。

再次，与同行分享经验是提升教师教学能力的有效途径。教师可以通过定期的教学研讨会、教学展示和教学对话等方式，与同行分享自己的实践经验，获取他人的反馈和建议。这种交流与分享促使教师在集体中共同成长，吸收多元的教学观点和方法，丰富自己的教学工具箱。与同行的互动有助于形成学科共同体，提高整个团队的教学水平。

最后，定期进行个人发展计划是保持教学活力和更新教学理念的重要手段。通过设立明确的个人发展目标，教师可以有计划地参与各类教育活动，提升自己的综合素养。这可能包括参加国际学术会议、撰写教学论文、进行教学创新项目等。这种定期的个人发展计划有助于教师在教学生涯中不断成长，并推动整个教育领域的不断创新和进步。

（三）跨学科合作

1.与其他领域教师的合作

首先，跨学科实践活动为教师提供了与其他领域教师进行合作的独特机会。在项目设计和实施的过程中，教师可以与不同学科的同行共同协作，融合各自的专业知识和教学经验。这种合作能够帮助教师突破学科边界，拓宽专业视野，使他们更加全面的理解跨学科教育的重要性和实践方式。

其次，跨学科合作促进了跨领域的知识交流。在与其他领域教师的合作中，教师可以分享各自学科的独特知识和教学方法，从而加深对其他学科的理解。这有助于打破学科壁垒，促进教育多元性。例如，在英语教学与科学教学的合作中，学生可以通过阅读科学文献、进行科学实验等方式，提高英语阅读和口语表达能力，同时可以学习到科学知识。

再次，跨学科合作有助于培养学生的跨学科思维能力。通过跨学科项目，学生能够在实践中学习将不同学科的知识和技能结合起来用于解决实际问题。教师与其他领域的合作为学生提供了跨学科学习的机会，培养了他们在不同领域中综合运用知识的能力，提高了综合素养。

最后，跨学科合作有助于提高教育的整体质量。通过与其他领域教师的合作，教师能够融合不同学科的教学理念和方法，为学生提供更为综合和丰富的教育体验。这种整体性的教学方式有助于满足学生在多元化知识社会中的需求，培养学生成为更广泛知识和技能的综合型人才。

2.跨学科视野的拓展

首先，跨学科合作使教师能够深入了解其他领域的知识。通过与其他领域的教师共同设计和实施项目，教师不仅能够参与跨学科团队，还能够接触到其他领域的专业知识。这种亲身参与的机会使教师能够更深入地了解其他学科的学科内容、研究方法和教学策略，从而形成更为全面的跨学科视野。

其次，跨学科合作促进了教师对不同教学方法的认知。在与其他领域的教师合作中，教师将接触到各种各样的教学方法和策略。这不仅包括课堂教学方式，还包括项目设计、评估方法等方面。教师可以从跨学科合作中学到其他领域教学的创新经验，从而拓展自己的教学工具箱，提高教学的灵活性和适应性。

再次，跨学科合作培养了教师的综合素养。在跨学科项目中，教师需要面对不同学科的知识、语境和需求，这要求教师具备更广泛的综合素养。他们需要理解并融合多个学科的教育理念，协调学科之间的关系，提供更全面、综合的教育服务。这种综合素养的培养有助于教师更好地适应复杂多变的教育环境。

最后，跨学科合作提高了教师在不同领域中的适应能力。教师通过与其他领域的同行合作，能够适应不同学科的专业术语、教学风格和学科文化。这种适应能力不仅在跨学科团队中表现出色，在未来可能涉及不同领域的教学和研究活动中也能够更加游刃有余。教师的跨学科适应能力的提高对应对教育领域的多样性和变化具有积极的意义。

第二节　教学实践的方法和步骤

一、实践的具体步骤和流程

在进行教学实践时，明确地步骤和流程能够确保实践活动的顺利进行。

（一）需求分析

1.学生需求的明确分析

首先，学生需求的分析是大学英语教学实践的基础。在进行实践活动之前，教师需要深入了解学生的英语水平。这可以通过多种方式实现，如分级测试、课堂测验等。通过对学生英语水平的准确评估，教师能够更有针对性地设计实践活动，确保活动的难度与学生水平相适应。

其次，了解学生的学科特长对实践活动的设计至关重要。不同学科领域的学生可能在英语应用的背景知识上存在差异，因此，教师需要了解学生的学科专业，以便更好地将英语知识融入相关专业领域。通过与其他学科的教师合作，可以实现跨学科的教学融合，提高学生对英语实际运用的兴趣和积极性。

再次，考虑学生的职业发展方向是进行需求分析的重要一环。了解学生未来的职业规划，可以帮助教师更有针对性地设计实践活动，使之符合学生未来职业领域对英语运用的需求。例如，如果学生将来从事国际贸易，教师就可以侧重培养其商务英语能力；如果学生将从事科研工作，教师就可以强调学术英语写作技能的培养。这样的需求分析有助于使实践活动更具实际应用性，为学生的职业发展提供有力支持。

最后，通过调查问卷、小组讨论等方式，教师可以主动获取学生的意见和建议。学生在参与需求分析的过程中，能够更加深入地反映他们的实际需求和期望。这不仅有助于教师更全面地了解学生的需求，还能够提高学生对实践活动的参与度和投入感。

2.实践活动目标的设定

首先，明确提高学生口语表达能力是大学英语实践活动的首要目标。口语表达是语言能力的核心之一，对学生未来的社交、职业发展至关重要。通过实践活动，教师可以设定目标，如提高学生的发音准确性、增强口头表达的流利性和自信心。活动可以包括模拟真实场景的口语演练、小组讨论、辩论等，以帮助学生在实际应用中更自如地运用英语进行口头表达。

其次，促进团队协作是另一个重要的实践活动目标。在现代职场和社会中，团队协作是必不可少的能力。为此，教师可以设定团队合作的目标，如学生能够在小组中有效分工合作、共同解决问题。通过项目式的实践活动，学生可以学到团队沟通与协作的技能，培养团队合作精神，提高他们在协作环境中工作的能力。

再次，培养实际应用英语的能力是大学英语实践活动的关键目标之一。这包括了解学术和职业场景中英语的使用方式，提高学生在特定领域的实际应用能力。目标可以设定为学生能够撰写专业文档、进行学术演讲或参与模拟工作场景中的英语交流。通过与相关领域的专业人士合作，学生能够更好地理解和应用英语在实际工作与学术环境中的要求。

最后，实践活动的目标可以包括提升学生的跨文化交际能力。在全球化时代，学生需要具备在跨文化环境中进行有效沟通的能力。教师可以设定目标，让学生能够理解和尊重不同文化背景下的沟通方式，以及让学生能够在跨文化环境中有效交流。通过模拟国际团队合作、跨文化交流项目等实践活动，学生能够提升其跨文化沟通技能，更好地适应国际化的学术和职业环境。

（二）设计实践活动

1.场景设置和任务分配的具体规划

首先，设计模拟实际工作场景是实践活动中的一项规划。通过模拟真实工作场景，可以使学生置身于实际应用的环境中，更好地理解英语在职场中的使用方式。例如，教师可以设计一个商务英语项目，要求学生在模拟的商务会议中进行角色扮演，完成商务报告的撰写和演讲。这样的实践活动不仅可以锻炼学生的英语表达能力，还能培养其在实际工作场景中运用英语的能力，使学习更加贴近实际生活。

其次，组织小组讨论是实践活动中的另一个重要环节。小组讨论能够促使学生展开合作、交流观点，并解决实际问题。例如，教师可以设置一个小组项目，要求学生共同研究并解决一个跨学科问题，同时运用英语进行讨论和呈现。这不仅可以锻炼学生的团队协作和沟通技能，还可以提升他们在英语语境中的问题解决能力。

再次，设计英语项目是丰富实践活动形式的一种方法，包括英语写作项目、口头报告项目等。例如，教师可以要求学生进行一项调查研究，然后以英语撰写报告，并在班级中进行口头演讲。这样的项目既可以锻炼学生的英语写作能力，又可以提高他们的口头表达能力，使其更好地适应未来的学术和职业环境。

最后，为了增加实践活动的真实性和挑战性，教师可以设计跨文化交流的任务。通过与国际合作伙伴或其他学校的学生进行跨文化项目，学生将面临与不同文化背景的人合作的挑战。例如，可以设计一个跨文化团队合作项目，要求学生通过在线平台与其他国家的学生合作完成某项任务。这样的设计不仅可以提高学生的跨文化交际能力，还使他们可以更好地适应全球化的学术和职业环境。

2.教学资源和支持的准备

首先，准备丰富而适用的教学资源是大学英语实践活动设计的关键。教材的选择对实践活动的效果至关重要。教师可以评估已有的英语教材，确保其符合学生的水平和实际需求。如果需要，就可以结合实际情况，引入其他专业领域的相关文献、案例或资料，以丰富教学内容。此外，为了更好地支持学生的自主学习，教师还可以准备活动手册、学习指南等辅助材料，帮助学生更好地理解任务和目标，提高实践活动的效果。

其次，利用多媒体资料提供更丰富的学习体验。通过引入多媒体资源，如视频、音频、在线模拟工具等，教师可以增加实践活动的趣味性和真实感。例如，可以通过播放相关行业的英语培训视频，让学生感受真实工作场景中的语言运用情境。另外，多媒体资源还可以用于拓宽学生的视野，引导他们了解英语在不同领域的应用，提高他们对实际应用的兴趣。

再次，确保有充足的技术支持是实践活动成功进行的保障。在当今数字化时代，教育技术的运用对实践活动的设计和实施至关重要。教师需要确保有足够的技术设备，如计算机、投影仪等，以支持多媒体资料的展示和实践活动的进行。同时，教师应提前检测技术设备的可靠性，以防止在活动过程中出现技术故障。

最后，合理安排场地和资源是为了提供学生良好的学习环境。教室的设置应符合实践活动的特殊需求，如需要进行小组讨论的教学环境、提供足够空间进行模拟实际工作场景的教学场地等。确保学生有足够的空间和设备进行实践活动，同时要保证活动的安全性和有序性。

（三）实施实践

1.活动引导与监督

首先，明确地活动引导对学生全面理解活动的目的和任务至关重要。在活动开始前，教师应首先向学生详细介绍活动的背景、目标和预期成果。通过清晰地活动介绍，教师可以激发学生的学习兴趣，提高他们的参与度。这可能包括向学生解释实践活动与课程目标的关联性，以及活动将如何帮助他们发展英语语言技能和实际应用能力。在引导中，教师应明确学生在活动中所扮演的角色和任务，以便他们能够更好地投入实践活动中。

其次，有效的监督机制是确保实践活动顺利进行的重要保障。教师在实践活动中扮演着监督者的角色，需要对学生的表现进行持续地观察和评估。这包括对学生在小组讨论中的互动、在模拟工作场景中的表现等方面进行监督。通过设立明确的标准和评估体系，教师能够客观地评估学生的学术水平和综合素养。监督的过程中，教师应及时发现学生可能遇到的问题，提供必要的帮助和指导，以确保活动能够顺利进行。此外，教师还可以通过定期的反馈和讨论会议，与学生分享观察到的亮点和改进空间，促使他们更深入地反思和提升。

再次，教师应注重团队协作与个体发展的平衡。在监督学生的同时，教师还需要鼓励学生在小组合作中充分发挥个体优势，促进团队协作。可以通过定期的小组讨论、团队反馈等方式，引导学生在团队合作中相互学习和提升。此外，教师还可以设置个体任务和目标，帮助学生发展自己的技能和素养，使团队协作与个体发展达到平衡。

最后，建立有效地沟通机制是保障活动成功的关键。教师应与学生建立开放而透明的沟通渠道，鼓励他们在遇到问题或有疑虑时及时与教师沟通。可以通过设立办公时间、使用在线平台、组织反馈会议等方式，确保学生在实践活动中能够得到及时的支持和指导。另外，教师还可以利用沟通渠道及时收集学生的反馈意见，了解他们的学习体验和需求，以便更好地调整和改进实践活动的设计和实施。

2.促进学生交流与合作

首先，激发学生的参与热情是促进交流与合作的关键。在实践活动中，教师应采用各种方法激发学生的兴趣，引导他们积极参与交流。这可能包括设置趣味性的活动引导，通过真实案例或生活场景引发学生的兴趣，使其愿意分享自己的观点和经验。另外，教师还可以采用启发性问题，引导学生思考并展开讨论，激发他们对话的欲望。通过在课堂氛围中营造积极、开放的氛围，教师能够增强学生的自信心，使其更愿意积极参与学术交流与合作。

其次，鼓励学生积极发表观点是促进交流的有效方式。教师应设立鼓励学生表达自己观点的机制，如开设讨论时间、鼓励学生在小组中分享见解等。此外，教师还可以引导学生运用各种语言工具，如辩论技巧、提问策略等，使他们更有底气地表达自己的观点。通过对学生观点的认真倾听和积极回应，教师能够建立起互信的关系，促进学生之间的交流。

再次，通过小组合作任务培养团队协作精神。实践活动的设计中，教师可以安排小组合作任务，要求学生共同解决问题或完成项目。通过小组合作，学生需要相互交流、协调分工、分享资源，从而培养团队协作精神。为了加强团队协作，教师可以设立小组讨论时间、提供合作技巧培训等，帮助学生更好地理解团队协作的重要性，提高他们在实际工作场景中的团队协作能力。

最后，建立学术交流平台促进交流合作。教师可以为学生提供一个学术交流平台，如在线讨论论坛、学术分享会等。通过这些平台，学生可以更灵活地进行交流，分享自己的学术研究或实践经验，从而促进跨学科的合作。另外，教师还可以鼓励学生参与学术活动、组织学术研讨会等，提供更多展示自己和与他人合作成果的机会，增加学生在学术领域的曝光度，促进更广泛的交流合作。

（四）收集反馈

1.学生反馈的收集与分析

首先，定期进行问卷调查是一种有效的学生反馈收集方式。教师可以在实践活动的不同阶段设计问卷，包括活动前、活动中和活动后。在活动前，通过分析问卷可以了解学生对实践活动的期望和目标的看法，以及他们对课程设计的建议。在活动中，通过分析问卷可以收集学生在实践活动中的体验、困难和建议。在活动后，通过分析问卷则可以评估学生对整个实践过程的满意度，以及收集他们对课程改进的建议。通过问卷调查，教师能够获得大量的定量和定性数据，更全面地了解学生的看法和反馈。

其次，小组讨论是收集学生反馈的另一有效手段。在小组讨论中，教师可以组织学生分享他们的观点、体验和建议。这种开放性的交流可以促使学生更深入地表达自己的看法，同时能够让教师直接感受到学生的情感和需求。另外，小组讨论还有助于建立学生之间的互动和合作，形成良好的学术氛围。通过设立具体的问题和主题，教师可以引导学生集中讨论关键问题，从而更有针对性地获取反馈信息。

再次，个别面谈是一种深入了解学生反馈的方式。通过与学生进行一对一地面谈，教师可以深入了解个别学生的体验、困惑和期望。这种直接的沟通方式有助于建立更紧密的师生关系，使学生更愿意分享真实感受。在面谈中，教师可以通过提问、倾听和追问等手段，引导学生详细描述他们在实践活动中的感受，从而获取更为具体和个性化的反馈。此外，个别面谈还可以帮助教师更好地了解学生的学术需求和发展方向，为学生提供个性化指导奠定了基础。

最后，通过在线平台或电子邮件等途径进行反馈收集是一种方便快捷的方式。教师可以建立在线反馈渠道，鼓励学生在活动进行过程中随时提出问题和建议。这种方式可以确保反馈信息的及时性，同时可以为一些学生提供了更私密的表达途径。通过在线平台，教师还可以建立匿名反馈机制，鼓励学生更加坦诚地分享自己的看法。通过整合不同渠道收集到的反馈信息，教师可以获得更全面、多维度的数据，为教学改进提供更为科学的依据。

2. 与其他教师的合作与交流

首先，建立跨学科的合作平台是促进与其他教师合作与交流的关键。通过参与学校或院系组织的跨学科研讨会、教学沙龙等活动，教师可以与来自不同领域的同事进行深入的交流。这种跨学科合作平台为教师提供了分享实践经验、讨论教学理念的机会。通过与其他学科领域的教师共同探讨问题、分享资源，教师能够获取新的教学思路，拓宽教学视野，促进多元化教学方法的创新。

其次，参与教学研究团队是加强与其他教师合作的有效途径。教学研究团队由不同学科领域的教师组成，共同致力于解决实际教学中的问题。通过定期的研讨、共同设计教学方案等形式，教师可以深入交流，分享各自的教学心得和经验。教学研究团队的形成促进了教师之间更密切的合作关系，使得跨学科教学合作更加深入、系统。

再次，参与国内外学术会议是拓展与其他教师合作的重要方式。通过参与学术会议，教师有机会结识来自不同地区和学科的同行，分享各自的研究成果和教学心得。国际学术会议更是搭建了国际性的学术合作平台，为教师提供了与国际同行深度交流的机会。在这些会议中，教师可以汲取国际先进的教学理念和方法，为自己的教学实践注入新的元素，促进国际化水平的提升。

最后，借助现代科技手段，建立在线社群或博客平台，促进与其他教师的实时交流。通过在线平台，教师可以随时随地分享教学资源、经验，并与其他教师进行讨论。这种实时地在线交流形式有助于教师更及时地获取反馈，解决教学中的问题，并加速教学经验的传播。此外，通过参与各类在线教育研讨会、网络研讨等活动，教师还可以与来自世界各地的同行建立联系，促进全球范围内的教学合作。

（五）总结与评估

1. 活动效果的总结

首先，对学生在实践活动中的表现进行全面评估是活动效果总结的重要一环。教师可以通过观察学生的参与度、表达能力、团队协作等方面来评价他们在实践中的表现。这涉及对学生个体能力和团队协作能力的评估，以及对他们在实际运用英语技能方面的成就的评估。此外，教师还可以通过学生的书面反馈、口头反馈等方式获取他们对实践活动的感受和评价，进一步了解学生的学习体验。

其次，对实践活动的目标达成情况进行详细分析是总结的关键步骤。教师需要审视之前设定的实践目标，然后比较实际达成情况，分析差距和原因。这个过程不仅包括学生是否达到语言技能方面的目标，还包括他们是否培养了团队协作能力、是否能够在实际工作场景中运用所学英语等方面的评估。通过对目标达成情况的详细分析，教师能够更准确地了解活动的成效和不足。

再次，对实践活动中存在的问题和挑战进行深入剖析是总结的重要组成部分。这包括学生在语言运用、团队协作、解决问题等方面遇到的困难，以及教师在活动设计和组织中面临的挑战。通过认真分析问题的根本原因，教师能够找到改进和优化的方向。这种问题分析应该是具体、细致的，以便为下一轮实践活动的设计和实施提供更具针对性的建议。

最后，总结经验教训，提出改进建议是总结的收官部分。教师需要在总结中明确活动的成功之处和需要改进的方面。这不仅包括具体的实践经验，也包括教学方法、资源准备、学生支持等方面的体会。通过分享成功经验，可以为其他教师提供借鉴和启示；通过识别问题和提出改进建议，可以为今后的实践活动改进提供有益的参考。

2.对教学方法和流程的评估

首先，对大学英语教学方法的评估是保证教学效果的重要环节。在实践活动中，教师应该首先审视所采用的教学方法是否能够有效促进学生的语言能力提升，包括听、说、读、写等多个方面的技能。通过对学生的实际表现和成绩进行评估，教师可以了解到不同教学方法对其不同语言技能的影响，从而有针对性地进行调整和改进。

其次，对教学流程的评估是确保教学顺畅的重要步骤。教师需要仔细审视实践活动的设计和组织过程，确保每个环节都能够顺利进行。这包括教材的选择、任务的设置、学生参与的程度、时间的合理利用等方面。通过对教学流程的全面评估，教师可以发现可能存在的瓶颈和问题，为下一轮的教学设计提供有益的经验。

再次，对学生参与度和反馈的评估是衡量教学效果的关键。学生的积极参与是教学成功的一个重要指标，教师需要评估学生在实践活动中的表现，包括口头表达、书面作业、团队合作等方面。此外，通过收集学生的反馈意见，教师能够更深入地了解学生对教学方法和流程的感受，为教学改进提供重要参考。

最后，教学方法和流程的评估需要结合教学目标进行。教师应该审视教学方法和流程是否对学生的综合素养提升产生了积极影响，是否有助于学生更好地适应未来的学术和职业发展。通过与教学目标的对比，教师能够更清晰地认识到教学方法和流程的优劣之处，为今后的教学实践提供更具指导性的建议。

二、学生参与和教师引导的平衡

在教学实践中，学生参与和教师引导的平衡非常重要。

（一）学生主体地位

1.强调独立思考的重要性

首先，在大学英语教学中，强调学生的独立思考能够培养他们解决问题的能力。教师在教学设计中可以设立具有挑战性的问题或任务，鼓励学生主动思考并寻找解决方案。例如，在阅读课程中，可以提供一篇复杂的学术文章，要求学生独立分析并提出自己的见解。这种任务设计有助于激发学生主动探索知识的欲望，培养他们独立思考的习惯。

其次，为了强调学生的学习主体地位，教师可以通过引导性问题和案例分析来促进学生的主动学习。通过提出开放性的问题，教师可以激发学生对知识的好奇心，引导他们主动去寻找答案。例如，在口语表达课上，教师可以提出一个社会问题，让学生小组讨论并提出解决方案，从而培养他们独立思考和合作解决问题的能力。

再次，实际项目的设计是培养学生独立思考的有效手段。通过参与真实场景的项目，学生可以自主获取相关知识，分析问题，并提出创新型的解决方案。例如，在写作课程中，教师可以设计一个调查报告的项目，让学生选择自己感兴趣的主题，并进行独立的调查和撰写。这种项目设计不仅能够锻炼学生的独立思考能力，还能够培养他们的实际应用能力。

最后，教师在评价学生的表现时，可以注重对其独立思考能力的评估。其通过设立评价标准，如学术文章的逻辑性、口头表达的条理性等，来评估学生在任务完成过程中的独立思考水平。这有助于学生认识到独立思考在学术和职业领域的重要性，激发他们更深层次的学习动力。

2.提倡学生参与决策

首先，在大学英语教学中，强调学生的独立思考能够培养他们解决问题的能力。教师在教学设计中可以设立具有挑战性的问题或任务，鼓励学生主动思考并寻找解决方案。例如，在阅读课程中，可以提供一篇复杂的学术文章，要求学生独立分析并提出自己的见解。这种任务设计有助于激发学生主动探索知识的欲望，培养他们独立思考的习惯。

其次，为了强调学生的学习主体地位，教师可以通过引导性问题和案例分析来促进学生的主动学习。通过提出开放性的问题，教师可以激发学生对知识的好奇心，引导他们主动去寻找答案。例如，在口语表达课上，教师可以提出一个社会问题，让学生小组讨论并提出解决方案，从而培养他们独立思考和合作解决问题的能力。

再次，实际项目的设计是培养学生独立思考的有效手段。通过参与真实场景的项目，学生需要自主获取相关知识，分析问题，并提出创新型的解决方案。例如，在写作课程中，可以设计一个调查报告的项目，让学生选择自己感兴趣的主题，并进行独立的调查和撰写。这种项目设计不仅能够锻炼学生的独立思考能力，还能够培养他们的实际应用能力。

最后，教师在评价学生的表现时，可以注重对独立思考能力的评估。通过设立评价标准，如学术文章的逻辑性、口头表达的条理性等，来评估学生在任务完成过程中的独立思考水平。这有助于学生认识到独立思考在学术和职业领域的重要性，激发他们更深层次的学习动力。

总体而言，大学英语教学应强调学生的独立思考和学习能力，通过任务设计、问题引导、实际项目等多种方式，培养学生在面对知识和问题时能够主动思考和解决的能力。这种培养不仅有助于学生的个人发展，也可以为其未来的学术和职业生涯打下坚实的基础。

（二）教师的引导作用

1.明确教师的角色和责任

首先，教师在大学英语教学中的角色是学习目标的制定者。教师应该明确课程的学习目标，并通过与学生的沟通确保这些目标符合学科标准和学生的实际需求。通过明确的学习目标，教师可以为学生提供明确的方向，使其在实践活动中更有目的地学习，促进知识的深入掌握。

其次，教师是学生学习过程中的引导者。在实践活动中，教师可以通过提供指导性问题、激发思考、引导讨论等方式，帮助学生更好地理解和运用所学知识。教师的引导不仅仅是对知识的传递，还包括对学习方法、问题解决能力等方面的引导，使学生能够更自主地进行学习。

再次，教师是学生学术能力的培养者。在实践活动中，教师可以通过定期的评估和反馈，帮助学生识别自己的优势和不足，并提供有针对性的指导和建议。教师应该关注学生的学术进步，并通过及时地反馈促使其改进，培养其批判性思维、创新能力等学术素养。

最后，教师是学生学习过程中的支持者。在实践活动中，学生可能面临挑战和困难，而教师的支持可以起到积极的作用。通过提供额外的学习资源、答疑解惑、鼓励学生克服困难，教师能够增强学生学习的信心，使他们更积极地面对学术挑战。

2.创设引导性的学习环境

首先，教师可以通过提供丰富多样的学习资源来创设引导性的学习环境，包括但不限于教材、参考书籍、在线资料等。教师应当根据实践活动的特点，为学生准备相关的学习材料，以满足不同层次和兴趣的学生的需求。这不仅能够帮助学生深入学习，还能够激发他们的学科兴趣，培养他们主动学习的习惯。

其次，教师在实践活动中可以引导学生进行合理的分工和互助学习。通过组织小组活动、合作项目等方式，教师能够培养学生的团队协作能力，使他们在集体中发挥个人的优势。教师可以通过明确的任务分工，让学生在团队中发挥各自的特长，实现协同合作，提高整体学习效果。

再次，当学生面临困难时，教师应该及时提供帮助，创设积极支持的学习环境。这可以通过定期的辅导时间、在线答疑平台等方式实现。教师应该鼓励学生敢于提出问题，及时解答疑惑，确保学生在学习过程中不会因为出现困难而丧失信心。通过及时地帮助，教师能够增强学生对学习的积极性，培养他们主动解决问题的能力。

最后，在创设引导性的学习环境时，教师还应该注重鼓励学生自主学习。这可以通过设立学习任务、提出问题让学生思考、引导他们进行独立研究等方式实现。教师的目标是培养学生主动获取知识的能力，而不仅仅是被动接受教师的指导。通过这样的引导性学习环境，学生能够更好地适应实际学术和职业需求，使其具备独立思考和学习的能力。

（三）建立合作关系

1.鼓励学生与教师的积极互动

首先，建立定期的讨论时间是促进学生与教师积极互动的有效方式。在实践活动中，教师可以安排固定的时间，与学生进行小组讨论、问题解答等形式的互动。通过这样的交流平台，学生能够更自由地表达观点、提出疑问，同时教师能够及时了解学生的学习情况和需求。定期的讨论时间不仅有助于加深学生对英语知识的理解，还能够建立起一种良好的学术氛围。

其次，鼓励学生与教师之间进行在线互动。随着技术的发展，可以通过在线平台、社交媒体等多种方式实现学生和教师之间的互动。教师既可以在在线平台上发布学术资讯、引导学生进行讨论，学生也可以在平台上提问、分享学习心得。这种虚拟的互动形式打破了时空限制，使学生与教师能够更加方便地进行交流，充分发挥数字化工具在大学英语教学中的优势。

再次，通过定期的个别辅导，教师可以更深入地了解学生的学习需求，并提供更有针对性的指导。个别辅导时，教师可以根据学生的学业情况，量身制订学习计划，解答学生的疑惑，帮助其克服学习难题。这种一对一的交流方式能够更好地满足学生的个性化需求，促使学生更积极地参与到实践活动中。

最后，建立反馈机制，鼓励学生提供对实践活动的建议和意见。教师可以定期收集学生的反馈，了解他们对教学内容、教学方法的看法，以及对实践活动的期望。通过建立双向的反馈机制，既可以保证学生与教师之间的沟通更加畅通，教师也能够根据学生的反馈不断调整和改进教学方法，提高实践活动的效果。

2.共同参与实践活动的设计

首先，共同参与实践活动的设计应始于对学生需求的深入了解。通过开展问卷调查、小组座谈等方式，教师可以详细了解学生的英语水平、学科特长、职业发展方向等方面的信息。这有助于确定实践活动的目标，并确保活动内容与学生的实际需求相契合。

其次，教师与学生可以在共同设计中明确任务分工。根据学生的专业背景和个人兴趣，教师可以鼓励学生在实践活动中选择特定的任务或角色。这种差异化的任务分工有助于激发学生的主动性和创造力，提高他们在实践中的投入度。

再次，共同设计应强调实践活动的综合性和实用性。通过将不同语言技能融入实践活动，如口语、听力、阅读、写作等，可以使学生在实际项目中综合运用多方面的语言技能。此外，确保实践活动与实际生活和工作场景相关，使学生能够更好地适应真实语境，提高语言实际运用能力。

最后，在共同设计中，要鼓励学生提出建议和意见。教师可以设立专门的讨论时间，邀请学生就实践活动的设计方案提出改进建议。这种开放性的交流机制有助于建立起师生之间的平等合作关系，同时能够更好地满足学生的学习期望。

在整个共同设计的过程中，教师应始终保持灵活性，根据学生的反馈和实际情况进行调整。通过与学生共同设计实践活动，教师能够更好地理解学生的需求，提高活动的针对性和实效性。这种师生共同参与的设计方式将促使学生更积极地投入实践活动中，达到更好的教学效果。

第三节　教学实践的评估和反思

一、设定合适的评估标准

（一）语言技能的评估

1.口语表达能力的评估标准

（1）流利度

学生能否流畅、自信地表达思想，避免频繁停顿和表达困难。

（2）发音准确性

评估学生是否能正确发音，避免严重的语音错误。

（3）词汇和语法运用

检查学生是否能适当地运用丰富的词汇和正确的语法结构。

2.写作能力的评估标准

（1）结构和组织

评估学生文章的结构是否清晰，思想是否有条理。

（2）语言表达

检查学生的语言表达是否准确、生动，避免重复和模糊表达。

（3）文体和风格

考查学生是否能根据任务要求选择合适的文体和风格。

3.听力与阅读的评估标准

（1）听力理解

检查学生是否能听懂各种语速和口音的英语，提取关键信息。

（2）阅读理解

评估学生对不同文体和难度的文章的理解程度，包括主旨、细节、推理等方面。

（二）综合素养的评估

1.团队协作能力的评估标准

（1）分工合作

评估学生在小组合作中是否能够有效分工，充分发挥各自的优势。

（2）沟通技巧

考查学生是否能够清晰表达自己的观点，倾听他人意见，并有效沟通。

2.跨学科应用能力的评估标准

（1）学科知识运用

评估学生是否能够将英语知识灵活应用于其他学科领域。

（2）跨文化交际

检查学生是否能够在跨文化环境中有效沟通，尊重和理解不同文化的差异。

二、反思在教学实践中的作用

教学实践后的反思是教师提高教学水平的关键。

（一）教师个人反思

1.教学方法的有效性

首先，教学方法的有效性应当从学生的学习兴趣和参与度出发进行全面反思。首要任务是对学生的兴趣和需求进行深入了解。通过开展问卷调查、小组座谈等方式，教师可以获取学生对英语学习的态度、兴趣爱好以及学科特长的详细信息。这有助于建立一个更贴近学生实际需求的教学模式。

其次，考虑是否有更具体、实用的活动设计来激发学生的兴趣。在实践活动中，教师可以通过模拟真实场景、设计与学科相关的项目任务等方式，使学生更加主动地参与进来。活动的真实性和贴近实际生活的特点，将极大地激发学生的学习热情，从而增强他们的学习效果。

其次，对互动方式进行深入思考。教学中的互动不仅包括师生之间的互动，还包括学生之间的合作与交流。通过引入小组合作、小组展示、角色扮演等多种互动方式，能够激发学生的团队协作精神，提高他们在实践中的交流和合作能力。

再次，关注教材的选择和使用。教学方法的有效性与所使用的教材息息相关。确保所选教材既符合学科要求，又能够激发学生的学习兴趣，这是提高教学效果的重要因素。通过选用生动有趣、贴近学生实际生活的教材，能够更好地吸引学生的注意力，增进他们的学习积极性。

最后，引入新技术手段。在现代技术的支持下，教学方法的创新可以借助多媒体、在线教学平台等工具。通过引入互动性强、生动直观的多媒体资源，教师可以更好地呈现知识，提高学生的学习兴趣。在线平台则提供了更多的学习资源和交流途径，有助于创造更具活力的学习氛围。

2.课程设计和目标的实现

首先，对教学过程中设定的目标进行反思是一个至关重要的环节。在实际教学中，教师需要不断地检视和评估设定的目标是否得以实现。这一过程可以通过多种手段进行，包括定期的课堂评估、学生作业的分析，以及与学生的沟通反馈等。教师可以收集学生的观点和建议，了解他们对课程目标的理解程度，以及是否达到了预期的效果。通过这些反馈信息，教师能够更清晰地了解教学目标的实现情况，为下一步的教学调整提供参考。

其次，课程设计的合理性直接关系到学生的学习兴趣和动机。教师应该仔细检查课程设计是否贴近学生的实际需求和兴趣点。这包括所选教材的相关性、活动的多样性，以及任务的实际应用性等方面。通过精心设计的课程内容和活动，教师可以更好地激发学生的学习兴趣，增强他们的学习动机。此外，教师还可以通过引入新颖的教学方法、实践活动以及多媒体资源，使课程更具吸引力，提高学生的学习积极性。

在反思的过程中，教师需要考虑是否有必要调整课程目标，以更好地满足学生的需求。学生的水平、兴趣和学科特点可能会随时间而变化，因此，教师应该保持灵活性，根据学生的实际情况进行目标的调整。这可能涉及修改学科知识点的深度、调整语言技能的侧重点，或者重新设定实践活动的难度等方面。通过及时地目标调整，教师能够更好地适应学生的发展和变化，提高课程的更具针对性和实效性。

（二）学生反馈的重要性

1.情感反馈的收集

收集学生对实践活动的情感反馈，了解他们的学习体验，发现可能存在的情感障碍。探索学生在实践中的兴奋点和困扰点，为调整教学策略提供依据。

2.学业反馈的分析

首先，学生对实践活动的情感反馈是教学过程中至关重要的一环。通过定期的问卷调查、小组讨论，或是个别面谈等方式，教师可以主动收集学生的情感反馈，包括他们在学习过程中的感受、喜好，以及可能遇到的困扰和挑战。这样的反馈可以帮助教师更全面地了解学生的学习体验，发现潜在的情感障碍，从而及时做出调整，提高教学效果。

其次，探索学生在实践中的兴奋点和困扰点对优化教学策略至关重要。了解学生在活动中的积极体验和困扰有助于教师更有针对性地调整课程设计与教学方法。这可以通过开展焦点小组讨论、个别面谈，或是编制详细的反馈表格等方式进行。了解学生在实践中的兴奋点，可以帮助教师更好地激发学生的学习兴趣，设计更具吸引力的教学活动。同时，深入了解学生的困扰点，有助于教师精准地调整教学策略，解决可能存在的学习障碍，提高教学质量。

在情感反馈的收集过程中，教师应该采用多元化的方法，确保获得充分而真实的信息。可以结合定量和定性的研究方法，同时注重学生的个体差异，充分尊重他们的感受和看法。通过建立开放式的沟通渠道，鼓励学生表达真实感受，教师能够更全面地理解他们的情感体验，为进一步的教学改进提供科学依据。

三、改进教学的具体措施

（一）调整教学设计

1.根据评估结果调整任务设计

首先，学生对自身学业表现的反馈是了解他们语言技能和综合素养自我认知的重要途径。通过定期的自我评估、学业总结或是个别面谈等方式，教师可以引导学生深入思考自己在英语学业上的表现，并形成具体的反馈。这些反馈可能涉及听、说、读、写等方面的技能，同时包括学科知识的理解和运用，以及跨文化交际的能力等方面。

其次，对学生的学业反馈进行深入分析，并将其与教师的评估结果进行对比，有助于更全面地了解学生在学业上的实际水平。通过比较学生的自我认知与教师的专业评估，可以找出潜在的差异和改进空间。这一分析过程有助于更准确地识别学生的强项和薄弱项，为后续教学提供有针对性的指导。

在进行学业反馈分析时，教师可以关注以下几个方面。

（1）语言技能的自我认知

学生对听、说、读、写等语言技能的自我评价，是否与实际表现相符，有无过高或低估的情况。

（2）学科知识的理解和应用

学生对具体学科知识的自我认知，是否能够准确反映其在相关领域的水平，或者是否存在过于乐观或悲观的估计。

（3）跨文化交际能力的自我评价

学生在跨文化交际方面的自我认知，是否能够客观反映其在不同文化环境中的表现。

（4）学习策略的运用

学生对自己学习策略的认知，是否体现出对有效学习方法的理解和应用。分析学生的学业反馈不仅有助于发现个体学生的特点，也有助于了解整体学生群体的共性问题。通过对比学生反馈和教师评估的异同，教师能够更精细地制订个性化的教学计划，有针对性地进行教学辅导，帮助学生更好地提升英语学业水平。

总体而言，学业反馈的分析为教师提供了更深入地了解学生的途径，有助于其制定更加精准和有效的教学策略，提高学生的学习动机和学业成绩。

2. 优化实践活动的流程

首先，根据对学生语言技能的评估结果，教师可以有针对性地调整口语、写作、听力、阅读任务的设计，以更好地满足学生的实际水平和需求。这种调整是为了确保任务既有一定难度，能够激发学生的学习兴趣，又不至于过于超出他们的能力范围，防止学生面临过大的挑战而产生挫折感。

第一，口语任务设计。根据口语评估结果，教师可以调整口语任务的难度和话题选择。对口语能力较弱的学生，可以设计一些简单的日常交流话题，鼓励他们进行基础的口语练习；对口语水平较高的学生，可以提供更复杂、专业性的讨论话题，促使他们培养更高层次的口语表达能力。

第二，写作任务设计。根据写作评估结果，教师可以调整写作任务的类型和要求。对写作能力较弱的学生，可以从简单的句子结构和基础写作技巧入手，逐步提高难度；对写作水平较高的学生，可以设计一些更具挑战性的学术性写作任务，培养他们在不同领域的写作能力。

第三，听力和阅读任务设计。针对学生的听力和阅读水平，教师可以选择合适难度的听力材料和阅读文章。通过调整任务的难度，确保学生既能够理解信息，又能够在实际应用中更好地运用听力和阅读技能。

其次，根据综合素养的评估结果，教师可以调整团队协作和跨学科应用的任务，以促进学生更全面地发展。这种调整旨在培养学生在团队合作和跨学科应用方面的能力，使他们更好地适应未来的学术和职业挑战。

第一，团队协作任务设计。根据团队协作能力的评估，教师可以设计不同类型的团队任务。对团队协作能力较弱的学生，可以从小组讨论、共同解决问题等简单形式开始，逐步引导他们培养团队协作的意识；对团队协作能力较强的学生，可以设计更复杂、真实场景的团队项目，提高他们在协作中的领导和沟通能力。

第二，跨学科应用任务设计。针对学生在不同学科知识的应用能力，教师可以设计跨学科的任务。通过将英语语言技能与其他学科知识相结合，帮助学生更好地将所学知识运用于实际情境中。这有助于培养学生的综合素养，提高他们在不同领域中的适应能力。

通过以上的调整，教师能够更好地满足学生的个性化学习需求，提高任务的实际效果，促进学生在语言技能和综合素养方面更全面地发展。同时这体现了差异化教学的理念，使教育更加贴近学生的实际情况，更有效地推动其学业发展。

（二）更新教学资源

1.更新教材和案例

首先，根据学生的反馈和评估结果，教师应当及时更新教材和案例，以确保教学内容的实用性和时效性。这一步骤是为了适应不断变化的学科知识和社会发展，保证教材的内容对学生仍然具有挑战性和吸引力。更新教材和案例的过程需要综合考虑以下几个方面：

第一，学科知识更新。教师可以从学科最新的研究成果中获取新颖的知识，将其融入教学内容中。例如，引入最新的语言学理论、社会文化背景等方面的内容，以满足学生对学科知识深度的需求。

第二，实践案例更新。根据学生在实践活动中的表现和学科知识的发展趋势，更新实践案例。这可以包括真实生活中的语言应用场景、职场案例、学术研究案例等。通过引入具体而新颖的案例，学生能够更好地理解并运用英语，增加实践活动的真实性和吸引力。

第三，跨学科整合。教师可以考虑将其他学科领域的知识整合到英语教学中。这有助于提高学生对多学科知识的理解和运用能力。例如，将最新的科技、商业或文化领域的发展引入英语教学中，以促使学生更灵活地应对不同情境下的语言需求。

其次，引入新颖的学科知识是为了激发学生的学习兴趣，并使其在实践中更灵活地运用英语。这不仅有助于提高学生的学科素养，还能够培养他们在复杂环境下进行有效沟通和运用英语的能力。

第一，激发学习兴趣，引入新颖的学科知识可以激发学生的学习兴趣，使他们对英语学科产生更大的好奇心。这有助于提高学生的学科参与度，主动去了解和应用新的知识。

第二，培养灵活运用能力。新颖的学科知识通常代表了学科的最新发展方向。通过将这些知识引入实践活动中，学生将更容易理解并灵活运用这些知识，使英语学习更具实际应用性。

第三，促进综合素养。引入新颖学科知识有助于培养学生的综合素养。他们将不仅仅关注语言层面，还能够理解和运用其他领域的知识，使其在跨学科应用和综合素养方面更具竞争力。

因此，更新教材和引入新颖的学科知识是提升大学英语教学质量与培养学生全面素养的关键一环。通过这样的努力，教师能够更好地满足学生对知识的渴望，促进他们在实践中更加全面、深入地运用英语。

2. 提供个性化资源支持

首先，根据不同学生的学业反馈和评估结果，提供个性化的资源支持是为了更有效地满足他们在英语学习过程中的具体需求。个性化资源支持的设计需要考虑以下几个方面：

第一，更具针对性辅导。根据学生口语表现的评估结果，为需要提高口语能力的学生提供有针对性的辅导，包括一对一的口语练习、发音调整建议等。通过这样的辅导，学生能够更有针对性地改进个人口语技能，提高表达清晰度和语感。

第二，写作指导。针对学生在写作方面的评估结果，提供个性化的写作指导。这可以包括针对特定写作项目的建议、修改意见，以及提供额外的写作资源和范例。通过定制化的写作指导，学生可以更好地理解写作要求，并提高写作水平。

其次，设计个性化的学习任务是为了使每名学生都能够根据自己的需求和兴趣进行深度学习。这需要考虑以下几个方面。

第一，学科兴趣匹配。了解学生的学科兴趣，为其设计相关的学习任务。例如，如果学生对科技领域感兴趣，可以设计与科技相关的英语项目，使学习更具吸引力。

第二，学业目标设置。根据学生的学业目标，设计符合其发展方向的学习任务。例如，对希望进入商业领域的学生，可以设计商业英语实践项目，使学习更具实际用途。

通过以上个性化地设计，学生将更容易找到学习的兴趣点和动力，进而更主动地参与学习任务。这不仅有助于提高学生学习的积极性和主动性，还能够更好地满足他们的学习需求，实现更为全面的英语素养发展。

在提供个性化资源支持和设计学习任务时，教师需要通过持续地交流和反馈机制来了解学生的反应及需求。这有助于及时调整支持和任务设计，确保其真正符合学生的个性差异和学习进展。通过这样的个性化教学方法，大学英语教学可以更好地满足不同学生的学术水平和学习需求，从而提高整体教学质量。

（三）加强教师培训

1. 参与专业发展机会

（1）研讨会和研讨班的参与

参加与英语教学相关的研讨会和研讨班，是教师不断提升教学水平的重要途径。在这些专业发展机会中，教师可以深入了解最新的教学理念和方法，与同行分享成功经验，以及学习应对不断变化的教学环境的策略。

（2）教学培训的参与

参与各类教学培训，包括线上和线下的培训课程，有助于教师熟悉新的教育技术和工具。通过这些培训，教师能够更好地采用先进的教学方法，提高对教育技术的运用水平，以更好地满足学生的学习需求。

（3）持续学习与专业素养的提升

教师应将专业发展作为一种持续学习的过程，通过参与不同形式的专业活动，提高自身的专业素养。这包括深入学习相关学科知识、了解教育心理学、拓展教育领域的见解等，以更好地指导和服务学生。

2.定期教学团队交流

（1）建立定期交流机制

建立定期的教学团队交流机制，包括例会、座谈会等形式。在这些交流中，教师有机会分享教学经验、成功案例和教学挑战，促进团队内部的信息共享，激发教学的创新和改进。

（2）合作与互动

通过与同事的合作和互动，教师可以从不同的视角获取反馈和建议，推动个体和整个团队的共同成长。这有助于构建积极向上的团队氛围，促进教学水平的全面提升。

3.参与教学研究与创新

（1）积极参与研究项目

积极参与教学研究项目，深入研究英语教学领域的前沿问题。通过参与研究，教师能够更好地理解学科发展趋势，为教学提供更科学的理论支持。

（2）鼓励教师创新实践

鼓励教师进行教学创新实践，包括新颖的教学方法、活动设计等。推动教师对教学方法和流程进行不断优化，以适应学生的需求和教育环境的变化。

第四章 大学英语教学策略

第一节 语法教学策略

一、有效教授语法的方法

（一）交互式教学方法

1.引导学生参与对话和小组讨论

首先，建立积极的学习氛围。在语法教学中，教师首先需要创造一个积极、开放的学习氛围。通过鼓励学生分享自己的语言学习经验、提出问题以及分享对语法知识的看法，可以激发学生的学习兴趣，让他们更愿意参与到对话和小组讨论中。

其次，设计引人入胜的话题。为了引导学生参与对话和小组讨论，教师需要巧妙设计引人入胜的话题。这些话题可以涵盖学生生活、兴趣爱好、社会热点等多个方面，旨在激发学生的思考和表达欲望。通过选择与学生生活密切相关的话题，可以增加对话和讨论的真实性与参与度。

再次，采用小组合作学习。

通过将学生分成小组进行合作学习，可以促进他们之间的互动与合作。教师可以设计一些小组任务，要求学生共同讨论、解决问题或展示他们对语法知识的理解。这种小组互动不仅可以促使学生主动参与，还能提高他们的合作能力和团队精神。

最后，及时给予正面反馈。在对话和小组讨论过程中，教师应及时给予学生正面的反馈，鼓励他们地表达和思考。通过正面地鼓励，可以增强学生的学习动力，使他们更加愿意参与未来的对话和讨论活动。同时，教师可以在反馈中适度引导，帮助学生纠正语法错误，促使他们在交流中不断提升语法水平。

2.创设互动场景

首先，创设真实生活对话场景。为了使语法教学更具实际运用性，教师可以首先设计模拟真实生活中的对话场景，包括日常生活、工作场合、社交活动等各种情境。通过这样的互动场景，学生能够在模拟的情境中运用语法知识，更好地理解语法在实际交流中的作用。

其次，引入角色扮演元素。为增添趣味性和互动性，教师可以引入角色扮演元素。通过让学生扮演不同的角色，让他们能够更深入地理解语法在不同语境下的灵活运用。这样的互动方式有助于学生更好地融入语法知识的实际运用中。

再次，设计问题引导讨论。在互动场景中，教师可以设计一系列问题，引导学生进行深入讨论。这样的问题可以涵盖多个语法知识点，激发学生思考，促使他们在对话中主动运用所学的语法规则。问题设计应既考察语法知识的正确运用，又注重引导学生进行逻辑思考。

最后，组织小组交流和反馈。为了确保每个学生都能积极参与，教师可以将学生分成小组，组织小组内部的交流和反馈。通过小组合作，学生可以共同讨论问题，相互协助，增加对语法知识的共建性认知。同时，小组反馈为学生提供了更多改进的机会。

3.利用现代技术支持

首先，建立在线语法学习平台。

为了更好地利用现代技术，教师可以首先建立在线语法学习平台，提供丰富多样的学习资源。这个平台可以包括在线课程、练习题、教学视频等多种形式的内容，以满足学生不同层次和学习风格的需求。

其次，利用虚拟课堂进行实时互动。通过虚拟课堂工具，教师可以实现实时地远程教学和学生互动。在虚拟课堂中，学生可以通过音视频功能与教师和同学进行实时交流，参与各种语法练习和讨论。这样的实时互动使学生能够在虚拟环境中获得更真实的语法实践经验。

再次，设计在线语法游戏。为增加学习的趣味性，教师可以设计在线语法游戏，让学生在轻松愉快的氛围中学习语法知识。这些游戏可以涵盖语法规则的运用、语法错误的纠正等多个方面，从而激发学生的学习兴趣，提高他们的学习积极性。

最后，利用智能辅助工具进行个性化辅导。借助智能辅助工具，教师可以为学生提供个性化的语法辅导。这些工具可以根据学生的学习表现，推荐特定的学习资源、制订练习计划，从而更好地满足每个学生的学习需求。

（二）强调实际运用

1.实际运用的案例分析

首先，选择具体实际案例。在进行案例分析时，教师应选择具体而贴近学生实际生活的案例。例如，可以选取一则真实的新闻报道、社交场合中的对话，或是学术文章中的例证，确保案例涉及学生可能在日常生活或学习中遇到的语法问题。

其次，分析语法问题的背后原因。一旦选择了案例，教师就需要深入分析其中的语法问题，并揭示这些问题背后的语法规则和结构。通过详细解释，学生可以对语法现象的产生原因有更清晰的认识，从而更好地理解和掌握相关知识点。

再次，引导学生主动参与分析过程。在案例分析中，教师应鼓励学生积极参与，提出自己的看法和分析。通过小组讨论或课堂互动，学生可以分享对案例的不同理解和解读，促使他们更深入地思考语法问题，并从多角度理解语法现象。

最后，设计相关练习巩固学习成果。为了巩固学生的学习成果，教师可以设计相关的练习，要求学生运用所学语法知识对类似的案例进行分析和解答。这一步有助于将理论知识转化为实际应用能力，培养学生独立解决语法问题的能力。

2.真实语境中的练习任务

首先，整合听力技能。在语法教学中，引入与听力有关的练习，如听力材料中的语法点辨析、口语中的语法运用等。通过这样的练习，学生能够在实际听力中感知和理解语法结构，提高其对语法的敏感度。

其次，融合口语训练。设计口语任务时，教师可以特意加入特定的语法元素，鼓励学生在口语表达中运用所学的语法知识。这样的训练有助于学生更自然地将语法融入口语表达，提高他们的口头语言运用能力。

再次，结合写作实践。在写作教学中，将特定语法知识融入写作任务，要求学生在文章中灵活运用。这不仅可以巩固语法知识，还可以培养学生在书面表达中准确运用语法结构的能力。然后，加入阅读理解练习。在阅读理解的练习中，教师可以设置与特定语法点相关的问题，引导学生通过阅读理解强化对语法知识的掌握。这种整合有助于学生将语法知识运用于理解和分析文本中。

最后，进行全面评估。为了全面评价学生的语法综合素养，教师可以设计综合性的评估任务，涵盖听力、口语、写作和阅读等方面。通过这样的评估，教师能够更全面地了解学生在不同语言技能中整合语法知识的能力，并有针对性地提供反馈和指导。

3.语法与其他技能的整合

首先，选择贴近实际的案例。教师在设计实例时应选择贴近学生实际生活或学科领域的案例，确保学生能够对案例内容产生浓厚兴趣。例如，在商务英语中可以选取涉及商业谈判的案例，或在生活英语中选取与日常交流相关的案例。

其次，引导学生分析案例语境。教师可以引导学生仔细分析案例语境，包括对话背景、参与者身份、交际目的等方面。通过深入理解语境，学生能够更好地把握语法结构的实际运用情景，提高对语法知识的理解深度。

再次，提取语法要点进行讲解。在学生对案例有一定了解的基础上，教师可以有针对性地提取其中涉及的语法要点进行讲解。通过将语法知识与具体案例相结合，学生可以更容易理解和记忆相关的语法规则。然后，进行案例仿写和模拟练习。在学生熟悉案例后，教师可以组织案例仿写和模拟练习，要求学生根据类似的语境编写对话或文章。这种实践性的练习有助于学生将所学语法知识运用到实际情境中，培养其实际运用的能力。

最后，进行案例分析和讨论。为了促进学生之间的交流与合作，教师可以组织学生分享他们的案例仿写成果，并进行小组或全班讨论。通过分享和讨论，学生可以从彼此的经验中汲取经验，共同提高其对语法知识的理解水平。

（三）案例分析教学

1.实例导向的教学设计

首先，选择具体而生动的案例。在实例导向的教学设计中，教师应当选择那些具体、贴近学生生活的案例。这些案例可以包括真实对话、文章片段、新闻报道等，能够引起学生的兴趣，使他们更加愿意深入学习语法知识。

其次，明确语法知识点。在选定案例后，教师需要明确案例涉及的语法知识点，涉及语法结构、句型、时态等方面。通过明确语法知识点，学生能够更有针对性地学习，并能在实际案例中理解这些知识点的应用。

再次，导入案例进行分析。在课堂上，教师可以引导学生对选定的案例进行深入分析，包括理解语境、识别语法结构、掌握句子成分等。通过实例分析，学生可以更全面地理解语法知识在实际语境中的具体运用。

接着，进行语法知识的讲解和演练。

在学生对案例有一定的认知基础上，教师可以进行相关语法知识的讲解，并通过案例进行演练。这有助于将抽象的语法规则与实际案例相结合，提高学生对语法知识的运用能力。然后，组织学生进行类似案例的创作。为了巩固所学知识，教师可以要求学生根据类似的语境创作新的案例。这个过程不仅可以锻炼学生的语法应用能力，也可以培养他们的创造性思维。

最后，进行案例分析和总结。在课程的最后，教师可以组织学生分享他们创作的案例，进行小组或全班总结。这有助于学生在分享和讨论中加深对语法知识的理解，形成对知识的更为全面的认识。

2.学生参与案例设计

首先，激发学生兴趣。在鼓励学生参与案例设计的过程中，教师首先需要激发学生对主题的兴趣。可以通过选择与学生生活紧密相关、引人入胜的主题，或者邀请学生提出他们感兴趣的话题，从而确保学生对案例设计充满热情。

其次，提供案例设计的指导。教师在案例设计过程中要为学生提供一定的指导，包括选择合适的语法知识点、构建语境、确保案例的完整性等。这有助于学生更有针对性地设计案例，同时确保案例符合教学目标。

再次，组织学生小组合作。将学生分成小组，让他们在小组内合作设计案例。通过小组合作，学生可以相互讨论、分享想法，不仅可以锻炼团队合作能力，还能从不同角度思考案例设计，提高设计的质量。接着，进行案例设计的实战演练。学生在设计案例的同时，应当进行实际的演练。教师可以要求学生模拟案例中的对话或情景，确保他们对所设计的语法知识点有深刻理解。这一实践环节有助于学生将理论知识转化为实际运用能力。然后，展示和讨论学生设计的案例。鼓励学生向全班展示他们设计的案例，进行讨论和交流。通过学生之间的分享，可以让其他同学从不同角度审视案例，促进他们更深层次的学习。

最后，进行案例设计的反思。在案例设计完成后，教师可以组织学生对整个设计过程进行反思。通过回顾案例设计的难点、收获以及改进的地方，学生可以更全面地理解语法知识，形成对语法规则更为深入的认识。

3.系统性案例分析

首先，分阶段引导。在案例分析中，教师可以采用分阶段引导的方式。教师应选择一些简单的案例，重点讲解基础的语法知识点，确保学生对基础概念的理解。同时逐渐引入更复杂、更综合的案例，培养学生的语法应用能力。这有助于学生在学习过程中形成层次化的语法认知结构。

其次，注重案例的系统性安排。案例的选择和安排应该有系统性，按照语法知识点的难易程度和逻辑关系进行组织。通过有序的案例安排，学生能够逐步建立起对语法规则的整体认知，形成系统性的语法学习体系。例如，教师可以从简单的句子结构开始，逐渐引入复杂的语法现象，使学生在整体上把握语法的演变和发展。

再次，强调案例的实际应用。案例不仅仅是为了学生理解语法规则，更应强调实际应用。教师在案例分析中可以设计一些真实生活场景的案例，让学生通过分析这些案例，将语法知识与实际运用相结合。这有助于提高学生对语法规则在实际语境中的应用能力。接着，鼓励学生主动参与分析。案例分析不仅仅是教师的示范，更要鼓励学生主动参与分析过程。可以通过提出问题、引导讨论等方式，培养学生的思考和独立分析能力。这种互动式的案例分析有助于培养学生批判性思维，使其在分析语法现象时更为深入和全面。

最后，进行案例总结和归纳。在案例分析的最后，教师应引导学生进行总结和归纳。通过整理教学案例，形成语法知识的框架结构，使学生对所学的知识点有更为清晰的认识。这有助于学生形成系统性的语法学习体系，提高知识的整合和应用水平。

二、实用的案例和教学策略

（一）引入真实生活中的案例

1. 日常交流场景的描述

首先，购物场景的描绘。在购物场景中，学生可以面对各种语法结构，如询问价格、描述商品特征等。教师可以设计案例，描述学生在商店中与售货员交流的情景，引导他们理解并运用特定的语法知识。通过这样的场景，学生能够在实际情境中感受语法规则的应用，如使用形容词来描述商品、运用疑问句询问价格等。

其次，旅行场景的生动呈现。在旅行场景中，学生可能面对与陌生人沟通、询问路线、订票等语言交流情境。通过描绘学生在旅行中的真实经历，教师可以引导他们理解并运用各种语法结构，如使用方言词汇、时间状语从句等。这样的案例设计有助于学生将语法规则与实际沟通中的语境相联系，更好地理解和掌握语法知识。

再次，社交活动中的语法应用。社交活动是语法应用的重要场景，学生需要运用不同的语法结构来介绍自己、表达感受、进行邀请等。通过描绘学生参与社交活动的情景，教师可以引导他们在语法运用中更具灵活性。例如，使用各种时态来叙述过去的经历，使用不同句型来表达自己的看法等。

最后，日常对话中的细致刻画。在日常对话中，包含了丰富的语法结构，如口语化的表达方式、常用的短语搭配等。通过细致刻画日常对话，教师可以使学生更深入地理解语法规则在口语交流中的实际运用。通过这样的描绘，学生能够感受到语法在日常生活中的普遍存在，从而更加主动地运用所学语法知识。

2.语法现象在媒体报道中的运用

首先，选择新闻报道材料。教师可以从各种媒体来源中挑选新闻报道，确保涵盖不同主题、文体和语法结构。这些报道可以包括国际新闻、社会新闻、科技报道等，以便学生接触不同领域的语法运用。

其次，分析语法现象。通过挑选新闻报道中的具体例句，教师可以引导学生分析其中的语法现象，包括但不限于时态的运用、从句的构建、语法结构的多样性等。例如，分析新闻报道中引述性从句的使用，探讨其在报道中的表达效果和功能。

再次，解释语法规则。在分析的过程中，教师应解释相关的语法规则，帮助学生理解语法现象背后的逻辑。这包括对特定语法结构的定义、用法、时态的选择等方面的解释。通过这一步骤，学生能够更深入地理解语法现象的规律性和合理性。接着，讨论语境和表达效果。不仅要关注语法结构本身，还要将其置于具体语境中进行讨论。教师可以引导学生思考为什么在特定的新闻报道中选择了某种语法结构，以及这种选择对表达效果产生了怎样的影响。这有助于学生更好地理解语法在不同语境中的变化和运用。

最后，进行实际应用。通过新闻报道中的语法例句，教师可以设计相关的语法练习，要求学生在实际应用中运用所学的语法知识。这可以包括对新闻报道进行简短的改写、发表评论、撰写相关文章等，以巩固他们对语法规则的理解和运用能力。

3.学生参与实际案例观察

首先，激发学生兴趣。在大学英语教学中，鼓励学生主动观察语法现象的第一步是激发他们的兴趣。教师可以通过有趣的语法现象介绍、轻松的语法游戏或挑战等方式，引起学生的好奇心，让他们开始对语法结构产生兴趣。

其次，指导学生观察方法。教师需要向学生传授观察语法现象的方法。这包括在阅读中留意语法结构、在听力中注意说话者的语法表达、在写作中审视自己的语法选择等。通过系统指导，学生能够更有针对性地进行观察，增强语法意识。

再次，组织案例分析活动。定期组织学生分享他们观察到的语法案例。这既可以是在小组内分享，也可以是在整个班级或学校范围内展示。通过分享，学生能够从多个角度了解语法现象，同时培养他们的表达能力和分享精神。接着，引导讨论和分析。在分享活动后，教师可以引导学生进行讨论和分析。这包括对不同案例的解读、语法规则的讨论以及语法选择的讲解。通过引导学生深入思考，培养他们分析语法现象的能力。

最后，关联课堂教学。将学生观察到的案例与课堂教学内容相结合，让学生认识到语法不是一成不变的规则，而是在实际语境中有着灵活运用的特点。这种关联有助于加深学生对语法知识的理解，使其更加深入地融入实际语言运用中。

（二）学生参与案例设计

1.选择或创造与实际生活相关的案例

首先，引导学生选择个人兴趣领域。鼓励学生应选择与自己个人兴趣紧密相关的实际案例。这样的选择可以激发学生的主动性，使他们在学习语法的过程中感到更具亲和力。例如，学生可以从自己喜欢的书籍、电影、音乐或运动中挑选案例，以确保案例的相关性。

其次，提供案例设计的框架。教师可以为学生提供案例设计的框架，包括案例的结构、要素和涉及的语法现象。这有助于学生更系统地构建案例，确保案例既符合实际生活，又涵盖特定的语法内容。同时，框架设计有助于培养学生对案例设计的方法论思考。

再次，组织案例分析和交流。定期组织学生分享他们选择或创造的案例，并进行同侪交流。通过这样的分享和交流，学生可以从彼此的案例中学到不同的语法现象，扩展对语法知识的理解，同时，为学生提供了展示自己观察和分析能力的机会。接着，引导学生总结语法规律。在学生分享和交流的基础上，引导他们总结案例中涉及的语法规律。通过分析多个案例，学生可以更深入地理解语法现象的多样性和灵活性，形成对语法规则的全面认知。

最后，关联课堂教学。将学生选择或创造的案例与课堂教学内容相结合，可以构建一个有机的教学体系。这种关联有助于学生将实际生活中观察到的语法现象与理论知识相结合，使语法学习更加贴近实际应用。

2.学生案例分析与讨论

首先，鼓励学生积极分享案例。教师应该营造一个鼓励学生分享的氛围，让每位学生都感到他们的案例都是有价值的。可以通过表扬学生的观察力、创造性和分享精神来激励他们，使每个学生都积极参与到案例分析中。

其次，组织系统性的病例讨论。将学生的案例整理成一个系统性的案例集，按照语法知识点或主题进行分类。在课堂上，组织学生对某一类别的案例进行深入讨论。通过系统性的讨论，学生可以更好地理解语法现象的共性和变化。

再次，引导学生提出问题和疑惑。在案例讨论中，鼓励学生提出与语法现象相关的问题和疑惑。这有助于激发学生对语法知识深层次理解的需求，并为进一步的教学提供方向。教师可以引导学生自主思考并解答彼此之间的问题。接着，设立小组讨论环节。将学生分成小组，让他们在小组内对案例进行详细讨论。小组讨论有助于培养学生合作和团队精神，同时能够使每位学生更深入地理解他人的案例，发现不同观点和解释。

最后，总结讨论成果，强化语法知识。在讨论结束后，教师可以对讨论成果进行总结，强调案例中的重要语法知识点，并与课堂教学内容进行关联。通过对案例的深入讨论，学生能够更全面的理解语法规则，提高对语法知识的掌握程度。

3.主动学习意识的提升

首先，培养学生观察和发现问题的能力。在案例设计的过程中，教师可以引导学生去观察日常生活中的语法现象，并从中发现问题。通过这种方式，学生不仅能够在实际语境中应用语法知识，还能够主动发现语法问题，增强问题意识。

其次，激发学生的好奇心和求知欲。通过设计引人入胜、涉及实际生活的案例，激发学生对语法知识的好奇心。好奇心是主动学习的动力之一，学生在解决实际问题的过程中会更加主动地去寻找相关的语法规则和解释。

再次，鼓励学生提出问题和疑惑。案例设计和分享的过程中，教师可以鼓励学生提出更深层次的问题和疑惑。这种主动地提问过程能够帮助学生更加深入地理解语法知识，并激发他们主动追求知识的动机。接着，引导学生制订学习计划。教师可以引导学生在案例分析和讨论之后，制订针对性的学习计划。学生可以根据讨论的内容，主动选择进一步学习相关的语法知识，这有助于培养学生的自主学习意识。

最后，提供资源和支持，促进主动学习的发展。教师在学生主动学习的过程中，应提供必要的资源和支持，如推荐相关的阅读材料、在线学习资源等。通过为学生提供学习工具和支持，可以更好地促进主动学习意识的发展。

（三）案例分析的系统性

1.从简单到复杂的案例分析

首先，引入简单明了的语法案例。在教学初期，教师可以选择一些简单、常见的语法现象，例如基本的时态、语态、句型结构等，设计与学生日常生活相关的案例。通过这些简单的案例，学生能够轻松理解和掌握基本的语法规则。

其次，逐步增加语法复杂度。随着学生对基础语法知识的熟悉，教师可以逐步引入一些更为复杂的语法现象，如复合句的构建、虚拟语气的运用等。通过这些案例，学生可以拓展对语法规则的认知，提高对复杂语法结构的处理能力。

再次，结合实际语境设计案例。教师在案例设计中应注重将语法知识融入实际语境中，设计与学生生活、社会实践相关的案例。这有助于学生更好地理解语法在实际运用中的意义，培养他们将语法规则灵活运用到实际情境的能力。接着，引导学生进行深层次的分析。逐步提高案例的分析深度，引导学生深入思考语法现象背后的原理和逻辑。通过让学生分析不同语法选择的原因，培养他们对语法规则背后逻辑的理解，提高批判性思维水平。

最后，整合多个语法知识点的复杂案例。在学生掌握了多个语法知识点后，教师可以设计一些整合性的复杂案例，涵盖多个语法现象。这有助于学生更好地理解语法知识之间的相互关系，形成更为完整的语法体系认知。

2.从基础到拓展的案例分析

首先，引入基础案例进行初步学习。在教学的初始阶段，选择一些简单而基础的语法案例，如基本的句子结构、时态使用或名词形态等。这些案例应该贴近学生的实际生活，使其能够轻松理解和掌握基本的语法规则。通过这些基础案例，学生能够建立对语法知识的初步认知。

其次，逐步引入中等难度的案例。一旦学生对基础语法知识有了一定的了解，教师就可以逐步引入一些中等难度的案例，包括复杂的句子结构、语法功能的深层次应用等。这些案例的目的是挑战学生，促使他们深入思考语法规则的灵活运用。

再次，拓展到复合型的语法结构。逐步引入更为复杂的语法结构，如复合句、独立从句等。通过这些案例，学生将学会如何在复杂的语法结构中正确使用各种语法要素，同时提高对复杂语法结构的处理能力。接着，引导学生分析真实语境中的案例。将案例设计融入真实生活场景，让学生通过分析实际语境中的语法现象，更好地理解语法规则的实际应用。这有助于学生将所学语法知识与实际语言运用相结合，增强其实际运用能力。

最后，挑战性案例的引入。在学生逐步掌握了基础和中等难度的语法知识后，引入一些挑战性极大的案例，包括文学作品中的复杂语法结构、跨学科领域中的专业性语法运用等。这些案例旨在拓展学生的语法认知边界，培养他们更高层次的语法应用能力。

3. 促使全面的语法认知

首先，引导学生分析基本语法结构。在案例分析的初始阶段，教师可以选择一些基本语法结构的案例，如简单的主谓宾结构、基本的时态运用等。通过这些案例，学生能够对语法的基础知识有一个清晰的认识，建立起最基本的语法框架。

其次，深入探讨不同语法要素的应用。引导学生分析涉及不同语法要素的案例，如名词、动词、形容词等的使用。通过深入分析这些案例，学生可以逐步理解这些语法要素在句子中的功能和作用，形成对各个要素的具体认知。

再次，引入复杂语法结构的案例。逐步引导学生分析更为复杂的语法结构，包括复合句、并列结构等。这有助于学生拓展对语法结构的理解，培养他们处理复杂句型的能力。

接着，涉及实际语言运用的案例分析。将案例设计融入真实语境，引导学生分析实际语境中的语法现象。通过这种方式，学生能够更好地将语法知识与实际语言运用相结合，形成对语法规则实际运用的全面认知。

最后，引导学生研究高阶语法现象的案例。引导学生分析一些高阶语法现象，如复杂的从句结构、抽象的语法功能等。这有助于学生深入理解语法的抽象层次，形成对语法知识更为深刻的认知。

三、语法教学与实际运用的连接

（一）实际例子的展示

1. 电影片段的分析

首先，选择电影片段的依据。在进行电影片段的分析前，教师需要明确选择的片段应包含丰富的语法元素，如不同时态、语法结构的变化、丰富的词汇运用等。这有助于学生全面理解语法在实际语境中的灵活运用。

其次，解释片段中的语法现象。选定片段后，教师可以逐句或逐段解释其中出现的语法现象。这可能涉及不同句型的运用、时态的切换、形容词和副词的使用等。通过详细解释，学生能够更清晰地认识到语法在实际语境中的细微变化。

再次，引导学生参与讨论与分析。将学生参与到讨论和分析的过程中，教师可以提出问题引导学生思考。例如，为什么角色选择了这种语法结构？这样的语法运用对情节或角色有什么影响？通过互动式的讨论，学生能够更深入的理解语法与情境之间的关系。接着，进行语法知识的梳理与拓展。在解释和讨论的基础上，教师可以适时引导学生对已学语法知识进行梳理，同时拓展相关的语法内容。这有助于学生在实际语境中更灵活地运用所学的语法知识。

最后，与其他语言技能结合进行分析。鼓励学生将语法分析与其他语言技能结合，如分析对话中的语气、情感色彩，或者与角色性格的关联。这样的综合分析能够让学生更全面地理解语法在语言交流中的作用。

2.真实对话录音的听力训练

首先，选择合适的对话录音。教师需要挑选符合学生水平的、真实语境的对话录音。这可以包括日常生活中的各种对话，如购物、旅行、工作场景等。确保对话中包含了丰富的语法结构和常用表达，以满足听力训练的目的。

其次，设计听力任务和问题。在学生聆听对话录音时，教师可以设计相关任务和问题，要求学生关注语法结构的使用。例如，询问特定句子中的语法成分，要求学生辨别说话者在表达观点时所使用的语法手段等。这样的任务有助于学生有针对性地进行听力训练。

再次，提供逐步引导的学习支持。在学生进行听力任务时，教师可以提供逐步引导的学习支持。这包括在听力前简要介绍对话场景，提供相关词汇的解释，以及在听力后进行答疑和讲解。逐步引导的支持有助于学生更好地理解和掌握对话中的语法结构。接着，开展小组或全班讨论。在完成听力任务后，组织学生进行小组或全班讨论。学生可以分享他们对于语法结构的听辨体会，交流彼此的理解和困惑。通过集体讨论，学生可以从多个角度理解和吸收语法知识。

最后，提供个性化的反馈和建议。教师应根据学生的听力表现，提供个性化的反馈和建议。这可以包括指出学生在听辨中的常见错误，提供更多相关例子进行练习，或者推荐其他真实对话资源供学生继续训练。

3.新闻报道语法分析

首先，选择适当的新闻报道。教师需要挑选与学科相关或引人关注的新闻报道，确保新闻文本包含各种语法结构和句型。新闻报道的正式性和客观性使其成为理想的语法分析对象。

其次，解释新闻报道的语法结构。在分析新闻报道之前，教师可以先简要解释新闻报道的语法结构，包括新闻标题的撰写规范、新闻正文的写作特点等。通过了解新闻报道的基本语法要求，学生能更好地理解后续的语法分析。

再次，进行语法结构的具体分析。通过对新闻报道进行具体的语法分析，教师可以引导学生关注句子结构、时态的运用、语法修饰等方面。例如，分析新闻报道中的主被动句、复杂句、形容词和副词的运用等，让学生认识到不同语法结构在新闻报道中的角色和作用。接着，讨论语法规范与新闻传播的关系。教师可以与学生讨论语法规则与新闻报道的关系，探讨为何在新闻传播中要求使用特定的语法结构。通过这种讨论，学生能够理解语法规则对确保信息准确传达的重要性，以及不同语法结构在表达信息时的差异。

最后，进行新闻报道的语法改写。为了巩固学生对语法的理解，可以设计一些新闻报道的语法改写任务。学生需要在保持新闻信息准确传达的前提下，尝试使用不同的语法结构。这样的任务既可以锻炼学生的语法运用能力，也促使他们更灵活地运用语法知识。

（二）多技能结合的教学

1.听说读写全面覆盖

首先，听力训练中的语法应用。在听力训练中，教师可以选择包含不同语法结构的听力材料，让学生通过听力理解来分辨和熟悉这些语法结构。例如，可以使用包含特定语法点的对话、访谈或短文，要求学生听后回答相关问题或总结主要观点。通过这样的练习，学生能够在真实语境中感知语法的实际运用。

其次，口语练习中的语法规则运用。在口语练习中，教师可以设计各种对话任务，鼓励学生在交流中正确使用语法规则。可以采用角色扮演、小组讨论等方式，让学生在实际对话中灵活运用所学的语法知识。通过与同学的互动，学生能够更直观地感受语法在口语表达中的作用，并逐渐形成语法准确的口语习惯。

再次，阅读理解中的语法规则解析。在阅读理解任务中，教师可以选取篇章涉及多种语法结构的文章，要求学生通过阅读理解来分析和解释文章中的语法规则。这有助于学生在阅读过程中主动发现语法现象，培养他们对语法规则的敏感性。同时，通过对文章的深入解析，学生能够更全面的理解语法在不同语境中的运用。

最后，写作任务中的语法运用训练。在写作任务中，教师可以设立具体的写作项目，要求学生在文章中正确运用特定的语法结构。教师可以设计议论文、记叙文等不同文体，让学生有针对性地练习语法的应用。通过写作，学生不仅能够提高语法准确性，还能够培养在实际表达中考虑语法因素的能力。

2.项目式学习

首先，项目主题的选择。在项目式学习中，首先需要仔细选择项目主题，确保与学生所学的语法知识密切相关，同时能够引发学生的兴趣。例如，可以选择与日常生活、社会热点或学科知识相关的主体，以激发学生的学习热情。

其次，项目任务的明确。明确项目任务，包括具体的目标、要求和成果展示方式。任务设计应能够促使学生在项目中主动运用语法知识，例如，要求他们在项目报告中使用特定语法结构，或者在小组讨论中展示语法规则的应用。

再次，团队合作与分工。项目式学习注重团队合作，学生需要共同努力完成项目。在分工阶段，可以合理安排每位成员负责不同的语法内容，确保全面涵盖所学知识。通过相互协作，学生可以在团队中分享语法知识，提高对语法的共同理解。接着，语法知识的讲解与引导。在项目进行过程中，教师要及时对学生进行语法知识的讲解和引导。教师可以通过课堂讨论、答疑解惑等方式，帮助学生理解和运用项目中涉及的语法规则。教师的指导可以使学生更有针对性地运用语法，确保项目的学术水平。

最后，项目成果的展示。项目完成后，学生需要对项目成果进行展示。这个阶段可以设置小组展示、报告演讲等形式，让学生在展示过程中展示他们对语法知识的理解和应用。同时，通过其他同学的提问和互动，学生能够进一步加深对语法规则的认识。

3.语言实用技能训练

首先，实际场景模拟。为了将语法训练融入语言使用技能中，首先要进行实际场景的模拟。例如，可以设计电话沟通、商务会议等场景，让学生在真实工作场景中应用语法规则。这有助于培养学生在实际工作中灵活使用语法知识的能力。

其次，语法规范的强调。在模拟实际场景的过程中，要强调语法规范的重要性。教师可以在实际操作中及时指导学生如何正确运用语法，例如，在商务会议中正确使用形式更正或表达建议的语法结构。通过强调语法规范，学生在实际操作中能够更加自觉地运用规范语法。

再次，角色扮演与反馈。采用角色扮演的方式，让学生在模拟场景中扮演不同角色，提高他们在不同语境下的语法运用能力。之后，进行同行或教师的反馈，帮助学生发现语法使用中的问题，并提供改进建议。这种反馈机制有助于学生不断完善语法表达能力。接着，多样化的实用技能任务。设计多样化的实用技能任务，包括书面沟通、口头表达等，以涵盖不同方面的语言实用技能。例如，让学生撰写商务邮件，同时要求他们在邮件中正确运用相关的语法知识。这样的任务设计有助于提升学生在实际应用中的语法水平。

最后，综合性评估与总结。在语言使用技能训练结束后，进行综合性评估，考查学生在不同场景下的语法运用情况。通过总结学生的表现，可以发现存在的问题并提供进一步的指导。同时，让学生自我总结，反思其在实际语境中的语法运用经验，促使其不断提升。

（三）实际语境中的任务设计

1.实地考察任务

首先，实地考察任务地设计。实地考察任务应当具体而有针对性。教师可以选择当地景点，设计任务要求学生在导览过程中使用特定的语法知识。例如，要求学生在介绍景点时使用特定的时态、语法结构等，以确保任务的语法焦点明确。

其次，任务目标的明确。在设计实地考察任务时，要明确任务的语法目标。这有助于学生在任务中有明确的语法指导，同时教师能更好地进行评估。例如，任务目标可以是使用过去完成时来介绍景点的历史。

再次，导游技能的培养。实地考察任务的一个重要目标是培养学生的导游技能。这包括语言表达的流利性、信息传递的清晰性等。在任务设计中，教师可以融入对学生导游技能的培养，使学生在语法运用的同时提升导游表达的能力。接着，实时语法指导。在实地考察中，教师可以实时提供语法指导。当学生在导览过程中出现语法错误或需要改进时，教师可以及时给予指导。这种实时性地反馈对学生语法的提高至关重要。

最后，总结与反思。实地考察结束后，进行总结与反思。教师可以组织学生分享彼此的导览经验，突出语法运用中的亮点和需要改进之处。通过总结与反思，学生能够更深入地理解语法知识在实际交际中的运用。

2.模拟交流任务

首先，模拟交流任务的设计。在设计模拟交流任务时，要明确定义任务的场景和背景，确保任务具有真实感。例如，可以设置商务会议、日常社交、旅行等场景，以让学生在模拟中体验真实语境。

其次，任务角色的设定。为每位学生分配具体的任务角色，要求他们在模拟交流中扮演不同的角色。这有助于学生在语法运用中体验多样性，同时促使他们理解不同角色在语境中的语法需求。

再次，明确语法目标。在模拟交流任务中，要明确语法目标，确保任务有明确的语法焦点。例如，可以强调使用特定的时态、语法结构或表达方式。这有助于学生集中注意力，更好地达到语法目标。接着，模拟环境的创设。创设一个逼真的模拟环境，可以通过提供相关背景信息、道具或使用虚拟平台进行模拟。这样的环境创设可以增强学生的参与感，使他们更容易融入模拟交流中。

最后，模拟后的反馈与总结。模拟交流结束后，进行及时地反馈与总结。教师可以就学生的语法表达进行评价，并提供建议。同时，组织学生分享彼此的体验，总结模拟交流的收获和不足。

3. 问题解决任务

首先，问题解决任务的设计。问题解决任务应该具有一定难度和挑战性，涉及学生所学的语法知识。例如，可以选择一个实际场景，如校园生活、社会热点等，要求学生在团队中解决相关问题。

其次，任务分工与合作。为确保学生充分合作，任务需要进行明确的分工，每位学生都在团队中承担特定的责任。这有助于培养学生的团队协作精神，并确保每个学生都有机会在语法应用中发挥作用。

再次，语法知识的明确应用。在问题解决任务中，要求学生明确应用特定的语法知识。教师可以在设定任务的同时，提供一份语法指南，明确指出需要运用的语法结构，以便学生在解决问题时有意识地运用语法。接着，任务过程中的指导与反馈。在学生进行问题解决任务的过程中，教师可以提供及时地指导和反馈。通过监督学生的语法使用，指导他们在实际问题解决中运用正确的语法结构，同时在任务结束后提供反馈，强调正确的语法运用和指出需要改进之处。

最后，团队总结与分享。任务完成后，组织学生进行团队总结与分享。每个团队可以分享他们的解决方案，强调在解决问题过程中语法知识的应用。这种分享不仅可以促进团队之间的学习互动，也可以让学生更深刻地理解了语法知识在实际问题解决中的作用。

通过以上步骤，问题解决任务将语法知识融入实际问题解决中，既可以加深学生对语法的理解，又可以培养他们的团队协作和问题解决能力。

第二节　听力教学策略

一、提高学生听力技能的有效途径

（一）多样化的听力材料选择

1. 真实对话

首先，真实对话的选择。在选择真实对话时，教师可以挑选包含各种口音、语速和词汇的对话，以模拟真实生活中的多样语言环境。这有助于学生更好地适应不同口音和语音特点。

其次，日常交流场景的模拟。选用的真实对话应当模拟日常生活中的各种场景，如购物、旅行、社交活动等。通过这样的模拟，学生能够更容易将所学的语法知识应用到实际生活中，并理解语法在真实对话中的实际运用。

再次，口音和语音变化的呈现。真实对话中的口音和语音变化是不可避免的，教师可以选择一些对话，特别是包含方言或口音的对话，让学生在听力训练中更好地适应语音的多样性。这有助于提高学生的听力理解能力。接着，对话材料的多样性。确保所选对话涵盖各个层面的语言，包括不同年龄层、社会背景和语境的对话。这有助于学生更全面地了解英语的多样性，提高他们在不同场景中的语言适应能力。

最后，听后活动与反馈。在学生听完对话后，设计相关的听后活动，如问题回答、关键词提取等。并提供及时地反馈，帮助学生纠正可能存在的听力误区，同时加深他们对语法在真实对话中运用的认识。

2.新闻报道

首先，新闻报道的选择。在选择新闻报道时，应涵盖丰富的语言风格和专业词汇，旨在激发学生对各类话题的兴趣。选择来自不同领域的新闻报道，以满足学生多样化的知识需求。

其次，语言风格和表达技巧的分析。引导学生分析新闻报道的语言风格和表达技巧，包括新闻的标题、引言、事实陈述和结论等部分。通过这样的分析，学生可以更深入地理解新闻报道的结构和语言特点。

再次，专业词汇的注解和拓展。对新闻报道中的专业词汇，教师可以提供详细的注解，帮助学生理解词汇的准确含义。同时，鼓励学生通过拓展阅读等方式进一步扩充他们的专业词汇量。接着，新闻类话题的讨论与引导。在学生聆听新闻报道后，组织相关的讨论活动，引导学生对新闻类话题进行深入思考。通过学生之间的交流，促进他们对社会热点问题的理解和观点形成。

最后，写作任务的设计。结合所选新闻报道，设计相关的写作任务，让学生运用所学语法知识，撰写与新闻相关的文章或评论。这有助于培养学生的写作能力，并提高他们在表达观点时运用语法的准确性。

3.访谈

首先，引入访谈节目的背景。访谈节目作为听力任务的引入，可以涵盖不同人物的口音和语速，为学生提供更加真实多样的语音输入。选择来自不同领域的访谈节目，如专业访谈、名人采访等，以满足学生多样化的听力需求。

其次，语音特点的感知能力的培养。通过访谈节目，学生将有机会感知不同人物的语音特点，包括口音、语速、语调等。教师可以设计相关练习，帮助学生更好地适应和理解这些语音特点，提高他们在实际对话中的听力应对能力。

再次，访谈内容的深入分析。引导学生深入分析访谈节目的内容，包括讲述的主题、使用的词汇和表达方式等。通过分析访谈内容，学生可以扩展词汇量，了解不同领域的专业术语，提高他们对特定话题的理解深度。接着，学生参与的互动活动。组织学生进行访谈节目的模拟或角色扮演，让他们亲身体验访谈的过程。这样的互动活动既可以锻炼学生的口语表达能力，又能够加深他们对访谈任务的理解。

最后，听力反馈与提高策略的分享。在学生完成访谈任务后，进行听力反馈，包括对于难点的讨论和解释。同时，分享提高听力能力的策略，如多听多说、注意语音语调的变化等，可以帮助学生更好地应对其未来的听力挑战。

（二）不同难度和语速的听力任务

1.渐进式难度设计

首先，渐进式任务设计的背景介绍。渐进式任务设计是为了满足学生在听力训练中逐步提高的需求。在大学英语教学中，学生的听力水平各异，因此，通过逐步增加任务难度，可以更好地满足不同学生的学习需求。

其次，初始阶段的任务设计。在初始阶段，教师可以选择语速较慢、词汇较简单的听力材料。这样的任务设计有助于学生建立基本的听力能力，培养他们对基础词汇和语音的敏感性。教师可以采用日常对话、简单新闻报道等材料，确保学生在初始阶段能够轻松理解。接着，逐渐引入更复杂的内容。随着学生听力水平的提高，教师可以逐渐引入语速较快、词汇较复杂的听力材料，可以包括专业讲座、学术讨论、真实访谈等。通过逐步增加难度，学生将面临更多的语音变化、更复杂的语法结构，从而提高他们在真实语境中的听力应对能力。

再次，任务设计中的评估与反馈。在每个阶段结束后，进行听力任务的评估，并及时提供反馈。这有助于学生了解自己的听力进步情况，同时教师可以根据反馈调整后续任务的难度。评估可以包括对学生听力技能、词汇理解和整体理解能力的综合考察。

最后，渐进式设计对听力提高的影响。通过渐进式任务设计，学生将在挑战中逐步提高听力水平。他们将更加自信地面对各种听力场景，同时能够更好地理解语音变化和语法结构。这种设计不仅能够满足不同学生的需求，还能够激发学生的学习兴趣，促使他们更积极地参与听力训练。

2.多层次语速训练

首先，多层次语速训练的必要性。多层次语速训练的设计是为了满足学生在不同听力场景下的需求。在实际语境中，语速可能因场景而异，学生需要具备迅速适应不同语速的能力。通过这样的训练，学生可以更全面、更灵活地应对各种听力挑战。

其次，较快语速的训练设计。在较快语速的训练中，教师可以选择一些生动有趣、信息密集的素材，如 TED 演讲、英语新闻快报等。学生在这种场景下需要迅速捕捉主要信息，强化对语音变化和快速表达的理解。分组练习可以让学生在小组内相互交流、讨论，提高他们在高语速情境中的听力应对能力。接着，较慢语速的训练设计。在较慢语速的训练中，可以选择一些对话、讲座等内容。这样的任务有助于学生更仔细地理解讲者的细节表达和语法结构。通过这种练习，学生能够提高对语法细节和词汇使用的敏感性。同样，分组练习可以让学生在较慢语速场景下展开深入讨论，增强他们对语法细节的理解。

再次，任务设计中的个性化调整。在进行多层次语速训练时，教师应根据学生的实际水平进行个性化调整。一些学生可能更擅长应对较快语速，而另一些学生可能更注重对较慢语速的仔细理解。通过调整任务难度，可以更好地满足学生的不同需求，促使他们在听力训练中取得更好的效果。

最后，多层次语速训练的成果。通过多层次语速训练，学生将在听力技能的各个方面取得显著进步，他们将更自信、更灵活地面对不同语速的听力场景，从而更好地适应真实语境中的英语使用。这种训练有助于培养学生的团队协作和沟通能力，因为分组练习可以促使学生共同面对不同挑战，相互协助提高。

二、创新的听力教学方法

（一）利用多媒体资源

1.音频、视频的有机结合

首先，音频与视频结合的背景和必要性。在大学英语教学中，通过将音频与视频相结合，可以更好地模拟真实语言环境，提供更为生动、多元的学习资源。这种结合不仅能够传达言语语音信息，还能通过视觉元素传递非语言语境，使学生更全面地理解语境。

其次，采用视频素材的优势。通过引入视频素材，学生可以观察说话者的面部表情、肢体语言等非语言元素，从而更深入地理解交流的整体含义。例如，通过观察演讲者的表情和手势，学生可以更准确地捕捉到情感色彩和语境信息。这种直观性地体验有助于提高学生的整体理解能力。接着，音频与视频结合的实际教学应用。在教学中，可以选择包含丰富语言元素和非语言元素的视频片段，如 TED 演讲、新闻报道、影视片段等。通过让学生在视听中感知语境，教师能够促使学生更主动地应用语法知识，提高他们在真实语境中的语言应用能力。

再次，学生参与的交互式活动。教师可以设计交互式的活动，引导学生在观看视频的同时进行听力理解、口语表达等方面的训练。例如，要求学生通过视频内容进行角色扮演、小组讨论，模拟真实语境，让他们在实践中运用所学的语法知识。

最后，音频与视频结合的成果和展望。通过音频与视频的有机结合，学生将在语法、听力、口语等多个方面取得显著进步。这种教学方法不仅可以提高学生的语言技能，还可以培养他们在真实语境中综合运用语法知识的能力。未来，可以通过不断探索更多多媒体素材和教学策略，进一步优化大学英语教学的效果。

2.在线播客的运用

首先，引入在线播客的背景和必要性。随着网络科技的发展，在线播客成为一种受欢迎的学习资源。在大学英语教学中引入在线播客，为学生提供了更加灵活、多样的听力学习途径。这种形式适应了学生多样化的学习喜好，使他们能够在不同主题和语境中拓展听力技能。

其次，在线播客的优势。在线播客通常由专业人士或语言专家制作，具有高质量的语音和专业的讲解。这种资源提供了真实且有深度的语言输入，使学生能够接触到地道的发音、语速和表达方式。在线播客还涵盖了丰富的主题，从日常对话到学术讲座，满足了学生在不同语境下的听力需求。接着，具体地运用方法。教师可以选择符合教学主题的在线播客，设计听力任务，要求学生仔细聆听并回答相关问题。通过这种方式，学生将更全面地理解语法、词汇的实际运用，并提高他们对不同口音和语境的适应能力。同时，教师可以鼓励学生在课后继续关注相关播客，进行自主学习。

再次，学生参与的互动和反馈。在线播客通常提供评论区或社交媒体平台供听众互动。教师可以引导学生在这些平台上分享自己的听后感，与其他学习者交流。这种互动不仅可以促进学生之间的合作与学习，还可以为教师提供反馈，了解学生的学习体验和困难，有利于更有针对性地进行教学调整。

最后，在线播客在大学英语教学中的成果和未来展望。通过引入在线播客，学生将在听力水平和语言认知方面取得显著进步。未来，可以通过不断挖掘更多高质量的在线播客资源，结合学科知识和实际语境，进一步提升大学英语教学的多样性和实效性。

（二）实地听力实践

1.组织校外考察

首先，介绍校外考察的背景和目的。校外考察作为大学英语教学的一种创新方式，旨在为学生提供更真实、更丰富的语境，使他们能够在实地体验中提升听力技能。这种教学方法能够激发学生的学习兴趣，使他们更加主动地参与学习。

其次，校外考察的组织与准备。在组织校外考察前，教师需要精心策划考察地点，确保场所具有一定的语言挑战性。例如，可以选择商业区、博物馆、展览馆等地，这些地方涵盖各种社交场合和专业领域，有利于学生在实际场景中应对不同语境的听力难题。在准备阶段，教师可以提前为学生提供一些背景知识，使他们对考察地点有一定的了解。同时，设置相关任务，让学生在考察中有目的地进行听力训练。这种任务设计旨在帮助学生在实践中更好地理解和应用语法规则。接着，考察中的实际操作。学生在校外考察中将面临各种语境，包括人际交往、导览解说、讲座演讲等。教师可以安排学生分组，根据任务要求在考察过程中进行记录、观察和交流。这有助于培养学生在真实语境中的听力技能，提高他们对语法规则在实际场景中的理解。

再次，校外考察后的反思与总结。考察结束后，教师可以组织学生进行反思与总结。通过小组讨论或写作方式，学生可以分享他们在考察中的感悟、遇到的困难以及解决问题的方法。这种反思过程有助于学生更深入地理解语法规则在实际听力中的运用，同时提高他们的自主学习和问题解决能力。

最后，校外考察在大学英语教学中的价值。校外考察不仅可以帮助学生更好地适应真实语境中的听力挑战，还可以丰富他们的实际语言运用经验。这种实践性的教学方法有助于打破传统教学的束缚，提高学生的学科参与度和学习动机，从而更好地达到听力教学的目标。

2.外教交流活动

首先，外教交流活动的背景和目的。外教交流活动是为了让学生在真实语境中接触地道的英语口音，提高他们的听力水平。通过与母语为英语的外教进行交流，学生可以更好地适应各种口音和语速，增强他们的听力应对能力。

其次，外教交流活动的组织与准备。在组织外教交流活动前，教师需要与外教联系，确定交流的时间、地点和主题。同时，为了让学生更好地参与，可以提前告知活动的目的和安排，激发他们的学习兴趣。在准备阶段，可以为学生提供一些相关的背景知识，使他们对外教文化有一定的了解，有助于更顺利地进行交流。教师还可以设计一些任务，让学生在交流中有目的地进行听力训练，例如提前准备一些问题，让学生在与外教对话时进行提问。接着，外教交流活动的实际操作。在交流活动中，学生有机会直接听到外教的地道口音，与之互动，提高他们的听力应对能力。可以设置不同形式的交流，包括对话、问答、小组讨论等，以确保学生能够在不同语境中应对不同的听力挑战。为了使活动更富有趣味性，可以邀请外教分享一些有趣的文化故事、口语表达方式，增加学生对英语语境的理解。同时，鼓励学生在交流中提出问题，积极参与，使得交流更加富有互动性。

再次，外教交流活动后的反思与总结。活动结束后，可以组织学生进行反思与总结。通过小组讨论或写作方式，学生可以分享他们在交流中的体会、收获以及遇到的困难。这种反思过程有助于学生更深入地理解英语口音的差异，提高他们对语音特点的感知能力。

最后，外教交流活动在大学英语教学中的价值。外教交流活动不仅为学生提供了直接接触地道英语的机会，还拓宽了他们的文化视野，增强了跨文化交流的能力。这种实践性的教学方法有助于学生更好地适应不同语境的英语，提高他们在实际生活中的听力应对水平。通过这样的活动，大学英语教学更具有实用性和生动性。

（三）听力任务与口语交互

1.听后口语表达

首先，听后口语表达的背景与意义。听后口语表达是大学英语教学中的一种重要环节，通过这一环节，学生能够在听到英语材料后迅速做出口头表达，巩固和运用所学的语言知识。这种活动不仅有助于提高学生的口语表达能力，还能够促使他们更深入地理解听到的信息，实现听说读写全面覆盖的教学目标。

其次，听后口语表达的设计与组织。在设计听后口语表达环节时，教师可以选择一些富有代表性的英语材料，如新闻报道、访谈节目、英语演讲等。这些材料既能满足语言知识的要求，又能激发学生的学习兴趣。在组织活动时，教师可以采用个人表达、小组讨论、角色扮演等形式，使学生在不同场景中进行口语表达，丰富活动的形式。接着，听后口语表达的操作流程。教师可以在课前引入活动的背景和目的，让学生了解即将进行的听后口语表达活动的重要性。学生首先进行听力理解，听完材料后，可以提供适当时间让学生思考和整理听到的信息。学生在听完材料后，进行口头表达。这一阶段可以分为个人表达和小组讨论，让学生有机会在不同的情境下进行口语表达。活动结束后，教师可以提供反馈，指导学生在口语表达中可能存在的问题，并进行总结，强调重要语言知识和表达技巧。

再次，听后口语表达的优势与挑战。这种活动形式能够使学生在短时间内迅速做出口头表达，提高他们对听力材料的整理和理解能力。同时，通过个人表达和小组讨论，可以培养学生在团队中协作的能力。学生在口语表达中可能面临语法结构、词汇选择等方面的挑战。因此，教师需要在活动中引导学生注意这些问题，提供及时的帮助和反馈。

最后，听后口语表达在英语教学中的实际应用。这种教学方法不仅适用于大学英语课堂，也可以在口语角、实践英语活动中得到应用。通过听后口语表达，学生能够更自觉地运用所学的语言知识，提高他们的口语表达水平，使之成为英语教学中的一种有益的教学手段。

2.听说任务整合

首先，听说任务整合的背景与意义。在大学英语教学中，听力和口语是相辅相成的两个重要方面。将听力任务与口语交互有机整合，可以更全面的培养学生的语言能力。这种整合不仅有助于提高学生的听力技能，还能够在实际口语应用中巩固所学知识，实现听说读写全面覆盖的教学目标。

其次，听说任务整合的设计与组织。在设计听说任务整合的活动时，教师可以选择一些具有代表性的听力材料，如对话、访谈、演讲等。活动可以分为不同层次，根据学生的水平和课程要求逐步增加难度。整合的形式可以是模拟对话、角色扮演、小组讨论等，以增强互动性。接着，听说任务整合的操作流程。在课前引入整合任务的目的和重要性，激发学生的学习兴趣，让他们认识到整合听说任务对语言能力提升的积极影响。学生首先进行听力理解，听完对话或其他材料后，可以提供适当的时间让学生思考和整理听到的信息。在听力任务完成后，学生进行口头表达。可以采用模拟对话、角色扮演等形式，让学生在实际场景中进行口语表达，巩固所学知识。学生可以在小组或全班范围内进行互动讨论，分享彼此的听力体验和口语表达，促进学生之间的交流与合作。教师在活动结束后提供反馈，指导学生在口语表达中可能存在的问题，并进行总结，强调重要语言知识和表达技巧。

再次，听说任务整合的优势与挑战。整合任务能够使学生在听力的基础上迅速进行口语表达，提高他们的语言综合应用能力。通过互动讨论，学生能够分享经验，促进学习氛围。学生在口语表达中可能面临词汇选择、语法结构等方面的挑战。因此，教师需要在活动中及时发现并指导解决这些问题，确保整合任务的顺利进行。

最后，听说任务整合在英语教学中的实际应用。这种整合方式不仅适用于大学英语课堂，还可以在口语角、实践英语活动中得到应用。通过听说任务整合，学生将更有动力地运用所学知识，提高他们的听说能力，使之成为英语教学中富有创新性和实用性的一种教学策略。

三、针对不同水平学生的策略选择

（一）分层听力任务

1.任务设计的差异化

首先，差异化任务设计的背景与重要性。在大学英语教学中，学生的英语水平参差不齐，因此，采用差异化任务设计是为了更好地满足不同水平学生的学习需求。通过根据学生水平设计不同难度的听力任务，可以提高教学的个性化和针对性，使每个学生都能够在适宜的难度下获得有效的听力训练。

其次，差异化任务设计的实施方法。对高水平学生来说，教师可以选择语速较快、内容较复杂的听力材料，如专业讲座、学术演讲等。这样的任务能够挑战学生的听力极限，提高他们在真实语境中的听力应对能力。对中低水平学生来说，应选择语速适中、内容简单明了的听力材料，如日常对话、简单新闻报道等。通过确保听力材料的可理解性，帮助学生逐步提高听力水平，增强其对英语语音和语调的适应能力。接着，差异化任务设计的操作步骤。在课程开始前，通过测验或其他评估方式了解学生的英语水平，明确各个学生的听力能力水平。根据学生的水平差异，设定不同难度的听力任务。可以选择不同主题、语速、说话者口音等方面进行差异化设计。在课堂上实施听力任务，确保学生能够在任务中取得一定的进展。可以配合一些辅助材料，如词汇表、笔记等，帮助学生更好地理解听力内容。完成听力任务后，进行及时的反馈。根据学生的表现，调整下一次听力任务的难度，确保学生在适当挑战中不断提高。

再次，差异化任务设计的优势与挑战。差异化任务设计能够更好地照顾到每个学生的学习需求，提高教学的个性化和效果。能够让学生在适宜难度下获得成功体验，增强学习动力。教师需要在差异化设计中平衡不同水平学生的需求，确保任务既不过于简单以致失去挑战性，也不过于困难导致学生沮丧。需要对学生进行细致的观察和评估，不断调整任务设计。

最后，差异化任务设计在听力教学中的实际应用。差异化任务设计不仅适用于听力任务，还可以在阅读、口语等多项语言技能的教学中得到应用。通过科学合理地设计差异化任务，能够更好地满足学生的学习差异，提高整体教学效果。

2.逐步提升难度

首先，任务难度逐步提升的背景与重要性。在大学英语听力教学中，逐步提升任务难度是为了满足学生不同阶段的学习需求。通过设置逐渐增加的听力难度，可以促使学生在挑战中逐步提高听力水平，同时确保他们不至于感到过于沮丧。

其次，任务难度逐步提升的操作方法。选择相对简单的对话或短文，语速较慢，词汇较简单。这样的材料有助于学生建立听力基础，培养他们对基本语音和语调的敏感性。引入更复杂的听力材料，如真实场景中的讲座、采访等。语速逐渐增加，语言表达更为复杂，增强学生对不同场景的适应能力。使用更真实、更接近自然语言的听力材料，如纪录片、专业讲座等。这样的材料能够让学生更好地理解并适应各种语境中的语音变化和表达方式。接着，任务难度逐步提升的实施步骤。教师应在教学计划中合理分阶段规划听力任务。根据学期安排和学生水平，逐渐引入不同难度的听力材料。在每个阶段结束后进行及时地学生表现反馈。根据学生的听力水平，调整下一阶段的任务难度，确保学生在适宜的难度下挑战自己。鼓励学生在逐步提升的过程中形成自主学习的意识。提供额外资源，如听力练习软件、多媒体资料等，供学生在课外进一步提升听力水平。

再次，任务难度逐步提升的优势与挑战。逐步提升任务难度有助于学生形成渐进性地学习过程，提高学习效果。学生在适应相对简单的材料后逐渐接触更复杂的内容，能够更好地应对真实语境。教师需要准确评估学生的水平，以确保任务的逐步提升符合学生的发展轨迹。过于急功近利可能使学生感到压力过大，而过于保守可能导致学生失去学习兴趣。

最后，任务难度逐步提升在听力教学中的实际应用。逐步提升任务难度的方法适用于各个听力教学环节，包括课堂听力训练、作业听力任务以及期末考试。通过科学有序地设置任务，学生将更好地适应英语听力的各个方面，为提高整体语言水平奠定坚实基础。

（二）个性化听力辅导

1.一对一讨论与反馈

首先，个别学生一对一讨论的背景及其重要性。在大学英语听力教学中，学生的英语水平和学习风格存在较大的个体差异。一对一讨论为教师提供了更精准、个性化的辅导方式，有助于满足学生个别需求，确保每个学生都能够在听力训练中获得有效的支持。

其次，一对一讨论的实施方法。教师需要对学生的听力水平、难点和学习风格进行评估。通过针对性地测试和访谈，了解学生在听力方面的具体需求。在一对一讨论中，教师可以与学生深入探讨他们在听力过程中遇到的难点。这可能涉及特定的语音、语调、词汇或语法难题。根据讨论结果，教师为学生提供个性化的听力辅导。这包括选择合适难度的听力材料、引导学生解决具体问题，并提供实时反馈。利用一对一讨论的机会，教师可以模拟真实场景，让学生更好地适应各种语音变化和语境。这有助于提高学生在真实对话中的应对能力。接着，一对一讨论的实施步骤。教师与学生一同设定明确的听力学习目标。这可以包括提高听力水平、克服特定听力难点或应对特定场景的听力需求。在一对一讨论中，教师需要定期给予学生明确的听力反馈。这可以通过指出学生在理解、发音等方面的错误，同时提供改进建议。根据学生的需求和目标，教师与学生一同制订合理的学习计划。计划中应包括听力材料的选择、每周的学习时间等方面。通过一对一讨论，教师可以更好地了解学生的兴趣爱好，从而选择符合学生兴趣的听力材料，增加学生的学习积极性。

再次，一对一讨论的优势与挑战。个性化辅导可以更准确地满足学生的需求，提高听力训练的效果。通过深入交流，教师能够更好地把握学生的学习状况，提供有针对性的支持。一对一讨论需要耗费更多的时间和精力。教师需要在个别学生之间平衡，确保每个学生都能得到足够的关注和支持。

最后，一对一讨论在大学英语听力教学中的实际应用。个别学生一对一讨论适用于听力教学的各个环节，包括课堂听力训练、作业辅导以及考前复习。通过这种方式，学生可以更好地理解和应对个人听力挑战，提高听力水平，为更高层次的英语学习打下坚实基础。

2.制订个性化训练计划

首先，个性化训练计划的制订背景。在大学英语听力教学中，学生面临各种各样的听力困难，包括但不限于语速过快、发音不清、特定语音难以辨认等。制订个性化训练计划的目的在于有针对性地解决学生个体差异，确保训练更为有效和适用。

其次，个性化训练计划的制订方法。通过听力测试和学生反馈，了解学生在听力方面的具体困难。可能的评估方向包括对语速的适应能力、对不同发音的理解程度、对特定语音的听辨能力等。

明确训练目标：根据评估结果，明确学生的听力训练目标。这可能包括提高整体听力水平、加强对快速语速的适应、增强发音辨识能力等。根据学生的需求，选择适应其水平的听力材料。这些材料可以包括不同语速的对话、发音准确的朗读、特定语音的练习等。设计一系列针对性地训练活动。例如，对语速问题，可以采用逐渐增加语速的听力材料；对发音问题，可以进行特定发音的练习；对特定语音难题，可以通过模仿练习进行强化。接着，个性化训练计划的实施步骤。与学生协商，制定每周的听力训练时间表。确保训练活动有足够的频率和时长，以取得更好的效果。定期监测学生的听力进展。可以通过定期测验、训练记录、学生反馈等方式进行评估，及时调整训练计划。在训练过程中，及时提供具体的听力反馈。指出学生在发音、语速、语音听辨等方面的问题，并给予具体的改进建议。

再次，个性化训练计划的优势与挑战。个性化训练计划更符合学生的实际需求，可以提高训练的针对性。学生在实践中更容易产生明显的改进，增强学习的自信心。制订和实施个性化训练计划需要更多的时间和资源。教师需要在不同学生之间进行平衡，确保每个学生都能得到足够的关注和支持。

最后，个性化训练计划在大学英语听力教学中的实际应用。个性化训练计划可以广泛应用于听力教学的各个阶段，包括课堂训练、个别辅导、课外自主学习等。通过此计划，学生将更有针对性地克服个体听力困难，提高整体听力水平，实现更有效的学习目标。

第三节　口语教学策略

一、促进学生口语表达的策略

（一）鼓励学生参与课堂互动

1.积极引导小组讨论

首先，小组讨论在大学英语教学中的背景。大学英语教学旨在培养学生的语言综合能力，其中口语表达和团队协作是重要的组成部分。小组讨论作为一种有效的教学方法，能够促进学生在语言运用和团队协作方面的全面发展。

其次，积极引导小组讨论的方法。在引导小组讨论之前，教师需要明确讨论的目标和预期成果。这可以包括语言表达的准确性、逻辑性，以及团队协作的效果等。根据学生的语言水平、兴趣爱好等因素，巧妙地组建小组。在小组中要求学生相互合作，确保每个小组都有足够的多样性。选择具有一定难度和深度的话题，既能引发学生的兴趣，又能促使他们展开深入的讨论。话题可以涵盖文学、社会、文化等多个领域，以丰富学生的知识面。教师在讨论过程中充当引导者的角色，通过提问、点拨，引导学生更深入地思考问题，激发他们的思维深度和语言表达能力。在小组讨论中，鼓励每位学生都积极参与。这可以通过给予肯定性地反馈、设定小组内部角色和任务等方式实现。接着，小组讨论的实施步骤。在开始正式的讨论之前，进行一些开场热身活动，帮助学生放松心情，迅速进入讨论状态。学生在小组中展开主题讨论，交流彼此的看法和观点。教师在一旁进行观察和指导，确保讨论的深度和广度。讨论结束后，进行总结和归纳，强调重要观点和语言表达方式。这有助于学生对讨论过程的反思，并提升他们的语言分析能力。

再次，小组讨论的优势与挑战。小组讨论能够激发学生的学习兴趣，提高口语表达水平，培养团队协作和沟通能力。学生通过与同伴交流，更容易理解和接受新的知识。一些学生可能在团队合作中遇到沟通障碍，或者不愿意表达个人观点。教师需要有针对性地解决这些问题，保证每位学生都能够充分参与。

最后，小组讨论在大学英语教学中的意义。小组讨论不仅仅是一种教学方法，更是一种促使学生思考、交流、合作的学习体验。通过积极引导小组讨论，教师能够为学生创造一个更具活力、更具参与性的学习环境，推动他们在语言学习中不断成长。

2.角色扮演和即兴演讲

首先，角色扮演和即兴演讲在大学英语教学中的背景。在大学英语教学中，提高学生的口语表达能力是一个重要目标。而角色扮演和即兴演讲作为一种活动形式，为学生提供了锻炼口语的机会，不仅培养了他们的语言灵活运用能力，还激发了表达欲望。

其次，设计角色扮演和即兴演讲的方法。在设计活动之前，教师需要明确角色扮演和即兴演讲的具体目的。是为了提高语言流利度，还是为了锻炼学生的逻辑思维和应变能力。选择与学生年龄、兴趣相关的主题，确保学生能够在活动中找到共鸣，并更容易展开表达。将学生分组进行角色扮演或即兴演讲，鼓励他们在小组中进行交流和合作。这有助于培养团队协作精神。对于角色扮演，可以提供一些与主题相关的素材，帮助学生更好地理解和入戏；对于即兴演讲，可以提前给予一些话题提示，让学生有一些思考的时间。活动结束后，设置反馈环节，通过同伴评价或教师点评，让学生了解自己的表现，发现不足之处，并在反馈中进一步提高。接着，角色扮演和即兴演讲的实施步骤。

（1）角色扮演：

分组确定角色：将学生分组，并为每个小组分配一个具体的角色或情境。可以是日常生活场景、历史人物、虚构故事等。

准备素材：提供相关素材，帮助学生更好地理解角色的特点和情境。

角色扮演：学生在小组内进行角色扮演，展示他们理解和表达的能力。

同伴评价：其他小组成员对每个小组的表现进行评价，分享观点和建议。

（2）即兴演讲：

话题选择：提供话题或让学生自行选择演讲的话题，确保与课程内容或学生兴趣相关。

演讲准备：给予学生一定的准备时间，让他们构思演讲内容，并提供必要的辅助材料。

即兴演讲：学生进行即兴演讲，表达个人观点、分析问题或分享经验。

反馈和讨论：同伴或教师提供反馈，并在课堂上进行讨论，分享不同学生的观点。

再次，角色扮演和即兴演讲的优势与挑战。这种活动形式能够激发学生的兴趣，提高他们的语言表达能力、沟通技巧和自信心。同时，通过扮演和演讲，学生更容易理解和应用语言知识。一些学生可能对于在公共场合表达感到紧张，因此需要在活动设计中考虑如何降低学生的焦虑感。同时，确保活动的目标明确，避免流于形式。

（二）设计实际情境对话任务

1.模拟真实商务谈判

首先，模拟真实商务谈判在大学英语教学中的背景。在大学英语教学中，为学生提供商务英语的实际应用场景非常重要。通过模拟真实的商务谈判，学生能够在模拟中体验真实的商务交流，锻炼专业用语和沟通技巧，为将来步入职场做好准备。

其次，设计模拟真实商务谈判的方法。教师首先需要明确模拟商务谈判的目标，是让学生熟悉商务用语，还是提高他们的谈判技巧和沟通能力。选择与商务相关的场景，例如合同谈判、项目洽谈、供应链管理等，确保场景贴近实际职场情境。将学生分组，每个小组分配不同的商务角色，例如买方、卖方、中介等。学生在组内商定自己的立场和目标。提供相关的商务文件和信息，让学生在谈判前能够做好充分的准备。这包括了解对方的需求、商业背景等。学生在模拟商务谈判中发挥各自的角色，进行真实场景的对话。教师可以充当观察者，记录学生的表现。模拟结束后，进行反馈和讨论。学生可以分享他们的体验，教师提供专业建议，全班共同总结经验。

接着，模拟真实商务谈判的实施步骤。

明确商务场景：选择一个具体的商务场景，如跨国公司谈判等。

角色分配：将学生分为不同的角色，包括公司高管、法务代表、销售经理等。每个角色有特定的任务和目标。

准备文件：提供相关商务文件，如合同草案、市场调研报告等，让学生在谈判前了解必要的信息。

模拟商务谈判：学生按照各自的角色进行模拟商务谈判，注重使用专业用语和表达礼仪。

观察记录：教师在模拟过程中观察学生的表现，记录沟通技巧、专业用语的运用等方面的情况。

反馈和讨论：模拟结束后，进行反馈和讨论。教师可以指出学生在谈判中做得好的地方，提出改进的建议。

2.旅游咨询实战演练

首先，旅游咨询实战演练在大学英语教学中的背景。随着全球旅游业的不断发展，培养学生在旅游咨询中运用英语的能力变得愈发重要。旅游咨询实战演练是一种让学生在模拟真实旅游咨询场景中进行口语实践的有效方式。

其次，设计旅游咨询实战演练的方法。选择具体的旅游咨询场景，例如学生作为旅行顾问向客户提供旅游建议。将学生分组，每个小组包含旅游顾问和客户两个角色，确保每个学生都有机会扮演不同的角色。提供相关的旅游资料，包括地图、旅游目的地介绍、住宿信息等，以便学生更好地进行咨询。设计明确的任务，如规定客户的旅行需求和预算，让学生在咨询中能够有目的性地提供信息。学生在小组内进行模拟旅游咨询对话，旅游顾问需要灵活运用语言技能回答客户的问题，并提供专业建议。模拟结束后，进行同伴评价，学生可以互相分享经验，提供建议，并进行讨论。

接着，旅游咨询实战演练的实施步骤。

场景选择：选择一个典型的旅游咨询场景，例如客户想要制订一个欧洲自由行计划。

角色分配：将学生分成旅游顾问和客户两组，确保每组都有机会扮演两个不同的角色。

准备资料：提供相关资料，包括欧洲各国的旅游信息、交通方式、住宿选择等，以便学生在咨询中使用。

设定任务：规定客户的需求，如时间、预算、兴趣爱好等，为旅游顾问提供指导，确保对话有重点。

模拟咨询：学生开始进行模拟旅游咨询对话，旅游顾问需要根据客户的需求提供相关信息，并在对话中展现专业素养。

同伴评价和讨论：模拟结束后，学生进行同伴评价，既分享在对话中的体验，教师也可以就整体表现进行点评和指导。

再次，旅游咨询实战演练的优势与挑战。学生通过实际操作可以提高在旅游咨询中的沟通技巧，可以培养他们解决实际问题的能力。模拟场景让学生更好地理解专业术语，并熟悉行业实践。部分学生可能缺乏实际旅游经验，对一些实际问题的回答可能较为理论化。需要确保模拟场景的设计符合学生的语言水平，避免造成过大的挑战。

（三）提供即时反馈

1.针对发音和语法的即时指导

首先，即时指导在大学英语口语教学中的背景。在英语口语教学中，及时地指导对于学生的语言发展至关重要。特别是在发音和语法方面，及时地纠正有助于学生避免形成错误习惯，提高口语表达的准确性和流利度。

其次，设计针对发音和语法的即时指导的方法。使用录音设备记录学生的口语表达，教师可以通过回放分析学生的发音和语法错误。这有助于更准确地捕捉问题，并提供有针对性的指导。在学生口语表达的过程中，教师可以及时给予反馈。这可以通过口头提醒、标注错误，甚至是实时纠正发音等方式进行。将学生分成小组，在小组中进行口语练习。教师可以在小组活动中巡视，给予每个小组的及时指导，促进学生之间的相互学习。针对每个学生的具体问题，提供个性化的反馈。这可以包括对于特定语音或语法规则的强调，帮助学生有针对性地改进。

接着，针对发音和语法的即时指导的实施步骤。

录音设备准备：教师准备好录音设备，确保可以准确记录学生的口语表达。

学生口语练习：学生进行口语练习，可以是对话、演讲或小组讨论等形式。

教师反馈：教师在学生表达过程中，根据录音或实时观察，给予即时反馈。这包括发音准确性、语法错误等方面的指导。

学生修正：学生根据教师的反馈进行即时修正。教师可以在学生修正的过程中提供额外的解释和指导。

小组分享：学生可以在小组中分享他们的反馈和修正经验，相互学习。

反思总结：教师和学生共同进行口语表达的反思总结，强调需要注意的发音和语法问题，并制订改进计划。

再次，针对发音和语法的即时指导的优势与挑战。学生在错误形成习惯之前得到及时纠正，有助于防止错误固化。可以根据每个学生的具体问题提供个性化的指导，更有效地促进进步。学生在口语表达过程中能够立即了解到自己的问题，更有针对性地进行修正。在口语表达过程中提供即时指导可能受到时间压力的限制，需要教师在有限时间内高效指导。有些学生可能对即时指导感到紧张或抵触，因此需要教师在给予反馈时采用鼓励性语言，提高学生接受指导的积极性。

2.鼓励同学间互相反馈

首先，同学间互相反馈在大学英语口语教学中的背景。在英语口语教学中，学生间互相反馈是一种促使学生更主动、更深入地参与口语练习的方法。通过建立互相反馈的氛围，学生不仅能够从他人的观点中获得启示，还能够更有针对性地改进自己的口语表达。

其次，设计鼓励同学间互相反馈的方法。明确评价标准：在口语练习之前，教师可以明确口语表达的评价标准，包括发音准确性、语法运用、词汇丰富度等。这有助于同学们更具体地进行反馈。

小组合作：将学生分成小组，在小组内进行口语练习。每位学生都有机会发言，其他小组成员可以在发言结束后提供反馈。

指导性问题：教师可以提供一些指导性的问题，引导同学们对口语表达进行深入思考。例如，"你觉得对方的发音有哪些亮点？有哪些可以改进的地方？"

定期评估：设定口语表达的定期评估时间，让同学们有机会全面审视自己的口语表达水平。这有助于培养他们的自我监控意识。

接着，鼓励同学间互相反馈的实施步骤。

明确评价标准：教师在课程开始时明确口语表达的评价标准，并向学生解释评价的目的是帮助大家共同进步。

小组合作：将学生分成小组，每个小组有一个指定的时间进行口语练习。在练习结束后，成员之间进行互相反馈。

指导性问题：教师在口语练习前给出一些指导性的问题，例如关于发音、语法或流利度的问题，引导学生在反馈中更有针对性。

同学间合作：学生之间进行合作，鼓励彼此之间提供建设性的反馈。这有助于建立积极的学习氛围。

定期评估：设定口语表达的定期评估时间，学生可以在这个时间里对自己的表现进行全面的评估，并接受同学的反馈。

再次，鼓励同学间互相反馈的优势与挑战。

促进学生互动：学生通过互相反馈更积极地参与口语练习，增强了课堂的互动性。

多元视角：不同同学可能有不同的看法和观点，通过互相反馈，学生可以接触到多元的语言学习视角。

自我监控：学生通过反馈了解自己的不足，培养了自我监控和自我修正的能力。

挑战：

建立文化：有些学生可能对向同龄人提供反馈感到陌生，需要时间建立一种相互尊重的文化。

反馈质量：学生在提供反馈时可能不够具体，或者过于主观。教师需要引导学生提供具体、客观的反馈。

二、实践中有效的口语教学案例

（一）实际情景模拟

1. 商务会议情景模拟

在商务英语课程中，教师可以设计商务会议的情景模拟。学生被分为不同的角色，包括主持人、销售经理、客户代表等。通过模拟商务谈判和讨论，学生需要运用专业用语、礼仪和沟通技巧，提高在商务场景中的口语表达能力。

2. 社交场合模拟

在社交英语教学中，可以模拟各种社交场合，如派对、聚餐等。学生在不同角色中进行对话，学习礼仪用语、问候语等。这种案例教学能够帮助学生更好地适应日常社交场合，提高口语的地道性和流利度。

（二）角色扮演

1. 职业面试角色扮演

在职业英语课程中，教师可以设计职业面试的角色扮演。学生分别扮演求职者和面试官，进行模拟面试。通过这样的案例教学，学生不仅能够提高口语表达水平，还能够培养面试和求职过程中的语言技能。

2. 旅游咨询角色扮演

设计旅游咨询的角色扮演，学生可以扮演导游和游客，在模拟的旅游咨询对话中提高口语能力。这种案例教学不仅使学生熟悉旅游用语，还可以培养他们在实际情境中运用口语的信心。

三、口语教学与文化交流的结合

（一）跨文化口语任务

1. 文化差异讨论

设计口语任务，让学生讨论不同文化之间的差异，如礼仪、价值观等。通过交流和讨论，学生能够更深入地理解不同文化的口语表达方式，提高他们的跨文化沟通能力。

2. 虚拟文化交流

借助虚拟平台，组织学生进行虚拟文化交流。与海外学生或其他国家的语言学习者进行在线对话，通过共享文化经验和语言实践，拓宽学生的视野，增进他们的跨文化沟通技能。

（二）文化体验活动

1. 参观博物馆

安排口语任务，要求学生在博物馆参观时进行口语交流。通过描述展品、分享感受，学生能够在真实的文化环境中练习口语表达，同时增进对文化的理解。

2. 观赏文化演出

组织学生观赏文化演出，如戏剧、音乐会等。安排口语任务，要求学生在观演后进行口语评论和讨论。这样的文化体验活动既可以提升口语能力，又可以加深学生对文化的感知。

第四节　阅读教学策略

一、提高学生阅读理解能力的方法

（一）选择适当难度的阅读材料

1. 适度挑战激发学习兴趣

教师在选择阅读材料时应确保材料的难度适中，既能激发学生的学习兴趣，又不至于过于艰深难懂。适度挑战能够促使学生更主动地参与阅读，提高他们对阅读任务的投入度。

2. 渐进式难度设置

采用渐进式的难度设置，从简单到复杂、由浅入深，帮助学生逐步提升阅读水平。逐渐增加语法难度、词汇量和句子结构，使学生在挑战中取得阅读理解的成功体验。

（二）进行前置知识引导

1.导入相关背景知识

在阅读前进行相关背景知识的引导，包括文本所涉及的主题、文化背景等。通过导入相关信息，帮助学生建立对文本内容的初步认知，为深入阅读打下基础。

2.词汇预热

在阅读任务前对生词进行预热，通过词汇解释、例句呈现等方式帮助学生理解关键词汇。这有助于提高学生对文本的整体理解，减轻因生词而产生的理解阻碍。

（三）培养快速阅读技能

培养学生扫读、略读和跳读的技能，使其能够快速获取文本中的重要信息。通过训练，提高学生在限定时间内快速理解文本的能力，适应大量阅读任务的学术要求。

1.培养快速阅读技能在大学英语阅读教学中的背景

在大学英语学科中，阅读是一项基本技能，而快速阅读则是在信息爆炸的时代尤为重要。培养学生快速阅读技能不仅有助于他们更高效地获取知识，还能提高他们应对大量阅读任务的能力。

2.设计培养快速阅读技能的方法

（1）确定阅读目标

在进行快速阅读训练之前，明确阅读的目标，如了解主要观点、获取关键信息或解答特定问题。

（2）扫读练习

给定一篇较长的文章，要求学生迅速浏览全文，抓住主题句和段落开头，形成对文章结构和内容的初步认识。

（3）略读练习

针对特定段落或章节，要求学生在短时间内获取文章的主要思想，强调快速理解关键信息。

（4）跳读练习

给学生提供一些问题，要求他们在文章中找到相关答案，强调快速定位信息的能力。

（5）时间管理

对学生进行时间管理的培训，教导他们在限定时间内完成阅读任务，提高效率。

3.培养快速阅读技能的实施步骤

（1）设定阅读任务

教师明确每次训练的阅读任务，如整体了解文章内容、寻找特定信息等。

（2）扫读练习

提供一篇文章，要求学生在短时间内扫读全文，理解文章的大致主题和结构。

（3）略读练习

选定文章中的一个段落或章节，要求学生在有限时间内了解主要观点和信息，强调快速理解重要内容。

（4）跳读练习

提供一些问题，学生需要在文章中迅速找到答案，培养快速定位信息的能力。

（5）集体讨论

学生完成练习后，进行集体讨论，分享各自的阅读策略和发现。教师可以提供反馈和建议。

（6）反馈与改进

教师根据学生的表现提供反馈，强调有效的阅读策略，并帮助学生改进不足。

4.培养快速阅读技能的优势与挑战

（1）优势

提高效率：学生通过培养快速阅读技能，能够更高效地获取信息，适应大量阅读任务的要求。

加深理解：快速阅读不仅注重速度，也有助于培养学生提炼关键信息、把握文章主旨的能力，加深对文本的理解。

应对考试：快速阅读技能对应对考试，特别是时间受限的考试，具有显著的优势。

（2）挑战

深度理解难度：在追求速度的同时，学生可能面临深度理解的挑战，需要平衡速度与理解的关系。

习惯养成：培养快速阅读技能需要一定时间，而学生可能需要一定的时间适应新的学习方式。在培养习惯的过程中，可能会遇到一些学生抵触或感到不适应的情况。

二、针对不同类型文本的教学策略

（一）学术论文的教学策略

1.逐段深度阅读

教师可采用逐段深度阅读的策略，引导学生仔细阅读学术论文，理解作者的观点、论证结构以及专业术语的使用。通过深入分析每一段落，学生能够更全面的理解论文的主旨和核心思想。

2.批判性思维培养

重点培养学生对学术文献的批判性思考能力。教师可以引导学生提出问题、质疑论点，并促使他们形成独立见解。通过讨论和辩论，激发学生对学术文本的深度思考。

3.专业术语解释

注重解释学科专业术语，帮助学生理解论文中的专业术语和方法论。这有助于学生更好地把握学科内涵，提高他们在阅读学术论文时的理解深度。

（二）新闻报道的教学策略

1.快速浏览和关键信息捕捉

教师可进行快速浏览和关键信息捕捉的训练，培养学生迅速获取新闻报道核心信息的能力。通过有效的导读技巧，学生能够在短时间内获取新闻的主题、要点和关键信息。

2.信息处理和理解能力强化

强调新闻报道中信息的处理和理解能力。教师可以设计相关任务，让学生从新闻文本中获取事实、判断事件关联性，并形成对新闻事件的整体理解。这有助于提高学生在信息社会中的综合素养。

（三）阅读教学与批判性思维的培养

1.提问引导思考

（1）设计引导性问题

在阅读教学中，教师应设计引导性问题，要求学生对所读文本进行深入思考。这些问题旨在引导学生分析、评估和提出自己的见解，而非简单回答。通过这样的设计，激发学生的主动思考和学术好奇心，培养他们对文本的深层理解。

（2）促进多层次思考

问题的设计应该促进多层次的思考，包括事实性的理解、解释性的分析以及评价性的判断。这样有助于学生在阅读过程中逐步培养批判性思维，提高对文本的全面理解。

2.讨论和写作实践

（1）小组讨论的组织

组织学生进行小组讨论，通过交流和碰撞思想，激发批判性思维。在讨论中，学生可以分享彼此的理解和观点，从而拓宽自己的视野。教师可以适时介入，提出深入的问题，引导学生深度思考。

（2）写作表达批判性思考

鼓励学生通过写作表达对文本的批判性思考。写作是培养批判性思维的有效手段，学生通过将思考整理成文字，不仅能够加深对文本的理解，还能提高表达能力。教师可以给予及时地反馈，帮助学生进一步完善批判性思维的表达方式。

第五节　写作教学策略

一、提升学生写作水平的具体方法

（一）定期写作训练

1.定期组织写作训练

定期组织学生进行写作训练，设置多样主题和形式的写作任务，覆盖不同写作类型，如议论文、说明文、记叙文等。这样的多样性能够激发学生的创作兴趣，提高他们面对不同写作挑战的能力。

2.循序渐进，逐步提升难度

写作训练难度首先应循序渐进，从简单到复杂，逐步提高。初始阶段，侧重基础写作技能的训练，如语法、拼写。其次逐步引入更高层次的写作要素，如论点构建、逻辑展开等，确保学生在每个阶段都能够获得实质性的提升。

3.定期评价与反馈

定期评价学生的写作作品，不仅仅关注表面性问题，还要注重写作质量的方面。提供具体、实时的反馈，帮助学生理解自身优势和不足，引导他们有针对性地改进。评价应注重肯定合逻辑性、清晰度等方面的表现，同时指出学生可以改进的地方，使反馈更具启发性。

（二）逐步引导写作过程

1.确定主题与构建提纲

引导学生在写作前仔细确定写作主题，明确中心思想。在确定主题的基础上，教师可以指导学生构建合理的提纲，确保论点有机衔接，整体结构合理。

2.展开论述与提高逻辑性

在写作过程中，鼓励学生展开充实地论述，确保每个段落都围绕中心思想展开。教师可以引导学生通过例证、引用等方式提供有力支持，同时注重逻辑性，使论述条理清晰、严密。

3.进行修改与润色

教师应教导学生重视修改与润色的过程。通过修改，学生可以发现并纠正自己在表达、逻辑、用词上的问题。同时，提倡学生在修改时注重语言的精炼和优美，以提高写作的表达水平。

（三）提供实时反馈

1.全面而具体地反馈

提供实时反馈时，要确保反馈内容全面而具体。不仅要指出语法、拼写等细节性问题，更要对论证的合理性、逻辑结构的完整性等方面进行深入评价。这有助于学生全面了解自己的写作水平，促使其有目标地改进。

2.鼓励学生自我评价

在反馈的同时，鼓励学生对自己的作品进行自我评价。通过自我评价，学生可以更深入地思考自己写作的优势和不足，形成对写作能力的更全面认识，从而更有动力地进行下一轮的写作训练。

二、针对不同写作类型的教学策略

（一）议论文写作

1.逻辑结构与论证技巧

教师在议论文写作教学中应强调逻辑结构和论证技巧的培养。通过分析优秀的议论文范例，引导学生理解论点之间的关联，学会构建清晰而有力的逻辑链条。训练学生进行有力地论证，注重证据的充分性和说服力。通过实际案例演练，提高学生在论证层面的写作水平。

2.辩证论证与对立观点处理

教师应引导学生在议论文中进行辩证论证，善于处理对立观点。通过分析不同观点的合理性，培养学生在文章中全面呈现争论焦点，并提供恰当而有力的回应。这有助于学生形成更为成熟的思考和表达能力。

3.论据权威性与可信度分析

在教学中，教师应引导学生辨析论据的权威性和可信度。通过对真实案例的分析，让学生学会判断信息来源的权威性，提高他们在写作中选择合适论据的能力。这有助于增强文章的说服力和可信度。

（二）描述性文章写作

1.形象描写与语言表达

在描述型文章写作中，教师应注重培养学生的形象描写和语言表达能力。通过引导学生运用生动的词汇、恰如其分的修辞手法，使文章充满生气和情感。通过分析经典的描述型作品，激发学生对语言表达的独特见解。

2.丰富细节与感官体验

教师在教学中要强调丰富细节和感官体验的呈现。通过实际案例的分析和模仿，让学生深刻理解描述型文章中细致入微的描写和感官的体验，培养他们运用多样的细节表达手法，使文章更加具体、生动。

3.情感表达与读者共鸣

教师应指导学生在描述性写作中注重情感表达，通过深入的情感描绘引起读者共鸣。通过学习经典作品，让学生理解作者如何通过语言传递情感，培养他们抓住读者心理的能力。

三、写作教学与跨学科能力的培养

（一）设计跨学科写作任务

1.任务设置的多样性

教师在设计跨学科写作任务时，应注重任务的多样性，涵盖不同学科领域。通过引入科学、社会学、技术等方面的写作内容，学生能够在跨学科的实际情境中运用英语进行写作。例如，教师可以设计要求学生撰写关于科技创新对社会的影响的论文，旨在培养学生在多领域进行思考和表达的能力。

2.合作与交流的跨学科性

鼓励学生在写作过程中进行合作与交流，跨学科合作项目的设计有助于拓宽学生的学科视野。通过与其他学科领域的同学合作，学生可以接触到不同领域的专业术语和思维方式，培养跨学科合作的能力。

（二）强调综合素养培养

1.信息检索与文献综述的训练

在写作教学中，强调学生的信息检索和文献综述能力。教师设计任务时可以要求学生进行独立的文献调查，通过查阅多学科的文献，培养学生获取各类信息的能力。通过整理文献，学生能够更好地理解和把握跨学科写作所需的知识。

2.学术规范与论文结构的教导

在跨学科写作中，注重培养学生的学术规范和论文结构的掌握。教师应引导学生了解不同学科的写作规范和结构，帮助他们撰写具备学术水准的论文。通过写作过程中的规范要求，学生可以更好地适应不同学科的写作风格，提高跨学科写作的水平。

第六节　翻译教学策略

一、翻译在大学英语课程中的地位

（一）强调翻译的重要性

1.翻译的核心地位

在大学英语课程中，翻译被赋予核心地位，旨在培养学生对语言和文化的深刻理解。这一重要性体现在翻译不仅仅是一种语言技能的训练，更是促进不同文化之间深刻交流的桥梁。

2.语言与文化的融合

通过翻译任务，学生得以深入研究英汉两种语言之间的差异。这种深度的语言对比不仅促使学生更全面地理解语言结构，还可以激发其对文化背景的浓厚兴趣。

（二）文化交流的角度

1.翻译作为文化交流工具

将翻译视为一种文化交流工具，教师在课程中引导学生从跨文化的角度思考翻译。这种角度使学生超越单纯的语法对比，更专注于不同语境下的表达方式，从而加深对两种语言所承载文化内涵的理解。

2.提升跨文化交流能力

通过对比不同语境下的表达方式，学生不仅能够更深入地了解两种语言的文化内涵，还能提升跨文化交流的能力。这种培养对学生未来从事国际交流与合作具有积极意义。

二、翻译教学的具体策略

（一）渐进式任务设计

1.基础阶段任务

在翻译教学的初期，通过基础阶段任务，学生将进行简单的单词和短语翻译。这一阶段旨在帮助学生建立起对基础语言单位的准确翻译能力。

2.过渡到复杂任务

随着学生逐渐熟悉基础翻译，任务逐渐过渡到更复杂的句子和段落翻译。这一渐进式设计旨在让学生逐步挑战更高难度的翻译任务，培养其系统的翻译技能。

（二）语境结合教学

1.翻译的文化背景介绍

结合语境进行翻译教学时，教师应向学生介绍翻译的文化背景和特点。通过深入分析源语言和目标语言的语境，学生能够更准确地理解翻译的含义和表达方式。

2.提高对语境的敏感性

这种教学策略旨在提高学生对语境的敏感性，使他们能够在翻译过程中更好地把握文化差异。通过对语境的细致分析，学生不仅能提高翻译的准确性，还能使翻译更富有表达力和流畅度。

三、翻译与跨文化交流的关系

（一）实例展示文化差异

1.翻译实例的选择

首先，翻译实例的选择应注重文本的代表性。在课堂教学中，教师可以选取来自不同文学作品、新闻报道或日常用语中的翻译实例。这样的选择涵盖不同领域和语境，有助于学生理解翻译在多领域、多语境中的应用。例如，从文学作品中选取富有诗意表达的句子，从新闻报道中选取具体事实陈述，再从日常用语中选取习语和口头表达，形成全面而具体的实例。

其次，选择具有挑战性的翻译实例。这样的实例可以包括涉及特定领域专业术语、文化内涵深厚的语句，或者是存在歧义性的表达。通过挑战性的实例，学生能够更好地理解翻译的复杂性，培养解决问题的能力。例如，选取涉及法律、医学等专业领域的文章，或者包含文化隐喻的句子，激发学生对文化差异的思考。

再次，注重涵盖不同语言之间的对比。选择涉及英汉、汉英之间的翻译实例，使学生能够在比较中感知不同语言体系的差异。这有助于培养学生的双语思维，提高他们在跨文化交流中的适应性。例如，选取一个包含独特中文习语的句子，要求学生进行英文表达，或者反之，选取一个英文的习语，要求学生进行中文翻译。

最后，将实例嵌入真实语境中。为了增加实例的真实性，教师可以选择来自真实生活、媒体报道、文学作品等具体语境的翻译实例。这有助于学生更好地理解翻译与实际语言运用的关系，提高他们的应用能力。例如，选取一则新闻报道中的引语，或者一段对话来自影视剧，要求学生进行翻译。

2.比较源语言和目标语言

首先，深入比较源语言和目标语言的词汇和表达方式。通过对比源语言和目标语言中的具体词汇选择和表达方式，学生可以观察到不同文化对相同概念的表述差异。例如，中文中可能使用成语表达某一概念，而英文可能采用更直接的措辞。这种比较能够让学生认识到语言之间的文化差异，培养他们对词汇选择的敏感性。

其次，分析源语言和目标语言的句法结构。语法结构在不同语言中有着显著的区别，而这种差异在翻译中常常是挑战之一。通过比较源语言和目标语言句子的结构，学生可以发现不同语言之间对信息组织和语法规则的不同理解。这种比较有助于培养学生对语法结构的敏感性，提高他们在翻译中的准确性。

再次，关注文化内涵和习惯用语。文化内涵和习惯用语往往是语境差异的主要体现。学生可以比较源语言和目标语言中涉及文化内涵的表达方式，例如，不同国家的传统习俗、宗教信仰等。同时，习惯用语的选择是文化交流中常见的翻译问题，学生需要通过对比理解这些差异，提高他们在文化因素处理上的能力。

最后，考虑语境中的语用学差异。语境中的语用学差异包括了在特定语境下语言的使用方式和含义。通过比较源语言和目标语言在语用学上的不同，学生可以更好地理解在不同文化环境下语言的实际运用。这种比较有助于培养学生对语境因素的敏感性，提高他们在实际翻译中的流畅度。

（二）文化背景的讲解

1.引入习语和俚语

首先，引入习语的概念和作用。在翻译教学中，教师应当向学生解释习语的概念和其在语言中的特殊作用。习语是一种在语境中具有特殊含义的表达方式，通常不能从字面上理解。这些习语往往源于文化、历史或社会背景，因此在翻译过程中，学生需要更深入地了解习语的文化内涵，以准确传达其含义。

其次，分析习语的文化内涵。在教学中，应深入分析涉及的习语，并阐明其背后的文化内涵。通过对习语的历史、起源和在不同文化中的使用情况进行解释，学生能够更好地理解习语的真实含义。这有助于培养学生对文化差异的敏感性，使其在翻译中更富有文化适应性。

再次，介绍俚语的特点及使用场景。除了习语，俚语也是需要重点关注的语言元素。俚语是一种非正式的、常见于口语交流中的表达方式，通常在正式文体中较少使用。教师应当向学生介绍俚语的特点，强调其在特定社会群体中的使用场景。通过对俚语的解读，学生可以更好地把握语言的真实运用，提高翻译的地道性。

最后，通过案例分析演示翻译习语和俚语的方法。在教学过程中，可以通过具体案例演示如何翻译涉及习语和俚语的文本。通过逐步分析案例，解释其中的习语和俚语，并指导学生如何在翻译中处理这些语言元素，以确保翻译既准确又富有表达力。这样的案例分析有助于学生更深刻地理解习语和俚语的翻译原则，提高他们的翻译水平。

2.注重文化因素的考虑

首先，引导学生思考文化因素对翻译的根本影响。在翻译教学中，教师需要向学生明确文化因素对翻译的根本性影响，包括语境的差异、文化特有的语言表达方式、习惯用语等。教师可以通过实例和理论解释，帮助学生认识到文化因素不仅仅是语言的背景，更是决定表达方式和语义的重要因素。

其次，示范如何在翻译中考虑文化因素。通过具体实例的示范，教师可以展示在翻译过程中如何主动考虑文化因素。这可以包括对于具体词汇、习语、文化隐喻的解释，以及如何在目标语言中找到最合适的文化等效表达。示范的过程中，学生将能够感受到文化因素在翻译中的重要性，理解不同文化背景对翻译选择的影响。

再次，让学生参与文化背景分析。教师可以设计一些练习，让学生主动参与文化背景的分析。通过提供一些包含文化内涵的翻译任务，鼓励学生通过研读相关背景材料、咨询专业人士等方式，主动了解源语言和目标语言所属文化的差异，从而更好地进行翻译。

最后，强调文化因素在跨文化交流中的适应性和应变能力。在教学结尾，教师可以强调学生通过主动考虑文化因素培养的适应性和应变能力。这些能力不仅在翻译任务中有所体现，也将在学生未来的跨文化交流中发挥重要作用。学生将认识到，通过对文化因素的深入思考，他们不仅仅是语言的传播者，更是文化的传递者。

第五章　大学英语教学方法

第一节　任务型教学法

一、任务型教学法的基本理念

（一）理念概述

任务型教学法作为一种现代语言教学方法，其核心理念是通过实际任务激发学生的学习兴趣，提高他们的语言运用能力。相较传统的以语法为中心的教学，任务型教学更强调语言在人际沟通中的应用，该理念下的教学注重培养学生的综合语言技能，使他们能够更好地适应实际语境。

（二）任务型教学的特点

1.实际运用能力突出

首先，任务型教学的核心理念在于强调学生在真实任务中的语言运用能力。通过完成具体任务，学生不仅仅是被动接收知识，更是在实际场景中运用所学语言技能。在任务型教学的框架下，学生要面对的是真实的问题和情境。这些问题可能模拟日常生活中的沟通、工作中的合作或是其他实际语境。通过解决这些问题，学生被迫在语言上进行思考和表达。这种实际任务的形式使学生更加专注于语言的实际运用，而不仅仅是死记硬背。

其次，学生在任务型教学中完成具体任务，这种经历可以提高他们的语言表达和理解水平。通过面对实际问题，学生需要使用各种语言技能，包括听、说、读、写等方面。例如，在一个模拟的商务谈判任务中，学生需要运用专业用语进行口头表达，理解对方的观点，书写相关文件。这样的任务可以全面锻炼他们的语言技能。

再次，实际任务的完成要求学生在语言运用中达到更高的水平。他们需要思考如何清晰地表达自己的观点，如何有效地与他人交流，如何应对复杂情境下的语言挑战。这种在实际问题中的锻炼，可以培养学生在语言表达和理解方面更为自信与娴熟的能力。

最后，实际任务不仅仅是对语法和词汇的机械运用，更是对语言运用能力的全面考验。在任务型教学中的实际任务中，培养学生适应不同语境的能力，提高他们在各种真实情境中的语言表达水平。

2.任务驱动学习

首先，任务驱动学习将任务置于学习的核心。任务不仅仅是学习的手段，更是学生达到语言学习目标的关键。通过将任务置于中心位置，教学注重实际问题的解决，使学生可以在问题解决的过程中深度学习语言知识。在任务型教学中，任务被精心设计以满足特定的语言学习目标。这些任务既可能是模拟真实生活中的情境，如购物、旅行、工作等，也可能是特定领域的专业任务，如商务会议、学术研究等。通过面对这些任务，学生不仅仅是学习语言，更是通过运用语言解决实际问题，使语言学习更加具体和有针对性。

其次，任务驱动学习强调任务的实践性。通过实际任务的完成，学生获得的是实际运用语言的经验。这种实践性使学生能够更好地适应真实语境中的语言需求，从而培养他们在实际沟通中的语言运用能力。通过实际任务，学生学会了如何在特定情境下运用语言进行交流。这种实践性的经验不仅使学生在任务解决中学到了语言，还可以让他们在实际应用中更加游刃有余。

再次，任务驱动学习注重学习的具体性。任务的设计常常围绕特定的语言点展开，使学习更加有针对性。例如，在任务中可能涉及某一语法结构、特定词汇的运用，或是特殊语境下的交际技能。这样的具体性使学生在任务中更加专注于学习的具体细节。

最后，任务驱动学习通过实际任务的完成，使学生在问题解决的过程中深度学习。这种深度学习不仅仅包括对语法和词汇的理解，还包括对语言背后的文化、社交因素的思考。通过任务驱动学习，学生可以培养期跨文化交际的能力，使他们在实际生活中更具有语境敏感性。

3.强调学习过程体验

首先，任务型教学赋予学习过程以深刻的体验。传统的教学模式往往注重学习结果，而任务型教学更注重学习的过程。通过将学生置于实际问题的解决过程中，学生不仅仅是为了得到正确的答案而学习，更是为了得到在解决问题的过程中所体验到的学习乐趣。在任务型教学中，学生通过合作、交流、讨论等方式参与学习，使学习不再是单一地知识灌输，而是一个充满互动和体验的过程。学生在解决问题的过程中，不仅获得了语言知识，还体验到了学习的乐趣，激发了他们的学习兴趣。

其次，任务型教学注重合作与交流的体验。通过小组合作完成任务，学生在互动中分享思想、交流观点，增强了学习的社交性。这种合作体验不仅可以培养学生建立起团队合作的精神，还可以促进他们对多元文化背景的尊重和理解。学生在合作中学到了如何有效沟通、协调团队成员之间的关系，培养了解决问题的团队意识。这种社交性的体验不仅可以提高学生的语言运用能力，还可以培养他们的团队协作和领导能力。

再次，任务型教学通过实际任务地完成，强调学习的实践性体验。学生在解决问题的实际过程中，不仅让理论知识得到了应用，还体验到了学习的实际应用场景。这种实践性的体验使学生能够更好地适应真实语境中的语言需求。实际任务的完成不仅是对知识的应用，更是对实际问题的解决。学生通过实际任务的完成，不仅在知识层面上获得了丰富的经验，还在实践中体验到了学习的深度和广度。

最后，任务型教学强调学习过程的体验，使学生在实际问题的解决中获得了深刻的乐趣。学习不再是单调地接受知识，而是一个充满探索、合作和实践的过程。这样的体验不仅激发了学生的学习兴趣，也培养了他们持续学习的动力。

4. 合作与体验为重

首先，任务型教学强调合作的首要性。在任务型教学中，学生通常被分成小组，共同完成一个具体的任务。这种合作模式不仅促进了学生之间的相互交流和合作，还培养了团队协作的精神。通过共同解决问题，学生在交流中学到了如何有效地表达自己的观点，如何倾听他人的意见，从而培养他们良好的沟通和合作技能。

其次，任务型教学注重学习过程中的体验。学生在合作中不仅仅是完成任务的执行者，更是在实践中体验到学习的过程。这种体验不仅包括了知识的应用，还涵盖了团队协作、决策制定等方面的实际体验。学生通过合作，亲身感受到了学习的深度和广度，激发了他们对知识的深入理解和对学科的浓厚兴趣。

再次，任务型教学通过合作强调了个体和集体的关系。在小组合作中，每个学生都承担着特定的责任，而这些责任的履行不仅影响个体的学习效果，也直接关系到整个小组的任务完成情况。学生通过合作体验到了个体与集体之间的关联，体会到了个体努力对整体目标的重要性。这种体验培养了学生的团队协作精神和责任心，使他们在团队中可以更好地发挥个体的优势。

最后，任务型教学注重在实际任务中培养学生的实际能力。合作不仅仅是为了完成一个学科任务，更是为了培养学生在实际工作和生活中所需的综合能力。通过合作完成任务，学生能够在实践中学到如何协调资源、合理分工、有效沟通等实际技能，这对他们未来的职业发展和社会融入都具有重要价值。

二、任务型教学在大学英语中的应用

（一）任务型教学在听说读写方面上综合应用

1. 理念概述

任务型教学作为一种广泛应用于大学英语教学的方法，在听说读写的综合训练中具有独特的理念和实践方法。首先，任务型教学的核心理念在于通过真实的语言任务，激发学生的学习兴趣和动力。这种方法不仅关注语法和词汇的学习，更注重学生在实际语境中的运用能力。通过设置丰富多样的任务，学生能够在模拟真实生活场景的情境中学习和运用英语，从而培养他们更为全面的语言技能。

其次，任务型教学注重学生的语境感知和实际运用能力。传统的英语教学往往以课本为主，侧重语法规则和词汇的传授，而任务型教学则更注重学生在实际交际中的运用。学生通过完成各种任务，如角色扮演、小组合作等，不仅能够感知语境，还能够在实践中灵活运用所学知识。这种注重实际运用的教学方法有助于学生更好地适应真实语境，并提高他们的语言应用能力。

再次，任务型教学在听说读写的综合训练中赋予学生更多解决问题的机会。通过设置具体任务，学生需要在语言学习的过程中解决各种问题，这有助于培养他们解决问题的能力和创造性思维。任务型教学不仅仅是对语言知识的传授，更是对学生综合运用能力的锻炼。学生在解决实际问题的过程中，不仅提升了语言水平，还培养了实际应用能力，使他们更好地适应社会需求。

最后，任务型教学可以通过任务的设计使学生全面提升英语能力。任务不仅仅是对某一语言技能的训练，还是综合性的。在任务型教学中，一个任务可能涉及听、说、读、写等多种语言技能，学生需要全面运用各项技能完成任务。这种综合性的训练有助于学生在不同语言技能上取得均衡发展，避免过度强调某一方面的不平衡发展。通过这种方式，学生能够更全面、更灵活地运用英语。

2.听说读写的融合

首先，任务型教学的听说读写融合体现在其对任务的设计上。任务并非单一地强调某一语言技能，而是以听说读写为有机整体，通过任务的设立使学生在实际语境中全面运用英语。一个典型的例子是设计一个小组讨论任务，其中学生应倾听他人的观点，进行口头表达，然后通过阅读相关材料进一步丰富自己的知识，最终以写作形式总结和归纳小组讨论的结论。这种任务的设置促使学生在不同的语言技能上实现有机融合，同时培养他们在多层次、多模式下的语言运用能力。

其次，任务型教学的听说读写融合在于强调任务的真实性和综合性。任务不仅仅是对语言技能的简单训练，而是仿真真实生活中的情境，要求学生在解决问题的过程中运用多种语言技能。这种真实性和综合性的任务设计，如模拟商务谈判、参与学术研讨等，使学生能够在实际情境中更好地运用所学的听说读写技能。通过这样的任务，学生既提升了语言技能，又培养了实际应用和沟通能力。

再次，任务型教学的听说读写融合强调了学生在任务完成中的交际能力。在任务型教学中，学生往往需要与他人合作、交流、辩论，这有助于培养他们的团队协作和跨文化交际能力。例如，在一个小组项目中，学生可能需要共同决策、互相倾听、共同解决问题，这种交际过程对他们的口头表达和听力理解能力都是一种有效的锻炼。这种强调交际的任务设计有助于培养学生在真实社会中更为灵活和有效地运用英语的能力。

最后，任务型教学的听说读写融合体现在对语言技能的综合性训练上。通过综合性的任务，学生不仅在完成任务的过程中提升了听、说、读、写等各项语言技能，同时也实现了这些技能之间的互动和衔接。例如，一个项目性的任务可能要求学生应通过听力理解获得信息，然后通过口头表达分享观点，接着通过阅读进一步深入了解相关知识，最终通过写作形式整合和总结。这样的任务使学生能够在一个项目中全面发展各项语言技能，形成更为完整的语言应用能力。

（二）任务型教学与课程目标的契合

1.任务目标明确

首先，任务型教学与课程目标之间的紧密契合体现在明确的任务目标上。在任务型教学中，任务目标是课程设计的核心，通过具体、明确的目标，教师能够有效引导学生朝着课程设定的语言水平和能力目标迈进。例如，设定一个听力任务的目标是学生能够在特定场景下听懂并理解英语对话，而对应的口语任务目标是学生能够用流利的口语表达自己的观点。这种明确的任务目标有助于确保教学活动的针对性和有效性。

其次，任务型教学通过明确任务目标促使学生参与到具体的语言任务中。任务目标的明确性使学生清晰了解他们需要达到的标准，从而更加有目的地投入任务中。例如，一个书面写作的任务目标可能是要求学生能够以清晰、连贯的方式表达自己的观点，并运用所学的语法和词汇。学生在任务目标的指导下，能够更加有针对性地进行写作训练，提高自己的写作水平。任务目标的明确性有助于激发学生的学习兴趣和主动性，使他们更加积极地参与到语言任务中。

再次，任务型教学的任务目标紧密关联课程目标，有助于教师更好地评估学生的学习成果。通过明确的任务目标，教师能够更精准地设计评价标准，对学生在任务完成过程中的表现进行全面评估。例如，在一个口语表达的任务中，任务目标可能包括发音准确性、语法运用、词汇丰富度等方面，教师可以根据这些目标对学生的口语表达进行有针对性的评价。任务目标的明确性有助于建立科学、客观的评价体系，为学生提供准确的反馈，促使其更好地发展语言技能。

最后，任务型教学通过任务目标的明确设定，推动了课程的系统性和有机性发展。在整个课程中，每个任务都可以被看作是实现某一语言技能或能力目标的一步，这些目标相互关联、相互支持，形成一个有机的整体。例如，在一个项目型的任务中，学生可能需要进行听力训练、口语表达、阅读理解和书面写作等多个环节，这些环节共同促使学生可以在多项语言技能上实现全面发展。任务目标的设定使得课程变得更有层次、更有条理，有助于学生系统性掌握语言知识和技能。

2. 任务与课程内容的结合

首先，任务型教学在任务设计中注重将课程内容融入实际任务，使学生在任务完成的过程中能够自然地掌握相关语言要点。这一融合的方式有助于打破传统语言教学中知识点和实际运用之间的隔阂。例如，考虑设计一个口语任务，教师可以在任务中巧妙地嵌入目标语言的语法结构或词汇，使学生在真实的交际情境中运用这些知识点。通过这样的任务设计，学生不仅能够完成任务，还能够在实践中理解和应用相关语言要点，提高知识的实用性和记忆深度。

其次，任务型教学通过任务与课程内容的结合，强调了语言学习的实际应用性。任务不再是简单地完成一道练习题，而是涵盖了更为广泛的语言知识和技能。例如，在一个项目性任务中，学生可能需要运用到多个语言层面，包括听说读写等多项技能，并且需要掌握相关的语法、词汇和表达方式。这种综合性的任务设计使学生在实际应用中更全面地掌握语言内容，从而培养他们在多样语境下的语言运用能力。

再次，任务型教学强调课程内容的贴近实际生活，并将实际情境融入任务中。例如，在一个购物对话的任务中，学生不仅需要学会描述商品和进行价格谈判，还需要掌握相关的购物用语和文化背景知识。这样的任务设计不仅有助于学生理解语言的实际运用，同时也可以培养他们在真实生活场景中运用语言的能力。任务与实际生活的结合不仅使语言学习更有趣味性，也使学生更容易将学到的内容迁移到实际应用中。

最后，任务型教学通过任务与课程内容的结合，鼓励学生在任务完成中进行自主学习。任务型教学强调学生在任务中的主动性和自主性，使其在实际问题解决的过程中主动查找、运用相关的语言知识。例如，在一个调查报告的任务中，学生可能需要独立收集信息、分析数据，并用书面形式表达调查结果。这种任务要求学生主动运用相关课程内容，促使他们在解决问题的过程中进行深度学习。通过这样的自主学习方式，学生更容易理解和应用课程内容，形成更为牢固的语言基础。

三、学生参与任务设计的方式

任务型教学强调学生的主动参与，将其置于学习的核心地位。在任务设计中，学生不仅仅是任务的执行者，更是任务的参与者和设计者。这一角色安排旨在激发学生学习兴趣，培养其自主学习的意识。

（一）教师引导与学生合作

1.教师的引导角色

首先，任务型教学中教师的引导角色体现在任务的设计和规划上。教师不仅要传递知识，更要充当设计者的角色，与学生共同设计能够促进语言学习的任务。一是教师需要深入了解学生的学习需求和水平，根据这些信息设计切实可行的任务。二是教师要确保任务的难度适中，能够激发学生的学习兴趣，同时又不至于过于困难而导致其有挫折感。通过合作设计任务，教师能够更好地满足学生的个性化需求，提高任务的更具针对性，从而更有效地引导学生的学习过程。

其次，教师在任务型教学中的引导角色表现在对学生学习过程的灵活指导。与传统的教学相比，任务型教学更强调学生的自主学习和合作学习。教师在这一过程中不再是单纯地知识传递者，而是灵活地根据学生的学习情况进行指导。这包括在学生进行任务的过程中，及时给予反馈，指导他们在解决问题、完成任务的过程中发展语言技能。通过灵活地引导，教师能够更好地适应学生的学习需求，激发他们的学习兴趣，帮助他们更好地完成任务。

再次，任务型教学中的教师引导角色体现在激发学生创造性思维和提高其学术能力上。任务型教学强调培养学生的综合应用能力，鼓励他们在解决问题和完成任务的过程中发挥创造性。教师要引导学生在任务中运用所学的语言知识，同时激发他们的思考和创新能力。例如，在一个小组讨论的任务中，教师可以通过提问、激发思考等方式引导学生深入探讨问题，拓展他们的思维广度和深度。这种引导角色有助于培养学生的批判性思维和创造性表达，使他们可以更好地运用语言解决实际问题。

最后，任务型教学中的教师引导角色表现在促进学生间的合作与互动中。任务型教学强调学生间的合作学习，教师需要成为合作的组织者和引导者。一是教师可以通过小组讨论、合作项目等方式促使学生之间展开合作。二是教师要及时给予团队反馈，鼓励团队成员之间的互动与合作。通过引导学生间的有效合作，教师能够促使他们在任务中更好地分享知识、交流观点，共同完成学习任务。这样的引导角色不仅有助于学生培养团队协作精神，也促进了语言技能的综合提升。

2. 合作式设计任务

首先，合作式设计任务体现在任务目标的共同制定上。在任务型教学中，任务目标的明确性对学生的学习至关重要。教师与学生可以共同商讨任务的具体目标，以确保任务既能够满足教学大纲的要求，又能够符合学生的学习需求和兴趣。这种合作式设计可以确保任务目标的合理性和实际性，使学生更好地理解任务的意义和价值，从而更主动地参与到任务中。

其次，合作式设计任务强调任务内容的共同规划。教师与学生可以一起讨论和确定任务所涉及的具体内容，包括语言点、语法知识、词汇等。在这个过程中，教师可以根据学生的水平和兴趣调整任务的难度及内容，确保任务既具有挑战性，又能够在学生的能力范围内完成。这种合作式设计有助于形成有趣而富有教育意义的任务，使学生更愿意投入到学习中，并激发他们的学习动机。

再次，合作式设计任务体现在任务形式和结构的共同制定上。教师与学生可以共同探讨任务的形式，包括口头表达、书面写作、小组讨论等。通过学生参与任务形式的选择，教师能够更好地满足学生的个性化需求，提高任务的吸引力。此外，教师与学生也可以共同制定任务，包括任务的步骤、时间安排等。这种合作式设计有助于学生更好地理解任务的整体结构，提高他们在任务完成过程中的组织和协调能力。

最后，合作式设计任务强调教师与学生在任务过程中的互动与反馈。教师不仅仅是任务的设计者，更是学习过程中的引导者。在任务进行的过程中，教师与学生可以保持紧密的沟通，及时给予反馈和指导。通过与学生的互动，教师能够更好地了解学生在任务中的困难和问题，有针对性地进行指导和支持。这种互动不仅有助于任务的顺利进行，也有助于学生更全面地理解和运用所学的语言知识。

3. 学生的主动性与自主性

首先，通过合作设计任务，学生的主动性得到有效培养。在任务型教学中，学生不再是被动接收知识的对象，而是参与任务设计的过程中的主体。学生有机会选择任务中的主题，这种选择权激发了他们对学习的兴趣和动力。例如，如果一个任务是关于社会问题的调查报告，学生可以选择自己感兴趣的社会问题进行研究，从而更加投入任务中。这样的选择过程不仅使学生对任务更感兴趣，也激发了他们的学习动机。

其次，合作设计任务使学生在学习中发挥更大的自主性。学生不仅可以选择任务的主题，还可以参与确定任务的形式、结构以及所需的资源。在任务设计的过程中，学生需要自主决策、协商合作，这种自主性的培养有助于提高学生的学术自觉性和问题解决能力。例如，在一个小组项目中，学生需要自主分工、协同合作，同时安排任务进度，这样的自主性可以培养他们在学术合作和自我管理方面的能力。

再次，学生的主动性通过任务设计过程中的反思和调整得到进一步加强。在任务完成后，学生有机会对整个学习过程进行反思，包括任务设计的合理性、自身在任务中的表现等。这种反思不仅可以促使学生对自己的学习过程有更深刻的认识，还有助于他们在未来的学习中做出更明智的决策。例如，在一个口语表达的任务中，学生可以通过观察他们在讨论中的表现，反思自己的语言运用能力，进而调整学习策略，提高口语表达的水平。这样的反思和调整过程可以培养学生对学习的主动掌控能力。

最后，通过合作设计任务，学生可以在解决问题和独立思考方面得到有效锻炼。在任务型教学中，学生往往需要面对现实情境中的问题，运用所学的知识和技能解决这些问题。这种实际问题解决的过程可以培养学生的批判性思维和创造性解决问题的能力。例如，在一个实地调查的任务中，学生需要收集数据、分析问题，并提出解决方案，这样的任务锻炼了他们的独立思考和解决问题的能力。这种主动性的锻炼使学生不仅具备面对复杂问题时的应变能力，还可以培养他们在未来学习和工作中的综合应用能力。

（二）学生参与任务设计的方式

1. 小组合作设计

第一，小组合作设计任务为学生提供了有机的合作平台。在小组中，学生能够共同讨论并选择感兴趣的主题，从而培养他们在协作和团队合作方面的能力。首先，小组设计任务的过程本身就是一项协作的实践。其次，学生需要共同商讨、协商，并在集体决策中展现出团队协作的精神。例如，在确定任务主题时，小组成员可能会有不同的意见，通过充分的讨论和协商，他们可以达成共识，培养其在团队中有效沟通和协作的能力。

第二，小组合作设计任务激发了学生的主动性和创造性思维。在小组中，学生有更多的空间去发挥自己的创意，共同设计符合任务目标的独特任务。首先，每个小组可以根据自己的兴趣和特长，选择与之相关的主体，这有助于提高学生对任务的投入度。其次，学生可以共同探讨任务的具体形式，包括任务步骤、要求以及所需资源等。通过这个过程，学生不仅培养了解决问题的能力，还促进了创新思维的发展，使任务更富有多样性和创意性。

第三，小组合作设计任务提供了学生在不同语言技能上的综合性训练内容。在小组设计任务中，学生可以根据任务的综合性要求，包括听说读写各个方面的训练，形成全面的语言能力。首先，小组可以设立不同的任务步骤，涵盖了听力训练、口语表达、阅读理解和书面写作等多项语言技能。其次，学生在小组中可以共同分担任务，如某个成员负责听力材料的策划，另一位成员负责口语表达的设计，从而在合作过程中全面提升各项语言技能。这种综合性的训练不仅有助于学生更全面地掌握语言知识，也促使他们在实际运用中更灵活地运用这些技能。

第四，小组合作设计任务培养了学生在团队中的责任心和领导力。在小组中，学生们不仅仅是任务的参与者，还是任务的设计者和执行者。首先，每位小组成员需要充分发挥自己的优势，为小组任务的完成贡献力量。其次，学生在小组中会面临任务分工、进度安排、问题解决等方面的挑战，这有助于培养他们的团队合作精神和领导力。例如，在小组任务中，学生可以轮流担任组长，负责组织讨论、安排任务进度，这样的经验有助于培养学生在未来的学业和职业发展中更好地协调与领导团队的能力。

2.个体设计与分享

第一，以个体形式设计任务强调了每个学生的独立思考和创意发挥的能力。在这种设计方式下，每位学生独自负责整个任务的规划、设计和执行。首先，学生需要自主选择任务的主题，这有助于激发他们的学术兴趣和个性化需求。例如，一个学生可能对英语文学感兴趣，而另一位学生可能更关注英语口语表达，因此，他们可以分别选择符合个人兴趣的任务主题。其次，学生要独立确定任务的形式、结构和所需资源，这要求他们具备独立决策和组织的能力。通过个体设计任务，学生不仅在任务选择上有更大的自主权，还能够在任务设计的过程中充分发挥自己的创造性思维，从而培养其解决问题和独立思考的能力。

第二，以个体形式设计任务为学生提供了展示个人特长和技能的机会。每位学生可以根据自己的优势领域和兴趣选择合适的任务主题，并在任务设计中提高专业知识水平和技能。首先，某位学生可能擅长文学创作，可以选择设计一个创意写作的任务；另一位学生可能在口语表达方面有独特的见解，可以设计一个口语表达训练的任务。通过这样的个体设计，学生能够充分展示自己在特定领域的专长，增强了他们对自身能力的认知和信心。其次，学生在任务设计中也可以针对自己相对薄弱的语言技能进行有针对性的提升，个性化地制订训练计划，进一步加深其对语言知识的理解和运用。

第三，个体设计任务为学生提供了更灵活的学习体验。每个学生可以根据自己的学习进度和风格进行任务的安排。首先，学生可以在任务设计前评估自己的语言水平和学习需求，选择适合自己的任务难度和内容。这样的个性化安排有助于提高学生对学习的自主性和学习动机。其次，学生可以在任务进行中随时调整学习计划，根据个体学习效果调整任务的难度和方向，使学习更为灵活和个性化。通过这种个体设计方式，学生能够更好地适应个体差异，发挥自己的学习潜能。

第四，个体设计任务促使学生在分享与互相学习中发展更全面的认知。尽管任务是由个体设计的，但学生在设计完成后有机会与其他同学分享。首先，分享可以拓宽学生对不同主题和任务形式的认知，丰富他们的学科知识。通过分享，学生有机会了解到其他同学设计的任务，从而拓展自己对英语学科的认知广度。其次，学生可以从他人的设计中获得启发，发现新的学习方式和方法。例如，某个学生的任务设计可能包含独特的学习策略或资源利用方式，其他学生可以从中受益，拓宽自己的学习视野。通过分享与互相学习，学生能够在整个学习过程中形成更为全面的认知，不仅理解自己的学科需求，还能够更好地理解整个学习社群的多样性。

3.任务反馈与调整

第一，学生任务设计的展示和反馈过程为学生提供了展示自己学术成果的平台。在任务型教学中，学生不仅仅是知识的接收者，更是任务的设计者和执行者。首先，任务展示是学生将自己的学术思考和创意呈现给他人的机会。通过展示，学生可以清晰地表达任务的目标、步骤，以及所期望达到的效果。这有助于提高学生对自己任务设计的表达能力和逻辑思维能力。其次，通过同学间的讨论和评价，学生能够从不同角度和层面了解到任务的优势与不足，这有助于他们更全面地认识自己的任务设计水平，提高对自己学术成果的自信心。

第二，任务反馈过程为学生提供了改进任务的机会。任务设计并非一成不变的，而是一个动态的过程。首先，同学间的评价和反馈可以帮助学生发现任务的潜在问题和不足。例如，某个学生设计的任务可能在难度设置上存在不合理，或者在指导性材料的选择上有所欠缺。通过其他同学的反馈，学生能够更客观地看待自己的任务设计，认识到自身存在的问题。其次，学生在反馈过程中能够从其他同学的建议中获取灵感，思考如何改进任务设计。这有助于培养学生的批判性思维和问题解决能力，使他们在后续的任务设计中更加成熟和有针对性。

第三，任务展示和反馈过程促进了学生之间的学术交流和合作。在展示过程中，学生能够分享自己的学术观点和创意，与其他同学进行深入地讨论。首先，学术交流有助于拓宽学生的学科视野，使他们了解到不同主题和任务形式的多样性。例如，一个学生设计的任务可能涉及实际生活中的问题，而另一位同学可能通过任务展示展现了对文学作品的深刻解读。这样的交流不仅促使学生更全面地认知学科，还有助于拓宽学生对英语学科的理解广度。其次，学术交流激发了学生之间的合作精神。通过相互讨论和提出建议，学生能够形成一个合作的学术社区，互相支持和启发。这种学术社区的形成有助于培养学生的团队协作精神。

第四，任务展示和反馈过程培养了学生对自己设计任务的评估和改进的能力。在接受其他同学的评价和反馈后，学生需要对自己的任务设计进行深入思考，并有针对性地进行改进。首先，学生需要学会分辨反馈的有效性，选择性地采纳合理建议。例如，如果多位同学提到任务中某一环节的难度过高，学生需要思考是否需要调整任务难度，以更好地满足其他同学的学习需求。其次，学生需要具备自我反思和批判性思维的能力，深入分析任务的设计缺陷，并提出有效改进的方案。这样的能力可以培养学生对自己学术表现的理性认知，使他们能够更好地应对未来的学习和任务设计挑战。

（三）学生参与任务设计的意义

1.激发学习兴趣

第一，学生任务设计的过程为他们提供了在学习中追求个人兴趣的机会。在传统的教学模式中，学生通常是被动接受预订主题的教学内容，而在任务设计中，学生有机会根据自己的兴趣和需求选择合适的主题。首先，学生可以在广泛的语言学科领域内选择他们感兴趣的主题，如文学、历史、社会问题等。这样的选择权使学生更加投入学习，因为他们有机会在学科中寻找真正引发自己兴趣的话题。其次，学生可以将任务与个人兴趣相结合，例如，一个对音乐感兴趣的学生可以设计一个以音乐为主题的任务，这样的任务设计将激发学生对学习的积极性，因为他们不仅仅是在完成任务，更是在追求自己感兴趣的领域。

第二，通过学生任务设计，学生能够体验到自主学习的乐趣，从而提高其学习主动性。传统的教学模式通常是由教师决定学习目标和教学方法，而在任务设计中，学生有更大的自主权和决策权。首先，学生可以根据任务目标自主选择任务的难度和深度，这有助于激发他们对学习的主动性。例如，一个学生可以根据自身水平和兴趣选择一个相对复杂或更具挑战性的任务，以更好地提高自己的语言水平。其次，学生在任务设计中需要自主决定任务的形式和结构，包括任务的步骤、时间安排等。这样的自主决策培养了学生在学习中的独立思考和自我管理能力，使他们更具学习动机和自主性。

第三，学生任务设计强调实际问题和真实情境，从而使学习变得更加有趣和贴近生活。任务型教学注重学生在解决实际问题中的运用，这有助于激发学生对学习的兴趣。首先，学生可以选择与他们生活和兴趣相关的实际问题作为任务主题。例如，一个关心环保的学生可以设计一个与环保相关的任务，从而使学习不再是抽象的知识，而是与实际生活紧密相连的体验。其次，学生在任务中需要运用英语解决实际问题，这种语言运用的过程增强了学习的实用性。例如，学生需要在任务中进行口头表达、写作、阅读理解等综合性的语言技能训练，使学习过程更加贴近实际应用，激发学生对英语学习的实际兴趣。

第四，学生任务设计促使学生在学习中建立积极地学习态度和学习习惯。通过参与任务设计，学生逐渐形成了对学习的积极态度，因为他们感受到了学习的乐趣和成就感。首先，学生在自主选择和设计任务的过程中建立了对学科的积极兴趣，使他们更主动地参与到学科学习中。其次，学生通过任务的完成，可以逐渐培养其解决问题和面对挑战的信心。

2. 培养创造性思维

第一，学生任务设计作为培养创造性思维的途径，要求学生在任务的制定和完成的过程中能够提出新颖的问题。在任务设计中，学生首先需要对所选主题进行深入思考，挖掘出与主题相关但尚未解决的问题。例如，如果学生选择了社会问题作为任务主题，他们就可以通过思考社会问题的背后原因、影响等方面，提出一些尚未被广泛探讨的问题，从而激发出新颖的研究方向。这种能力的培养不仅要求学生对所学知识有深刻的理解，还需要他们具备跨学科的思考能力，并能够从多个角度审视问题。

第二，学生在任务设计中需要运用创造性思维提出创新的解决方案。创造性思维并非仅限于提出问题，学生在解决问题的过程中同样需要展现出创新意识。首先，学生可以通过整合不同领域的知识，提出独特的解决方案。例如，一个任务要求学生解决某个实际问题，学生可以结合文学、科技、社会等多个领域的知识，提出一个综合性的解决方案。其次，学生需要在任务中灵活运用所学的语言知识，表达和阐述他们的创新想法。这不仅需要语言表达的准确性，还需要学生有能力以清晰、生动的语言形式呈现他们的创新思维。这种能力的培养不仅可以提高学生在英语表达上的水平，同时也促使他们在思考和解决问题时更具创新性。

第三，学生任务设计要求跳脱传统思维模式，尝试新的学科结合和方法论。在传统的教学中，学生可能更容易受到固有思维模式的限制，而任务设计则提供了一个突破传统思考框架的机会。首先，学生可以通过将不同学科领域的知识进行有机结合，形成新的学科交叉点。例如，一个任务可以结合文学与历史，要求学生通过文学作品解读历史事件。这样的学科结合能够培养学生跨学科思考的能力，使其能够以更全面的视角看待问题。其次，任务设计鼓励学生尝试新的方法论和研究方法。学生可以尝试运用不同于传统教学的学科研究方法，如实地调查、访谈等，以获取更深层次的信息。这种尝试新的方法论的过程可以培养学生在解决问题时的创造性思维和实践能力。

第四，学生在任务设计过程中的创造性思维要求他们在面对挑战和困难时保持积极地态度。创造性思维不仅仅是在提出问题和解决问题时展现的，也包括对困难的灵活应对和积极地心态。首先，学生可能会在任务设计的过程中遇到知识的不足、思路的阻塞等问题，需要通过创造性思维寻找解决方案。例如，学生可以通过查阅更多的资料、请教老师或同学、调整任务的方向等方式来应对困难。其次，学生需要培养在面对不确定性和复杂性时保持积极态度。在任务设计的过程中，学生可能会遇到无法预料的问题或者复杂的情境，这时需要他们具备在不确定性中寻找创新解决方案的能力。这种积极的心态可以培养学生在学术研究和实践中持续创新的意愿与能力。

3.提高语言运用能力

第一，实际任务设计为学生提供了在真实语境中进行英语听力训练的机会。传统的听力训练常常受限于教材中的录音材料，而实际任务的设计更强调学生在真实情境中获取信息的能力。首先，学生可能需要通过与他人交流、讨论等方式获取信息，这要求他们具备在真实语境中听懂和理解口语表达的能力。例如，一个小组讨论任务可能涉及多人交流，学生需要通过倾听他人的观点、提问等方式获取信息，并在交流中展现出其对语言信息的理解能力。其次，实际任务设计中可能包括与真实录音材料相关的任务，例如，学生需要听取某个领域的专业讲座或实地采访。这样的听力任务旨在让学生适应真实语境中的语速、语调，提高他们在复杂语境下听取信息的能力。

第二，实际任务的设计有助于学生提高英语口语表达的能力。在任务型教学中，学生不仅仅是被动的语言接受者，更是积极参与者。首先，学生可能需要在任务中进行口头表达，如发表观点、进行小组讨论、演讲等。这要求学生具备清晰、流利的口语表达能力，能够准确地表达自己的观点，并与他人进行有效的交流。其次，实际任务设计中可能包括模拟真实场景的口语表达，学生需要在模拟面试中展现自己的英语口语水平。这样的任务要求学生在真实语境中灵活运用口语技能，适应面对不同情境时的表达方式，提高他们在实际交际中的口语沟通能力。

第三，实际任务的设计有助于学生在真实语境中进行阅读训练。传统的阅读训练常侧重阅读理解和分析教材中的文章，而实际任务的设计更注重学生在实际生活中获取信息的阅读能力。首先，学生可能需要通过阅读真实场景中的文本材料，如阅读工作相关文件、新闻报道等。这要求学生具备快速获取信息、理解上下文和推断意义的能力，提高他们在真实生活中阅读英语文本的实际运用水平。其次，实际任务设计中可能包括学生在解决问题、完成任务的过程中需要阅读特定领域的专业文献或资料。这样的任务要求学生能够理解和应用专业术语，提高他们在实际工作或学术领域中的阅读能力。

第四，实际任务设计促使学生在真实语境中进行写作训练。写作是语言表达的重要方面，而实际任务的设计更强调学生在实际情境中应用写作技能。首先，学生可能需要在任务中进行书面表达，如撰写报告、总结讨论结果等。这要求学生具备清晰、准确的书面表达能力，能够通过文字有效地传达信息。其次，实际任务设计中可能包括学生在真实情境中进行写作，如参与项目计划、撰写工作邮件等。这样的任务要求学生能够在实际工作和社交场景中运用英语写作技能，提高他们在职业和学术领域中的实际应用水平。

第二节　交际式教学法

一、交际式教学法的核心原则

（一）交际原则概述

1. 交际是核心

第一，交际式教学法的核心理念是将交际置于学习的中心位置。传统教学往往注重语言的结构、规则和形式，而交际式教学法则强调语言是一种交际工具，学习语言的目的在于实际运用。首先，学生在交际式教学法中不仅仅是被动的语言接受者，更是积极的交际参与者。通过各种交际活动，如对话、小组讨论、角色扮演等，学生能够在真实的语境中运用所学语言，提高他们在实际交际中的能力。这种学习方式有助于学生更好地适应真实生活中的语言使用情境，使学习变得更加贴近实际。

第二，交际式教学法通过强调任务型教学，使学生在实际语境中灵活运用语言。首先，任务型教学注重学生完成实际任务的过程，而不仅仅是掌握语言形式。例如，一个任务可能是学生在团队中协作完成一个项目，需要进行大量的信息交流和沟通。这样的任务促使学生在实际应用中运用语言，培养他们在交际中的语言技能。其次，任务型教学的设计使学生能够在解决实际问题的过程中运用所学的语言知识。例如，一个任务可能要求学生在一场模拟面试中展现自己的语言表达能力。通过这样的实际任务，学生能够将所学知识运用到实际情境中，提高他们在交际中的语言灵活性。

第三，交际式教学法倡导学生在真实语境中进行语言输出，促使他们积极参与到各种交际活动中。首先，学生在交互式教学中经常需要进行口头表达。通过小组讨论、演讲、角色扮演等形式，学生能够锻炼口头表达的能力，提高在真实交际中清晰表达自己观点的能力。其次，书面表达是交际式教学法中重要的一部分。学生可能需要撰写邮件、报告、总结等，这要求他们在书面表达中准确传达信息，培养他们在实际交际中的文字表达能力。通过这样的交际实践，学生能够更好地适应真实生活和工作中对语言运用的要求。

第四，交际式教学法通过模拟真实场景，使学生在课堂中体验到真实的语言环境。首先，模拟真实场景有助于学生更好地理解并运用语境中的语言。例如，通过模拟购物对话，学生能够学会在购物场景中用英语进行交际，理解相关词汇和常用表达方式。其次，通过模拟真实场景，学生能够体验到语言在实际情境中的应用。例如，模拟旅行中的语境可以使学生学到关于预订酒店、问路、点餐等方面的实用语言技能。这样的实践有助于学生更好地理解和掌握语言的实际应用，提高他们在真实交际中的语言水平。

2.语言是交际的工具

第一，交际式教学法突显语言的本质是交际的工具，而非仅仅是一种学科知识。这一理念反映了语言教学的本质目标，即使学生能够在真实的社交情境中流利地运用所学语言。传统教学往往着重语言的结构和规则，而交际式教学法强调语言的实际运用，使学生更能理解语言的实用性。首先，学生在这种教学法下不仅仅是被动地学习语法和词汇，更是通过不同的交际活动积极参与其中。这包括对话、小组合作、角色扮演等形式，目的在于使学生在真实的语境中锻炼和运用语言技能。这种学习方式让语言不再是一门抽象的学科，而成为实际生活和交际中的必备工具。

第二，交际式教学法注重实际应用，鼓励学生通过语言进行真实的交际活动。首先，学生可能需要在课堂中进行模拟对话，以此培养其在实际情境中交流的技能。例如，通过模拟餐厅对话，学生能够学到在点餐、询问服务等情境下使用英语的实际技能。其次，教学法可能包括学生参与真实的社交活动，如与外国学生进行语言交流。这种实际应用的方式旨在让学生在真实的交际中感受语言的实际效果，从而更好地适应实际生活和职场的语言需求。这种注重实际交际的教学方式，使学生更容易将所学语言技能迁移到实际生活中。

第三，交际式教学法通过任务性教学设计使学生在实际情境中应用语言。首先，任务型教学注重学生完成具体任务的过程，而这些任务往往需要学生进行交际。例如，一个小组项目可能要求学生共同解决一个实际问题，这就需要他们通过语言进行有效的沟通和合作。其次，任务型教学设计能够让学生在实际问题解决中运用所学的语言知识。这种实际任务不仅有助于培养学生的团队协作能力，同时促使他们在实际应用中灵活使用语言，提高他们的交际技能。

第四，交际式教学法通过模拟真实场景，使学生在课堂中体验到真实的语言环境。首先，模拟真实场景能够帮助学生更好地理解并运用语境中的语言。例如，通过模拟商务会议，学生可以学到在商务场景中的有效交际技巧和用语。其次，通过模拟真实场景，学生能够在课堂中亲身体验语言在实际情境中的应用。例如，通过模拟旅行中的语境，学生可以学到在旅行过程中使用英语的实际技能。这种通过模拟真实场景的教学方式，让学生更好地理解和掌握语言的实际应用，提高他们在真实交际中的语言水平。

（二）学生参与真实交际的重要性

1.理解与应用

第一，通过参与真实的交际情境，学生能够更深刻的理解语言内容。传统的语言教学往往注重课堂内对语法规则和词汇的传授，而这种学习方式存在一定的抽象性，学生难以将学到的知识运用于实际交际中。首先，交际式教学法通过让学生亲身参与真实的交际活动，使语言不再是一种抽象的学科知识，而是一种实际运用的工具。例如，学生可能被要求模拟在商务会议中进行讨论，通过实际的交际活动，学生能够更深入地理解商务用语、交流技巧以及语境中的表达方式。其次，学生在交际中不仅仅是接收语言信息，还需要主动产生语言。这种主动参与的过程促使学生更加主动地思考、理解和运用语言，使语言学习更具深度和实际应用性。

第二，交互式教学通过模拟真实情境可以提高学生在实际交流中的适应能力。首先，模拟真实情境能够帮助学生更好地适应不同的语境和交际环境。例如，在模拟购物场景中，学生可能需要使用特定的购物用语，适应商务会议时的专业用语，或者在旅行情景中运用日常用语。这种多样性的模拟情境让学生更加灵活地运用所学语言，提高他们在不同交际场合中的适应能力。其次，通过参与模拟真实情境的活动，学生能够在相对安全的环境中练习和应对各种交际挑战。例如，在模拟面试中，学生可以锻炼自己的口头表达能力、应对紧张情绪的能力，而这种练习对他们将来真实面试中的表现具有显著的帮助。这种模拟的方式使学生在真实情境中更为自信、自如地运用所学英语，增强了他们的实际交际能力。

第三，通过实际交际情境的参与，学生能够更好地应用所学的语言知识。首先，交互式教学注重任务型教学设计，通过实际任务的完成使学生能够将语言知识应用于实际生活中。例如，一个小组项目可能要求学生协作解决一个实际问题，需要运用英语进行有效的沟通和交流。这样的任务旨在让学生在实际问题解决中灵活运用所学的语言知识，提高他们在实际应用中的语言实践能力。其次，学生在交际活动中不仅仅是被动地接受语言，更需要主动地产生语言。例如，在小组讨论中，学生需要表达自己的观点、听取他人的意见，这种主动的语言产生过程促使他们更深入地理解和应用语言。这种主动性的参与使学生在交际中更加积极主动，更好地将学到的语言知识应用于实际情境。

第四，通过真实交际情境的参与，学生能够更好地应对语言的多样性和复杂性。首先，实际交际中学生会遇到各种各样的语言表达方式、口音、语速等因素，这要求他们具备更强的语言适应力。通过参与真实交际活动，学生能够更好地适应不同语境下的语言特点，提高他们的语言适应能力。其次，实际交际中学生可能会面临复杂的交际场景，如解决问题、达成共识、协作完成任务等。这样的情境要求学生在语言运用中展现更高层次的语言技能，培养他们解决问题和应对复杂情况的能力。通过这样的实际练习，学生更容易在真实生活中应对多样化和复杂性的语境，提高他们的综合语言能力。

2.实际交流中地适应能力

第一，学生通过参与真实交际活动，可以增强他们的语言运用能力。传统的语言教学往往注重理论知识的传授，而真实交际则提供了一个更为贴近实际应用的环境。首先，通过参与对话、小组合作、角色扮演等实际交际活动，学生能够在真实情境中运用所学的语言知识。例如，模拟购物对话可以让学生在实际情境中使用购物用语，提高他们在日常生活中的实际交际能力。其次，真实交际活动促使学生更自觉地运用语言进行沟通，从而增强他们的口头表达能力。通过在实际情境中与他人进行交流，学生能够更灵活地运用语言，提高他们的口头表达水平。

第二，学生通过真实交际活动可以培养在实际交际中的适应能力。首先，真实交际活动可能涉及不同的语境、文化和社交环境，这要求学生具备更强的语境适应力。例如，在模拟商务会议中，学生可能需要运用专业术语，而在模拟社交场合中，他们可能需要使用更为随意的口语。这种多样性的语境要求学生能够灵活调整语言表达方式，培养了他们在不同交际环境中的适应能力。其次，真实交际活动可能包括与不同语言背景的人进行交流，这有助于学生更好地适应不同口音、语速等语言变体。通过与来自不同地区的人交往，学生能够提高对不同语言特点的敏感性，培养更为广泛的语境适应能力。

第三，适应能力的培养不仅有助于提高语言水平，还促进了学生更好地融入英语社交环境。首先，适应能力是学生在国际化社会中更好地融入英语社交环境的关键。随着全球化的发展，与来自不同国家和文化背景的人交流成为常态。学生通过参与真实的交际活动，不仅可以提高在国际社交中的语言运用水平，还可以培养其更为广泛的文化适应能力。其次，适应能力的培养有助于学生更好地参与国际性的学术和职业活动。例如，参加国际学术研讨会、跨国企业的工作环境等都要求个体具备在不同文化语境中交流的能力。学生通过真实交际的培训，能够更自如地融入这些跨文化交流的场合，提高他们在国际舞台上的竞争力。

第四，学生在真实交际中培养的适应能力有助于他们在未来的职业发展中更好地应对复杂多变的语境。首先，现代职场要求员工具备良好的语言沟通和团队协作能力。通过参与真实的交际活动，学生能够培养与同事、客户等进行高效沟通的能力，从而更好地适应职业生涯的挑战。其次，适应能力的培养使学生更具有创新和解决问题的能力。在实际交际中，学生可能会面临各种意外情况和挑战，需要灵活运用语言进行应对。这种经验有助于培养学生在未知领域中更好地适应、创新和解决问题的能力。

二、交际式教学在大学英语中的实践

（一）交际式教学在口语训练中的应用

1. 口语的核心地位

第一，交际式教学法强调口语在语言交际中的核心地位。传统的语言教学往往以阅读和写作为主，而口语往往被边缘化。然而，交际式教学法认识到语言的最终目的是交际，口语作为实际运用语言的手段占据着至关重要的位置。首先，口语是语言的活动体现，通过口语表达，学生能够更直接地传递思想和情感。这种直接性的交流方式有助于学生更深刻地理解语言的实际运用，培养他们在真实语境中进行交际的能力。其次，交际式教学法注重学生在实际情境中的语言应用，而口语作为最直接的语言表达方式，能够更全面地展示学生的语言水平和交际能力。通过口语表达，学生能够展现出其在词汇量、语法运用、发音准确性等多方面的语言技能，使评估更为全面和真实。

第二，通过各种口语活动的组织，学生能够更全面、更自信地运用英语进行交流。首先，口语活动可以包括对话、小组讨论、演讲等形式，这样的多样性使学生在不同情境中锻炼口语技能。例如，在对话中，学生可以通过与同学交流，提高实际交流的能力；在小组讨论中，他们能够锻炼团队协作和辩论的能力。而通过演讲，学生能够提高公共演讲的自信心和表达能力。其次，口语活动有助于学生更好地理解和适应不同的语境和交际环境。通过参与各种口语活动，学生能够逐渐适应正式和非正式场合的语言表达方式，提高他们在不同情境中运用英语的自如度。

第三，口语作为实践性学习的核心，有助于提高学生的口语表达能力。首先，口语是语言学习的一种实际应用，学生通过口头表达，能够更好地运用所学语言知识。例如，在对话中运用特定的词汇和语法结构，能够使学生更加深刻地理解和记忆这些语言元素。其次，通过口语实践，学生能够更好地掌握发音、语调和语音语调等语音要素。这种实际的语音训练有助于提高学生的口语准确性和流利度。另外，口语的实际应用还能够培养学生在交流中更灵活、更自信地表达自己的能力。

第四，交际式教学法通过强调口语的核心地位，促使学生在实际语境中进行语言应用，使他们更好地适应真实的交际环境。首先，实际语境中的口语表达能够更好地培养学生的语言灵活性。在实际交际中，学生需要迅速适应不同场合、不同人群的语言表达方式，这有助于他们更灵活地运用英语。其次，口语的核心地位能够让学生更好地理解并应对真实交际中的挑战。例如，学生在模拟商务谈判中需要运用专业用语，而在模拟社交场合中可能需要更为随意的表达方式。这样的挑战促使学生更好地理解并适应不同语境中的交际需求，提高他们的语言适应能力。

2.各种口语活动的组织

（1）实地访谈

学生可以走出课堂，进行真实的访谈活动。这不仅能够提高他们在真实场景中的语言运用能力，还可以锻炼他们的采访和表达技巧。

（2）小组讨论

小组讨论是培养学生合作与表达能力的有效方式。学生在小组中共同探讨问题、提出观点，通过与他人的交流，提高其口语表达的流利度和准确性。

（3）辩论

辩论活动强调逻辑思维和语言表达的结合。学生在辩论中需要厘清自己的观点，并能够清晰地向对方陈述。这可以培养学生在辩证思考的同时运用英语进行表达的能力。

（二）创设真实交际场景的方法

1.角色扮演的实践

第一，通过角色扮演，学生能够置身于模拟的情境中，并提供一个具有实践性质的语言学习体验。角色扮演活动能够模拟各种真实生活场景，如商务谈判、医患交流、社交场合等，使学生在模拟中感受真实语境的复杂性和多样性。这种实践性学习能够更直观地帮助学生理解和运用语言知识，促使他们在实际情境中更自如地进行语言交流。

第二，角色扮演活动锻炼了学生的语言能力。首先，学生在扮演不同的角色时需要运用各种语言技能，包括正确的词汇选择、流利的口语表达、适当的语调等。这种综合型的语言运用有助于提高学生的语言表达能力。其次，通过角色扮演，学生有机会运用特定领域的专业术语，提升他们在特定领域的专业性语言水平。例如，在医学角色扮演中，学生可能需要运用医学专业词汇，从而巩固和拓展相关领域的语言知识。

第三，角色扮演活动可以提高学生在特定场景下的应对能力。首先，学生在模拟的情境中需要适应不同的社交规则和文化背景，培养了他们的跨文化交际能力。这种培养有助于学生更好地理解和适应多元化的社会环境。其次，角色扮演活动常常涉及情境中的问题解决和沟通协商，锻炼了学生在面对复杂问题时的思考和应对能力。例如，在商务角色扮演中，学生可能需要处理谈判、合作和解决争端，这种实际操作有助于培养学生的实际应用能力。

第四，通过角色扮演，学生能够提高在团队协作中的沟通和协调能力。在角色扮演活动中，学生通常需要与其他同学合作，共同完成任务或解决问题。这种团队协作的经验有助于培养学生的团队合作精神，使他们更好地理解在实际工作和社交中的团队协作的重要性。此外，学生通过与其他同学互动，还能够学习他人的经验和观点，拓宽视野，增强学习的多元性。

2.模拟真实场景的任务设计

（1）商务洽谈

学生可以在模拟商务场景中扮演不同商务角色，进行英语交流。这有助于他们熟悉商务用语和礼仪，提高在实际商务交往中的语言应用水平。

（2）旅游咨询

模拟旅游咨询场景，学生可以扮演导游或游客，进行实际英语对话。这样的任务设计不仅让学生学到实际的语言技能，还可以增加他们对不同语境的适应能力。

第三节　内容型教学法

一、内容型教学法的优势

（一）内容型教学法的基本特点

1.综合性教学

内容型教学法突破了传统语言教学的局限，不仅注重培养学生的语言技能，还涵盖特定学科的知识。这种综合性教学使学生在学习语言的同时能够全面提升其他学科的素养。

2.语言与学科的有机融合

内容型教学法强调将语言教学与具体学科内容有机融合。不仅关注语言的独立学习，还注重语言在学科学习中的实际应用。这种有机融合促使学生更好地理解和运用语言。

3.知识获取与语言运用并重

与传统语言教学不同，内容型教学法在教学中注重学生通过获取学科知识来提高语言运用能力。这使得学生在语言学习的同时能够深入学科领域，实现知识与语言水平的双重提升。

（二）内容型教学法对学科知识的整合

1.综合语言技能与学科知识

内容型教学法通过整合语言技能培养和学科知识获取，使学生在学习过程中既提高语言运用能力，又能够理解和运用特定学科的知识。这种综合型的学习方式有助于学生更全面的发展。

2.语言与学科的紧密联系

教师在内容型教学法中注重将语言与学科内容紧密联系，通过合理的教学设计使学生能够在学科领域中灵活运用语言。这种联系不仅增加了学科学习的趣味性，同时可以提高语言的实际运用能力。

3.教学方法的多样性

内容型教学法要求教师在教学中采用多样的方法，确保学生能够既学到语言技能，又能获取相关学科知识。这种整合性的教学方法有助于提高学生的学科素养和语言能力。

二、内容型教学在大学英语中的实际应用

（一）语言技能与学科知识的同步发展

1.整合语言技能培养与学科知识提升

第一，通过角色扮演，学生能够置身于模拟的情境中，可以提供一个具有实践性质的语言学习体验。角色扮演活动能够模拟各种真实生活场景，如商务谈判、医患交流、社交场合等，使学生在模拟中感受真实语境的复杂性和多样性。这种实践性学习能够更直观地帮助学生理解和运用语言知识，促使他们在实际情境中更自如地进行语言交流。

第二，角色扮演活动锻炼了学生的语言能力。首先，学生在扮演不同的角色时需要运用各种语言技能，包括正确的词汇选择、流利的口语表达、适当的语调等。这种综合型的语言运用有助于提高学生的语言表达能力。其次，通过角色扮演，学生有机会运用特定领域的专业术语，提升他们在特定领域的专业性语言水平。例如，在医学角色扮演中，学生可能需要运用医学专业词汇，从而巩固和拓展相关领域的语言知识。

第三，角色扮演活动提高了学生在特定场景下的应对能力。首先，学生在模拟的情境中需要适应不同的社交规则和文化背景，培养了他们的跨文化交际能力。这种培养有助于学生更好地理解和适应多元化的社会环境。其次，角色扮演活动常常涉及情境中的问题解决和沟通协商，锻炼了学生在面对复杂问题时的思考和应对能力。例如，在商务角色扮演中，学生可能需要处理谈判、合作和解决争端，这种实际操作有助于培养学生的实际应用能力。

第四，通过角色扮演，学生能够提高在团队协作中的沟通和协调能力。在角色扮演活动中，学生通常需要与其他同学合作，共同完成任务或解决问题。这种团队协作的经验有助于培养学生的团队合作精神，使他们更好地理解在实际工作和社交中的团队协作的重要性。此外，学生通过与其他同学互动，还能够学习他人的经验和观点，拓宽视野，增强学

习的多元性。

2. 跨学科能力的培养

首先，内容型教学在大学英语中注重培养学生的跨学科能力，通过有机结合语言技能和学科知识，使学生不仅在语言水平上得到提升，同时具备更广泛的学科视野和应用能力。这一方法旨在促使学生跨足多学科领域，培养其对不同学科的理解和综合运用能力。

其次，内容型教学通过将语言技能和学科知识相互贯穿，使学生能够更深入地理解和运用学科领域的知识。在阅读课程中，选择涉及不同学科领域的文章，激发学生对多学科交叉的兴趣。这种选材策略旨在让学生通过英语学习更全面地了解其他学科的内容，从而拓宽视野，培养其对不同学科的兴趣和理解。

再次，内容型教学通过设计具体的任务，使学生在语言运用的同时能够运用学科知识解决问题。例如，在写作任务中，学生可能需要选择一个与他们专业相关的主题，并结合专业知识进行深入探讨。这样的任务设计旨在让学生不仅仅学习语言技能，同时能够在实际应用中将专业知识融入语言运用中，提高他们的学科素养。

最后，内容型教学通过激发学生的兴趣，培养其对跨学科学习的主动性。在学习过程中，教师可以引导学生选择感兴趣的学科领域，从而激发他们的学习兴趣。通过将兴趣和学科知识相结合，学生更有可能保持学习的积极性，从而更好地培养跨学科能力。

（二）课程内容与教学方法的协调

1. 考虑学科知识与语言技能的关系

首先，内容型教学法强调在大学英语中培养学生的跨学科能力，通过整合语言技能和学科知识，使学生在语言水平提升的同时具备更广泛的学科视野和应用能力。这种方法的核心是将语言技能与学科知识相互结合，使学生能够在不同学科领域中运用英语进行深入学习和表达。

其次，教师在设计课程内容时需要仔细考虑学科知识与语言技能的关系。通过深入分析学科知识的结构和要点，教师可以有针对性地选择与之相匹配的语言任务。这既可以确保学生能够理解学科内容，又能够通过语言清晰地表达自己。例如，在阅读与讨论环节，选择涉及学科知识的文章，鼓励学生用英语进行深入的学科讨论，从而提高他们在学科领域的表达能力。

再次，内容型教学法通过整合语言技能和学科知识，为学生提供更加实际和有意义的学习体验。学生在学习过程中能够选择与他们感兴趣的学科相关的主体，通过完成学科任务进行深入研究和英语表达。这种实际的整合使学生可以更深刻地理解学科知识，同时在语言运用中得到实际训练，为他们未来的学术和职业发展奠定基础。

最后，整合语言技能培养与学科知识提升有助于打破学科之间的壁垒，促进学生跨学科学习。通过将语言技能运用到不同学科的实际场景中，学生能够更全面地理解和应用所学的知识，进而形成对多学科的整体把握。这有助于培养学生的综合分析和解决问题的能力，为他们未来面对复杂问题提供更为全面的视角。

2.多样化的教学方法应用

首先，多样化的教学方法在大学英语教学中具有重要的应用。小组合作是其中一种有效的方式，通过将学生分成小组，教师可以促使学生在小组内展开合作式学习。每个小组可以有不同语言水平和学科背景的学生，从而实现学生之间的互补和协作。这种形式使学生能够从彼此的优势中学到更多，促进跨学科的交流与合作。

其次，案例分析是另一种多样化教学方法。通过引入真实或模拟的案例，学生可以在语言运用的同时深入学科领域。例如，在英语写作课程中，引入特定学科的实际案例，要求学生进行分析和讨论，并用英语进行书面表达。这样的教学方法使学生能够在解决实际问题的过程中提高英语表达能力，同时加深其对学科知识的理解。

再次，实地考察是多样化教学方法中的一种。通过实地考察，学生有机会亲身感受和应用学科知识，同时使用英语进行交流。例如，在英语口语课程中，组织学生进行实地考察，要求他们用英语进行场地介绍和讨论。这样的实践性教学方法能够增加学生对学科知识的亲身体验，促使他们更好地运用英语进行交际。

最后，多样化的教学方法包括项目学习、讨论课等形式。通过项目学习，学生可以参与真实或模拟的项目，锻炼团队协作和解决问题的能力。讨论课则提供了一个学生分享观点、展开辩论的平台，从而激发他们的思维和表达能力。这样的教学形式使学生在实际操作中更好地理解和运用学科知识，培养综合素养。

3.评估方式的综合运用

首先，大学英语教学的评估方式应该包含传统考试。这种方式通过测试学生对语法、词汇、阅读理解等基础知识的掌握情况，是一种全面、客观的评估方法。考试可以分为听力、阅读、写作和口语等不同环节，以全方位地评估学生的语言能力。这种传统的考试方式能够客观地反映学生对英语基本知识的掌握程度，是评估学生学科知识的一种有效手段。

其次，学科项目报告是一种能够结合语言技能和学科知识的评估方式。通过让学生选择一个与其专业相关的主体，完成项目报告，不仅可以锻炼学生的英语写作能力，还能够深入研究学科领域。项目报告可以包括文献综述、调查研究、解决问题的方案等，从而全面评价学生对学科知识的理解和运用能力。

再次，口头表达是一种注重学生交际能力和口语表达能力的评估方式。通过组织学生进行口头报告、小组讨论、角色扮演等活动，教师可以全面评估学生的口语表达、逻辑思维和团队协作能力。这种形式不仅可以考查学生对学科知识的理解，还可以评估其在真实交际中运用英语的能力。

最后，论文写作是一种深度评估学生学科知识和语言表达能力的方式。通过要求学生完成独立的学术论文，教师可以评估学生的独立思考、文献综述、论证能力等。这种方式旨在培养学生在学科领域深度思考的能力，同时要求他们用英语进行清晰、准确的表达。

在综合运用这些评估方式时，需要根据具体的课程目标和学科特点进行合理地搭配和权衡。例如，在项目报告中可以要求学生结合实际情境进行口头陈述，以综合评价其学科知识和语言表达能力。此外，教师还可以考虑采用学科项目策划、团队合作评估等方式，使评估更加贴近实际应用场景。

第四节 混合式教学法

一、混合式教学法的定义与特点

（一）混合式教学法概述

1.定义与基本概念

首先，混合式教学法的定义涵盖了一种教学模式，它融合了传统的面对面教学和现代技术手段，以提供更为全面、灵活和个性化的学习体验。混合式教学将传统教学与在线学习有机结合，以满足学生多样化的学习需求和促进更深层次的学习。

其次，混合式教学法的基本概念包括传统面对面教学和在线学习的结合。传统面对面教学通常发生在课堂环境中，教师直接与学生互动，传授知识和进行实时反馈。在线学习则借助现代技术，通过网络平台提供各种学习资源，包括视频讲座、电子教材、在线讨论等。混合式教学通过整合这两种教学形式，使学生在传统课堂中获取实时指导的同时，能够通过在线学习获得更加灵活和个性化的学习体验。

再次，混合式教学的核心理念是提供更为灵活和个性化的学习模式。学生可以根据自身的学习节奏和需求选择在传统课堂或在线学习中参与，从而更好地适应个体差异。这种个性化的学习体验有助于激发学生的学习兴趣，提高学习动机，同时培养他们更强的自主学习能力。

最后，混合式教学法的实施离不开现代技术的支持，包括在线学习平台、多媒体教学等。这些技术手段不仅提供了更多的学习资源，还为学生和教师提供了更多的互动与反馈机会。通过多元的教学资源和互动机制，混合式教学法有望促进学生对知识的更深层次理解和应用。

2.教学手段的多样性

首先，混合式教学法的多样性在于其丰富的教学手段。其中，面对面授课是传统教学的一部分，提供了实时互动和师生面对面的学习环境。教师可以直接解答学生的疑问，进行实时反馈。与此同时，混合式教学引入了在线视频作为教学手段，学生可以在不同时间和地点观看教学视频，自主掌握学习进度。这为学生提供了更灵活的学习时间表，使他们能够更好地安排学业和个人生活。

其次，混合式教学法通过互动讨论强调了学生与学生之间、学生与教师之间的互动。在线平台上的互动讨论区域为学生提供了交流和讨论的空间。学生可以在这里分享观点、提出问题，促进同学之间的合作学习。互动讨论的多样性体现在主题的丰富性，不仅有与课程内容相关的问题，还可以涉及实际应用、案例分析等，拓展了学生的思维广度。

再次，混合式教学法注重实践项目，通过实际操作加深学生对理论知识的理解。实践项目可以包括小组合作、实地考察、实验等形式，使学生能够将所学知识应用于实际情境中。这样的教学手段可以培养学生的实际问题解决能力，增加他们的实践经验。

最后，混合式教学法的多样性体现在评估方式的多元化上。除了传统的考试和论文写作，还可以通过学科项目报告、口头表达等方式对学生进行全面评估。这样的综合评估方式更准确地反映了学生的整体学业水平，促进了学生对学科知识和语言技能的全面发展。

（二）混合式教学法的特点

1. 整合传统与现代教学

首先，混合式教学法成功地整合了传统教学的优势。传统教学注重面对面地互动和实时反馈，通过教师的直接指导和学生的即时提问，形成了丰富的教学氛围。传统教学的优势在于能够建立师生关系，促进学生的参与和思考。混合式教学在这一点上延续了传统教学的互动特点，保留了师生面对面的教学模式，使学生能够在实际教室环境中深入理解和运用知识。

其次，混合式教学法充分发挥了现代技术的优势。通过整合在线学习平台、多媒体教材和互动工具等现代技术手段，混合式教学为学生提供了更为灵活和个性化的学习机会。学生可以通过在线视频观看课程，随时随地进行学习，不再受制于时间和地点的限制。这种灵活性使得学习适应了学生的个体差异，满足了不同学科背景和语言水平的学生需求。

再次，混合式教学法通过在线互动和讨论平台强调了学生之间、学生与教师之间的多方位交流。学生可以通过在线平台随时提问，教师能够及时回答。这种多元化的互动方式拓宽了学生的学习视野，促进了他们的思维碰撞和知识交流。同时，这增加了学生参与课堂讨论的机会，培养了他们独立思考和团队协作的能力。

最后，混合式教学法通过实践项目的设计加深了学生对理论知识的理解。实践项目可以通过在线平台进行协同合作，学生可以在虚拟环境中进行实际操作，运用所学知识解决实际问题。这种整合传统教学和现代技术的实践项目设计，为学生提供了更为真实和贴近实际的学习体验，使他们能够更好地将理论知识转化为实际能力。

2. 学习渠道的多元化

首先，混合式教学法通过传统面对面的课堂互动为学生提供了直接的学习渠道。在传统的教学环境中，学生可以与教师和同学进行面对面的交流及讨论，获得实时的反馈。这种直接的互动有助于激发学生的学习兴趣，促使他们更深入地理解和掌握学科知识。通过课堂互动，学生能够直接向教师提问、参与讨论，形成积极的学习氛围。

其次，混合式教学法通过在线平台拓展了学生的学习渠道。学生可以通过在线学习平台获取课程资料、观看教学视频，随时随地进行学习。这种灵活性使得学生能够根据个人时间和地点的安排进行学习，更好地适应自己的学习节奏。同时，在线平台提供了丰富的学习资源，包括电子书、多媒体教材等，满足了学生对多样化学习资源的需求。

再次，混合式教学法鼓励学生进行自主学习。通过在线平台，学生可以独立完成课程作业、参与讨论，展开个性化的学习。这种自主学习的方式有助于培养学生的自我管理和学习动力，使其更具有独立思考和解决问题的能力。通过自主学习，学生能够根据自身的学科兴趣和需求深入挖掘知识，形成更加完整的学习体系。

最后，混合式教学法通过实践项目设计为学生提供了实际操作的学习渠道。在实践项目中，学生可以运用所学知识解决实际问题，参与团队合作，锻炼实际操作能力。这种实践性的学习渠道使学生能够更好地将理论知识应用到实际中，培养实际问题解决的能力。

3. 个性化学习的强调

首先，混合式教学法的个性化学习强调学生的主动参与和选择。传统的面对面教学模式通常是由教师主导，学生被动接收知识。在混合式教学中，学生通过在线学习平台可以自主选择学习资源、调整学习进度，根据自身的学科需求和兴趣进行学习。这种主动性地参与使学生更有动力、更具目标导向性，提高了学习的积极性和效果。

其次，混合式教学法通过在线学习平台提供了丰富多样的学习资源，满足学生个性化学习的需求。学生可以根据自己的兴趣和学科要求选择不同形式的学习资料，包括视频讲座、电子书籍、实例分析等。这种资源的多样性不仅能够满足学生个性化的学习风格，还有助于拓展他们的知识广度，培养跨学科思维。通过提供个性化的学习资源，混合式教学促使学生在学习中找到更适合自己的学习路径，激发了他们的学习兴趣。

再次，混合式教学法倡导学生在不同时间和地点进行学习，增强了学习的时空弹性。传统教学通常受制于教室、时间的限制，而混合式教学通过在线学习平台使学生能够随时随地获取学习资源，自主安排学习时间。这种时空弹性使得学生能够更好地融入学习氛围，根据自身生活、工作等因素更灵活地安排学业。个性化学习不再受制于固定的学习环境和时间，更贴近学生的实际需求，提高了学习的便利性和效率。

最后，混合式教学法通过引入个性化学习的评估机制，更全面地了解学生的学习状况。在线学习平台记录了学生在不同环节的学习表现，教师可以通过这些数据了解学生的学科水平、学习进度和兴趣方向。在传统教学中，教师难以深入了解每个学生的学习需求和差异。通过对学生个性化学习的评估，教师能够更有针对性地进行教学指导，帮助学生更好地挖掘自身潜力。

4. 强调自主学习和合作

首先，混合式教学法通过强调学生在网络空间中的自主学习，促进了其信息获取和知识建构的能力。学生通过在线学习平台可以随时随地获取教材、学习资源，进行个性化的学习。这种自主学习的模式使学生能够根据个人学习习惯和节奏进行学习，激发其对知识的主动探求和深度思考。通过自主学习，学生不仅仅是知识的接收者，更成为知识的创造者和建构者，培养了独立思考和问题解决的能力。

其次，混合式教学法通过在实际项目中的合作，强调了学生的团队协作能力。在实践项目中，学生需要与团队成员共同解决问题，分工合作，达成项目目标。这种合作模式不仅仅培养了学生的沟通和协调能力，还促使他们学会在团队中发挥各自的专长，形成更为高效的工作方式。通过实际项目的合作经验，学生不仅提高了团队协作技能，也增强了解决实际问题的能力。

再次，混合式教学法通过在线平台的互动和讨论功能，强调了学生之间的合作学习。学生可以通过在线平台展开讨论、分享学习心得，共同解决学科问题。这种合作学习的方式有助于学生在学科领域形成共同体，促使他们在互动中更好地理解和应用学科知识。通过互动合作，学生能够从不同角度获取信息，拓宽视野，提高问题解决的多样性。

最后，混合式教学法通过设计项目性作业，强调学生在实际操作中的自主学习和团队协作。项目型作业要求学生运用所学知识解决实际问题，这种实际操作培养了学生独立思考和自主学习的态度。同时，项目性作业通常是团队合作的形式，学生需要共同完成任务，提高了学生的团队协作和沟通技能。

5. 及时反馈和评估

首先，混合式教学法通过在线平台提供了及时地学习反馈和评估机制，有效促进了学生的学习效果。在传统的面对面教学中，学生可能需要等到期中或期末考试才能获得对自己学业水平的评估。在混合式教学中，教师可以通过在线平台随时查看学生在讨论、作业、测验等环节的表现，及时获取学生的学习状态。这种及时反馈使得教师能够更具针对性地调整教学策略，满足学生的学习需求，提高教学的个性化和灵活性。

其次，混合式教学法通过在线平台的数据分析功能，为教师提供了更全面的学生学习情况。通过收集学生在各个环节的学习数据，教师可以深入分析学生的学科水平、学习兴趣、学习进度等多方面信息。这种数据驱动的评估方式有助于教师更全面地了解学生的学习特点，从而更好地指导学生制订个性化的学习计划。通过利用大数据分析，教师可以发现学生的潜在问题，并在早期进行干预，提高学生的学习效果。

再次，混合式教学法通过引入在线测验和评估工具，提供了更具灵活性的考核方式。传统的考试模式可能无法全面评估学生的学科能力；在混合式教学中，教师可以设计各种形式的在线测验，涵盖知识的不同层次和能力的多个方面。这样的多元化考核方式有助于更全面、客观地了解学生的学科水平，避免了仅仅依赖传统考试结果的片面性。

最后，混合式教学法通过提供在线反馈和评估，激发了学生的自主学习和自我评价能力。学生可以随时查看自己在讨论话题、作业等方面的表现，及时了解自己的学习状态。这种自主获取反馈的机制培养了学生对终身学习的认知和自我管理的能力，使他们更有责任心和目标导向性。通过自主学习和自我评价，学生能够更好地调整学习策略，提高学习效果。

二、混合式教学在大学英语中的实施方式

（一）在线学习平台的应用

1. 在线学习平台的选择与设计

首先，选择合适的在线学习平台对大学英语教学至关重要。教师在选择平台时应考虑课程的具体目标和学生的需求。不同的在线学习平台拥有各种各样的功能和特点，因此，教师需要综合考虑平台的全面性、易用性以及与教学目标的匹配度。一个功能全面的平台应能够更好地支持各种类型的教学活动，包括在线讨论、作业提交、测验等，从而实现更

丰富的教学体验。

其次，平台设计应该充分考虑学科特点。在大学英语教学中，语言技能的培养是重要目标之一。因此，选择的在线学习平台应该具备强大的语音和视频功能，以便进行口语练习和听力训练。同时，平台应支持文字互动，方便学生进行写作、阅读和讨论。通过充分利用平台的多媒体功能，教师可以设计更具创意和趣味性的教学内容，提升学生的学习兴趣和参与度。

再次，平台的易用性是选择的重要考量因素。对学生而言，一个直观、易于操作的平台可以降低学习的难度，提高学习效果。平台的界面设计应简洁清晰，功能按钮应当明了，学生能够轻松找到所需的学习资源和工具。此外，平台还应提供相关的技术支持和培训，确保教师和学生都能够充分利用平台的各项功能。

最后，平台应该提供多样化的学习资源，以满足不同学习风格的学生。在大学英语教学中，学生的语言水平、学科兴趣和学习方式各异，因此，一个好的在线学习平台应该包括丰富多样的学习资源，如视频教学、音频材料、互动模拟等。这样的多元化资源能够更好地满足学生个性化学习的需求，提高他们的学习兴趣和动力。

2.个性化学习的促进

首先，通过在线学习平台，学生得以实现个性化学习。平台的灵活性使得学生可以根据自身的兴趣、学科偏好和学习进度自主选择学习材料。这种自主选择的机会为学生提供了更为个性化的学习路径，使其更加投入学习过程。教师可以通过设置不同难度和形式的任务，满足学生的差异化需求，让每位学生在个性化学习的过程中找到最适合自己的学习方式。

其次，教师在设计在线学习任务时，可以充分利用平台的资源和工具，为学生提供多样性的学习任务，包括但不限于文字材料、音频、视频、互动模拟等形式的任务。通过多元化的学习任务，学生有机会在不同的媒体和形式中获取信息，培养综合性的语言技能。例如，对口语训练，可以设置实际对话的音频或视频材料，让学生通过模仿和互动提高口语表达能力。这样的个性化任务设计有助于满足学生不同的学科兴趣和学习风格，激发他们的学习兴趣。

再次，在线学习平台提供了实时反馈的机制，帮助学生更好地理解和掌握英语知识。教师可以通过平台对学生的学习表现进行及时评价，指导他们的学习内容，及时纠正语言使用中的问题。实时反馈不仅有助于提高学生的学习效果，也增强了学生对学科知识的理解。通过及时了解学生的学习情况，教师能够根据个体学生的需求进行有针对性的指导，帮助他们更好地适应英语学习的各个方面。

最后，个性化学习通过在线学习平台的实施，能够培养学生的自主学习意识。学生在自主选择学习材料、参与各种学习任务的同时，逐渐培养了自我管理和自我调节的能力。这种自主学习意识不仅有益于学生当前的英语学习，也为其将来的学习和职业发展奠定了坚实的基础。通过在线学习平台实现个性化学习，有助于培养学生的终身学习能力，使其具备更好地适应未来社会需求的能力。

（二）技术工具与传统教学的结合

1.多媒体教材的引入

首先，多媒体教材的引入为混合式教学法提供了丰富多彩的教学手段。通过图文并茂的课件、富有视听效果的教学视频等形式，教师能够更生动地呈现英语学科知识，使抽象的概念更加具体和形象。这样的教学手段有助于吸引学生的注意力，提高他们对课堂内容的关注度。特别是对视觉、听觉等感知方式较为敏感的学生，多媒体教材的引入能够更好地激发他们的学习兴趣，使英语学习过程更为生动有趣。

其次，多媒体教学的运用可以提升学生的学科参与度。通过使用图像、音频、视频等多媒体元素，教师可以打破传统课堂的单一形式，使学科内容更富有层次感和趣味性。学生在观看教学视频、参与多媒体互动等过程中，不仅能够更好地理解英语知识，还能够更主动地参与到学科学习中。这种互动性的学习体验有助于培养学生对英语学科的积极态度，激发他们对学科的深层次兴趣。

再次，多媒体教学的引入有助于满足不同学生的学习需求。在大学英语课堂上，学生的学科背景和学习风格各异。有些学生对图像更为敏感，而有些学生对听觉更为敏感。通过运用多媒体教学，教师可以更好地满足这些不同学生的学习需求。例如，通过提供图文并茂的课件，满足视觉感知较为强烈的学生；通过使用音频、视频等方式，满足对听觉感知更为侧重的学生。这样的个性化学习支持有助于提高学生的学科参与度和学习效果。

最后，多媒体教材的引入使教学内容更具灵活性。教师可以根据学科内容的需要，选择合适的多媒体元素进行融合。这种灵活性使得教学内容更贴近实际应用场景，使学科知识更具实用性。通过灵活运用多媒体教学，教师能够更好地将抽象的概念转化为具体的案例，使学科内容更加贴近学生的实际生活和学科需求。

2.互动工具的运用

首先，互动工具的运用通过在线平台提供的讨论板等工具，为学生和教师之间以及学生之间搭建了实时互动的桥梁。讨论板是一个开放式的平台，允许学生在特定话题上进行交流、提问和回答。教师可以及时参与学生的讨论，引导他们深入思考和探讨英语学科的相关问题。这种实时的互动方式使得学生能够更直接地参与到学科讨论中，促进了学生与教师之间的紧密联系，有助于去除传统教学中的隔阂感，形成积极的学习氛围。

其次，互动工具的运用有助于激发学生对英语学科的兴趣。通过在线平台提供的互动工具，学生可以更加主动地参与学科讨论、分享观点、提出问题。这样的互动过程不仅可以培养学生的自主学习能力，也使得学科内容更贴近学生的实际生活和兴趣。学生在与其他同学之间互动的过程中，不仅能够分享自己的看法，还能够从他人的观点中汲取新的知识，形成更全面的学科认知。这种积极的互动方式有助于激发学生对英语学科的好奇心和学习动力。

再次，互动工具的运用可以提高学生对学科知识的理解和掌握。通过在线测验等形式，学生可以在实时的情境中检验自己对英语学科知识的掌握程度。教师可以通过在线测验的结果及时了解学生的学科水平，有针对性地进行教学调整。同时，学生在参与在线测验的过程中，也能够更深入地理解和应用所学的英语知识，巩固学科内容。这种形式的互动有助于将学科知识转化为实际技能，提高学生在英语学科中的综合能力。

最后，互动工具的运用有助于形成更加开放和灵活的学习环境。通过在线平台提供的各种互动工具，学生可以随时随地参与学科讨论、提交作业、接受反馈。这种开放性的学习环境使得学生不再受制于时间和空间的限制，能够更自由地安排学习进程。同时，教师可以根据学生的学习状态进行及时的指导和反馈，形成更加灵活的教学模式。这种开放性和灵活性有助于适应学生多样化的学习需求，提高学科教育的适用性和实效性。

3.实践项目与合作任务

首先，混合式教学注重实践与合作，通过在线平台可以更好地组织实践项目和合作任务。实践项目和合作任务不仅是理论知识的应用，也是学生发展实际技能和解决问题能力的有效途径。在大学英语教学中，这种注重实践与合作的教学方法有助于提高学生的综合素养，培养他们的团队协作和创新精神。

其次，实践项目和合作任务可以通过在线平台进行更加灵活和高效地组织。在线平台提供了便捷的协作工具，如共同编辑文档、在线讨论板等，使学生能够随时随地协同工作。这种灵活性不仅提高了学生的合作效率，还促进了他们对英语学科知识的实际应用。学生可以通过在线平台分享观点、协同撰写文档，使得实践项目更具有参与性和深度。

再次，实践项目和合作任务可以培养学生的团队协作与问题解决能力。在实际项目中，学生需要共同商讨、协同合作，解决项目中遇到的问题。这种合作过程可以培养学生的团队协作技能，使他们更好地适应未来工作和学术环境。同时，解决实践项目中的问题要求学生运用所学的英语知识，加深对知识的理解和应用。

最后，实践项目和合作任务可以激发学生的学科兴趣。通过在实际项目中应用英语知识，学生更能感受到英语学科的实际应用场景，提高其学科学习的兴趣。这种实践性的学习方式不仅使学生在项目中学到更多实用的技能，还可以激发他们对英语学科的深入思考和研究的兴趣。

第六章 大学英语教学评价

第一节 评价方法

一、传统评价方法与现代评价工具

（一）传统评价方法

1. 考试评价

首先，考试作为传统评价的主要手段，可以对学生的英语能力进行系统和全面的评估。在笔试方面，学生需要面对一系列问题，包括语法、词汇、阅读和写作等多个方面。这种形式的评价能够全面检测学生的英语语言技能，从基础的语法和词汇运用到高级的阅读及写作能力，可以为学生提供全面展示其英语水平的机会。这种全方位的测试方式有助于教师更准确地评估学生在不同语言层面上的能力水平，为教学提供有针对性的指导。

其次，在口试方面，注重学生的口语表达能力。口试常常以对话或独白的形式进行，强调学生实际运用语言进行交流的能力。这种形式的考试能够更真实地反映学生在实际交流中的表达能力，包括语音、语调、流利度等方面。口试的设置使得学生在考试中不仅需要展示书面知识，还需要展示自己的口语沟通能力，从而更好地培养他们在真实语境中运用英语的能力。

再次，考试作为评价手段的一个优势是它具有客观性和标准化。通过设计一定的评分标准和题型，能够保证对学生进行公正、客观的评估。这种标准化的评价方式有助于提高评估的可比性，使得不同学生可以在相同的测试条件下接受相似的评价，从而更具科学性。

最后，考试的设置有助于促使学生进行系统性的学习。因为考试通常会涵盖各个语言层面，学生为了应对考试的要求，需要在语法、词汇、阅读和写作等方面进行全面的学习。这种综合性的学习过程有助于学生形成系统性的语言学习思维，从而提高他们在不同语言技能上的综合应用水平。

2. 作业评价

首先，作业作为一种评价手段，能够帮助教师全面了解学生对课堂所学内容的掌握情况。通过布置书面作业，教师可以检验学生对基础知识的理解和应用能力。这种形式的作业通常要求学生回答一系列问题，回答问题的过程需要运用所学的语法、词汇和语言结构。这样的书面作业不仅有助于巩固课堂知识，还能够展示学生对语法规则的掌握程度。

其次，阅读报告是作业评价的另一形式，通过要求学生撰写对某一英语文本的阅读报告，教师可以了解学生对文本的理解、分析和批判能力。阅读报告的设计通常包括学生对文章主旨、关键观点的概括，以及对作者观点的评价和自己观点的阐述。这种形式的作业要求学生在书面表达中结合对文本的理解，展示其对英语语境中思考的能力。

再次，小组项目作为作业形式强调学生团队合作和沟通能力。通过小组项目，教师能够评估学生在协作中的表现，包括沟通技能、团队协作和解决问题的能力。这种形式的作业通常要求学生共同完成一个任务，如演讲、项目报告等，从而培养学生在实际场景中运用英语进行合作的能力。

最后，作业的形式可以包括其他创造性项目，如创作短篇故事、设计口语对话、制作英语演讲等。这些项目能够激发学生的创造性思维，培养他们在实际语言运用中的创新意识。这种形式的作业旨在通过实践性的任务促使学生更加主动地参与到语言学习中，从而更好地掌握和运用所学的英语知识。

3.口头表现评价

首先，口头表现评价是一种直观且及时的评价方式，通过学生在课堂上的口头表达，教师可以迅速了解学生的语言水平、语法运用、发音准确性以及词汇运用等方面的情况。这种及时性地评价能够帮助教师更好地调整教学内容和方法，满足学生的学习需求。

其次，口头表现评价能够促进学生的主动参与和思辨能力的培养。在课堂上，教师提出问题，学生通过口头回答展示其对知识的理解，可以激发学生的学习兴趣和主动性。同时，通过参与讨论，能够培养学生批判性思维、分析问题的能力，从而提高其思辨水平。

再次，口头表现评价有助于培养学生的沟通和表达能力。在口头表现的过程中，学生需要清晰地表达自己的观点、理解他人的观点，并进行逻辑性的论证。这种实际运用语言的过程不仅有助于提高学生的口语表达能力，还可以培养他们在实际交流中运用语言的能力。

最后，口头表现评价能够帮助教师更全面地了解学生的学科素养。通过学生在口头表达中展示的语言运用能力和对相关学科知识的掌握情况，教师能够评估学生在听、说、读、写各方面的综合素养。这种全面性地评价有助于为学生提供个性化的教学建议和指导。

（二）现代评价工具

1.在线测验

首先，在线测验作为一种现代评价工具，具有高度的灵活性和实时性。学生可以通过在线平台随时随地参与测验，无须受到时间和地点的限制。这种便捷性可以为学生提供更为灵活的学习体验，同时可以为教师提供了即时获取学生表现反馈的机会，有助于及时调整教学策略。

其次，在线测验的多样题型可以全面评估学生的语言技能。选择题、填空题、配对题等多种题型能够覆盖听、说、读、写各个方面，更全面地反映学生的语言水平。不同题型的设计能够综合考查学生对语法、词汇、阅读理解等多方面的掌握情况，从而更准确地评估他们的语言能力。

再次，在线测验可以根据学生的水平设定不同难度的试题，实现个性化评估。通过根据学生的实际水平来调整测验难度，教师可以更好地了解每位学生的具体能力，有针对性地进行教学引导。这种个性化的评估方式有助于满足不同学生的学习需求，提高教学的更具针对性和有效性。

最后，在线测验可以通过实时自动评分提高效率。许多在线平台配备了自动评分系统，能够在学生完成测验后立即生成成绩。这种实时性的评分方式可以为学生提供及时的反馈，同时可以减轻了教师的工作负担，使其更集中精力于教学内容和对学生的指导上。

2.虚拟实验

首先，虚拟实验作为一种创新的教学工具，为学生提供了在模拟情境中进行实际语言操作的机会。通过虚拟实验技术，学生可以参与各种虚拟活动，如虚拟旅游、商务谈判等，这些活动旨在模拟真实情境，让学生在虚拟环境中运用英语进行交流和互动。这种实践性的学习方式有助于学生更好地理解和应用所学语言知识，提高其语言运用能力。

其次，虚拟实验通过创造性的情境设计，使学生置身于各种语言挑战中。在虚拟旅游中，学生可能需要使用英语询问路线、购物，与虚拟环境中的人物互动，这对培养学生在实际场景中灵活运用语言的能力具有重要意义。在模拟商务谈判中，学生可能需要使用专业用语进行商业沟通，这有助于提高学生在商务环境下的语言交际能力。通过这些虚拟实验，学生能够在模拟的情境中接触到更为真实的语言使用场景，为其将来的实际应用奠定基础。

再次，虚拟实验可以为学生提供及时的反馈和评价。在虚拟实验中，系统通常能够记录学生的语言表达、互动过程，从而为教师提供详细的学习数据。这种数据可以用于评估学生的语言水平、发现其在语言运用中的问题，并有针对性地进行指导。同时，学生可以通过系统生成的反馈结果了解自己的表现，及时调整学习策略，提高语言表达的准确性和流利度。

最后，虚拟实验在大学英语教学中具有广泛的应用前景。通过结合虚拟实验技术，教师可以设计更为生动、实际的语言学习任务，激发学生的学习兴趣。通过参与各种虚拟实验，学生既能够在模拟的情境中提高语言能力，又能够培养实际运用语言的信心和能力。虚拟实验的引入有助于打破传统英语教学的局限，推动语言教学朝着更为实用、创新的方向发展。

3.语音识别技术

首先，语音识别技术在大学英语教学中的应用为学生提供了一种全新的口语评估方式。传统的口语评估通常由教师进行，语音识别技术可以通过先进的算法和模型，对学生的发音、语调、语速等多个方面进行准确分析。这使得口语评估更加客观、全面，并能够更好地反映学生的口语水平。

其次，语音识别技术的即时反馈功能为学生提供了更加灵活和实用的学习体验。通过语音识别工具，学生可以在语音表达后立即得到系统的评估和建议，了解自己的发音准确性和改进方向。这种即时反馈不仅可以促进学生对口语表达的自我监控，也可以提高其学习的效果。学生可以根据反馈结果进行及时调整，加速其口语能力的提升。

再次，语音识别技术通过个性化的学习路径，满足了不同学生的学习需求。由于每位学生的口音、语调习惯等方面存在差异，语音识别系统可以根据个体的特点，提供个性化的发音建议。这有助于教师更精准地指导学生在发音方面的问题，使其在口语表达中更符合地道的语音标准。

最后，语音识别技术为英语教学带来了更多的自主性和灵活性。学生可以随时随地通过在线平台使用语音识别工具进行口语练习和评估。这种灵活性不仅方便了学生的学习，也为教师提供了更多的可能性，可以更好地组织口语课程和设计个性化教学方案。

总体而言，语音识别技术为大学英语口语教学注入了新的活力。它不仅可以提供客观、全面的口语评估，还通过即时反馈、个性化学习路径等方式促进学生口语水平的提升。这种技术的引入不仅符合现代教育技术的发展趋势，也可以为学生提供更为便捷、个性化的学习体验。

二、学生表现的多样化评价方式

（一）组织实践项目

1.模拟商务谈判

（1）实际操作与评价

首先，商务用语的评估是模拟商务谈判的重要方面。在商务环境中，使用准确、得体的专业用语和词汇是成功谈判的关键。教师可以通过观察学生在谈判过程中是否能够适时、恰当地运用商务用语，来评估他们的专业语言能力。这包括学生对商务术语的理解程度、用语的得当与否以及用词的准确性等方面。通过对商务用语的评估，教师能够全面了解学生在实际商务场景中使用英语的能力，继而为其提供有针对性的指导和反馈。

其次，谈判技巧的观察是模拟商务谈判评价的另一个重要方面。成功的商务谈判除了语言表达，还需要良好的沟通和谈判技巧。教师可以评估学生在谈判过程中是否能够有效地运用各种沟通技巧，既包括倾听能力、提问技巧、回应对方的能力等，也包括学生是否能够适时调整谈判策略、处理潜在的冲突以及在合作和竞争中找到平衡点等。通过对谈判技巧的观察，教师可以更全面地评估学生在实际交际中的综合表现。

最后，语言表达的评估是模拟商务谈判的核心内容之一。教师可以评估学生在交流中的语法、发音、语调等语言表达方面的能力，包括学生是否能够流利地表达自己的意思、使用正确的语法结构、发音准确、语调得当等。教师可以通过录音或实时观察来收集学生的语言表达数据，以便更准确地评估其语言能力。通过对语言表达的评估，教师能够了解学生在实际交际中的语言水平，继而为他们提供有针对性的语言提升建议。

（2）优势总结

首先，模拟商务谈判的最大优势在于它强调实际运用英语的能力。在模拟的商务环境中进行谈判，学生不仅需要运用所学的语言知识，还需要灵活运用这些知识以应对各种实际情境。这有助于培养学生在真实商务环境中的语言应对能力，使他们能够更自信、更熟练地运用英语进行各种商务交流。实际运用的强调使评价更加贴近实际需求，为学生提供了更实用的语言训练，促使他们在语言能力的提升中更具深度和广度。

其次，模拟商务谈判的另一大优势在于能够全面评价学生的听说读写能力。在谈判过程中，学生需要展现出其对听力的理解、口语表达的流利度、阅读能力以及书面表达的准确性等多方面的语言技能。这使得评价不再局限于传统的笔试和口试，而是全面覆盖了学生在语言运用的各个方面。通过全面评价，教师能够更全面地了解学生的语言水平，为他们提供更具针对性的指导和改进建议。这种综合性的评价有助于描绘出学生在英语能力方面的整体画面，从而为个性化教学提供了更为丰富的信息。

（3）改进空间发现

模拟项目需要精心设计和组织，可能需要较多时间和资源的投入。

2.角色扮演

（1）情景模拟与评价

首先，角色扮演作为混合式教学法中的一种语言评价工具，通过提供模拟情境下的语言交流机会，可以为学生提供丰富的语言实践体验。在角色扮演的过程中，学生不仅需要运用所学的语言知识，还需要灵活地运用语言进行情境交流。教师通过观察学生在模拟情境中的语言运用情况，能够更全面地评估他们的口语表达、词汇运用等方面的水平。

其次，角色扮演评价中重要的一点是情境适应的评估。在模拟情境中，学生需要适应不同的语境要求，包括语气、语速、用词等方面的变化。情境适应的能力不仅仅是学生对语言的熟练掌握，更是其对实际交流场景的理解和应变能力的体现。通过评估学生是否能够适应模拟情境中的语境要求，教师可以更准确地了解学生在实际语境中运用语言的能力，从而有针对性地进行后续教学。

再次，角色扮演评价有助于培养学生的实际应用能力。在真实的情境中，学生需要更具实践性地运用所学的语言知识，这对提高他们的语言应用能力至关重要。通过参与角色扮演，学生不仅仅在语言表达上得到实际的训练，还能够在情境中培养其解决问题的能力、沟通协调的技巧等。这种实际应用的训练对学生的综合语言素养提升具有显著的促进作用。

最后，角色扮演评价在培养学生综合语言能力方面具有学术价值。通过模拟情境，学生能够更深入地理解语言背后的文化、社会和实际运用。这种综合性的语言评价不仅仅关注表面的语法和词汇，更注重学生在实际情境中的语境理解和运用能力。这对培养学生的跨文化交际能力、培养综合素养具有深远的意义。

（2）优势总结

首先，情境还原是角色扮演评价的一个显著优势。通过角色扮演，学生能够置身于真实的语境中，模拟实际生活或专业场景，可以更真实地运用语言。这种情境还原的特点使学生能够在仿真的环境中提高在实际情境下的适应能力。在这个过程中，学生需要处理更贴近生活或工作的语境，从而更好地理解和运用所学的语言知识。教师通过观察学生在情境还原中的表现，能够更全面地评估他们的语言应用水平，包括语法、词汇、语境适应等方面。

其次，即时反馈是角色扮演评价的另一个突出优势。学生在角色扮演结束后能够立即获得同学和教师的反馈。这种即时的回馈机制有助于学生及时了解自己在语言运用中的不足，有助于他们在短时间内进行有效的调整和改进。教师可以提供具体的建议，指导学生在改善发音、语法结构、语境适应等方面的问题。这样的及时反馈不仅可以促进学生在语言技能上的成长，也可以加深他们对自我表现的认识。

再次，角色扮演评价有助于培养学生的沟通和协作能力。在模拟的情境中，学生通常需要与他人进行互动，展开对话、解决问题等。这种互动过程不仅可以考察学生的语言表达能力，也可以锻炼他们的团队协作和沟通技巧。学生需要在模拟情境中共同协作，达成共识，这对培养学生的团队协作精神和解决问题的能力有着积极的作用。

最后，角色扮演评价对提升学生的情感投入和学科兴趣具有积极意义。通过身临其境的角色扮演，学生更容易投入学习中，增加了学科学习的趣味性。这种情感投入有助于提高学生对学科的兴趣，激发他们深入学习的动力。通过角色扮演评价，学生不仅可以学到语言知识，还可以体验到语言的实际运用带来的成就感，从而更加积极主动地参与学科学习。

（3）改进空间发现

角色扮演的情境可能无法覆盖所有学科领域，某些专业性的表达可能受到限制。

（二）利用反馈工具

1.即时指导与评价

首先，及时反馈是在线反馈工具的一项重要功能，可以为学生提供在学习过程中迅速获取信息的机会。通过这种工具，学生可以立即了解到自己在学习中的表现，包括所犯的错误、需要改进的方面等。这种及时反馈使学生能够迅速纠正错误，调整学习策略，提高学习效率。学生在及时反馈的基础上能够更全面地了解自己的学习状态，有助于其制订更为科学的学习计划。

其次，个性化指导是在线反馈工具的另一项重要功能，通过这一功能，教师可以根据学生的个体差异，提供有针对性的指导。不同学生在学科掌握、学习风格、兴趣方面存在差异，个性化指导能够更好地满足这些差异性需求。教师可以根据学生的反馈信息，制订个性化的学习计划，为每位学生提供更为精准的辅导。这有助于激发学生的学习兴趣，提高学习动力，使每位学生都能够在个性化发展的道路上取得更好的成绩。

再次，即时指导与评价通过在线反馈工具能够促使教师和学生之间的互动更加密切。教师既可以在学生需要帮助的时候提供及时的指导、解答他们的疑问，学生也可以通过反馈工具向教师提出问题、寻求帮助。这种及时地互动有助于建立良好的学生—教师关系，提高教学效果。同时，学生在互动中能够更好地理解教师的教学意图，形成更加深入的学科理解。

最后，即时指导与评价通过在线反馈工具为学生提供了更为全面和立体的学习支持。学生不仅仅能够获取知识方面的反馈，还能够了解到自己在学习方法、学科兴趣等方面的特点。这种全面性的反馈有助于学生在多方面得到提升，培养综合素质，更好地适应未来的学科发展和社会需求。

2.优势总结

首先，及时反馈作为混合式教学法中的一项重要优势，为学生提供了迅速了解自身学业水平的机会。这种及时地反馈不仅使学生能够立即认识到自己存在的问题和不足，而且为他们提供了调整学习策略、改进学习方法的有效途径。通过在学习过程中获取及时反馈，学生可以更加有针对性地进行自我调整，进而提高学习效率。

其次，个性化指导是混合式教学法的又一显著优势。通过在线反馈工具，教师能够根据学生个体差异提供个性化的指导，促进学生在学科学习中的个性化发展。每位学生在学科理解、学习方式和兴趣等方面存在独特性，而个性化指导能够更好地满足这些差异性需求。教师可以根据学生的实际情况，制订有针对性的教学计划，使每位学生都能够在个性发展的道路上取得更好的成绩。

再次，即时指导与评价通过在线反馈工具有助于建立学生与教师之间更加密切的互动关系。学生可以在学习过程中通过反馈工具向教师提出问题、寻求帮助，而教师则可以根据学生的反馈及时提供指导和解答。这种及时地互动不仅能够缩短学生获取帮助的时间，而且有助于增进学生对教学内容的理解。建立积极的学生—教师关系，对教学效果的提升具有积极的促进作用。

最后，即时指导与评价通过在线反馈工具为学生提供了更为全面和立体的学习支持。除了传统的学科知识反馈，学生还可以了解到自己在学习方法、学科兴趣等方面的表现。这种全面性地反馈不仅有助于学生在知识层面得到提升，同时可以促使他们在学习态度、方法等方面进行积极调整。这样的学习支持有助于培养学生的综合素质，使他们更好地适应未来学科发展和社会需求。

3.改进空间发现

在线反馈工具的使用需要一定的技术基础，学生和教师需要了解并掌握相关技能。

三、教学过程中的实时评价方法

（一）利用即时反馈

1.实时投票系统的运用

（1）工作原理

首先，提出问题并与学生进行互动。实时投票系统的工作原理首先体现在教师提出问题的环节。在课堂上，教师可以选择针对课程中的关键概念或难点问题，通过系统向学生提出有针对性的问题。这些问题既可以涵盖课堂内容的理论方面，也可以包括实际案例，以激发学生的思考和参与。通过先进的技术，这些问题可以以文字、图像或多媒体形式呈现，提高问题的多样性和趣味性，从而引导学生更积极地参与投票过程。

其次，学生使用个人设备进行投票。实时投票系统的关键环节之一是学生使用个人设备进行投票。在课堂上，学生可以通过自己的智能手机、平板电脑或笔记本电脑等设备，连接到投票系统。这要求学生事先具备一定的技术操作能力，如连接无线网络、操作投票应用等。系统通过学生个人设备的投票过程，实现了个性化的学生反馈。每位学生都能根据自己的理解和认知状态，独立进行选择，使反馈更贴近学生个体差异，有助于教师更准确地了解学生对问题的理解和掌握情况。

再次，即时显示投票结果的技术实现。在学生投票完成后，实时投票系统通过先进的技术实现即时显示投票结果。这一过程涉及数据的收集、分析和展示，需要系统在短时间内高效完成大量数据的处理。技术方面的先进性在于系统能够实现实时性、精准性和可视化。学生的投票结果能够在瞬间反映在屏幕上，以直观的形式呈现给教师和全体学生。这不仅可以提供对学生理解程度的即时了解，也可以为课堂互动创造有力的技术支持。

最后，提供即时的学生反馈。整个工作原理的最终目的是提供即时的学生反馈。通过实时显示投票结果，教师能够立即了解到学生对问题的看法和选择，从而调整教学策略。这使得教学变得更加灵活和针对性，有助于及时弥补学生对某一知识点的理解漏洞。学生通过即时反馈，不仅能够感受到自己在学习过程中的实时表现，也能够更好地理解和消化课堂内容。这种实时反馈机制促使学生更加主动地参与学习过程，形成积极的学习态度。

（2）教学场景

第一，课堂上有针对性地运用实时投票系统。在教学场景中，首先，教师通过实时投票系统有针对性地提出问题。这种有针对性体现在对课程中的重点概念和难点问题的选择上。教师通过系统提问，旨在引导学生对关键概念进行深入思考，解决难点问题。这一过程不仅使学生直面课程的难点，也为教师提供了一个了解学生掌握情况的窗口。通过针对性提问，实时投票系统成为一个有效的工具，帮助教师在课堂上实现个性化教学。教师可以根据学生的实际理解情况，调整提问的难度和深度，从而更好地满足学生的学习需求。

第二，解释重点概念和难点问题。在课堂中，教师通过系统提出问题，引导学生深入思考。这种思考不仅仅是表面性的回答，更是对概念本质的理解和难点问题的突破。通过系统投票的结果，教师可以直观地了解学生在关键概念和难点问题上的理解水平，为接下来的教学调整提供依据。在解释重点概念和难点问题时，教师可以充分利用实时投票系统的互动性。通过多样化的提问方式，如选择题、多选题、甚至开放性问题，激发学生思考，引导他们深入挖掘课程内容。这不仅能够提高学生对知识的理解深度，也为教学过程中的互动交流创造了更为丰富的可能性。

第三，通过提问激发学生思考。在实时投票系统的运用过程中，教师再次强调了通过提问激发学生思考的重要性。提问是激发学生主动思考和参与的有效手段。通过系统的投票方式，教师能够以问题为媒介，引导学生思考，促使他们形成独立的见解和观点。在提问激发学生思考的过程中，教师还可以借助系统展示学生的思考结果。这不仅可以激发其他同学的思考和讨论，也能够让学生在多角度的反馈中更全面地认识自己的观点。通过这种互动，学生能够逐渐培养批判性思维和自主学习的能力。

第四，使用系统进行投票进行即时反馈。在教学场景中，最后一步是使用实时投票系统进行投票，实现即时反馈。通过学生的投票结果，教师能够迅速了解学生对问题的理解情况，及时发现和纠正学生的认知误区。这种即时性的反馈机制有助于教师及时调整教学策略，保证学生在课堂上能够获得更加个性化的指导。使用系统进行投票还能够加强课堂氛围的活跃度。学生通过投票表达自己的看法，形成集体性的讨论，促使整个课堂变得更加生动有趣。这有助于提高学生的学习积极性和参与度，为课堂教学注入更多活力。

（3）优势总结

①快速反馈

实时投票系统能够及时了解学生对知识点的理解程度，帮助教师迅速调整教学进度，确保学生能够跟上课程。

②互动性强

通过学生的参与投票，实现了课堂的互动，激发了学生的积极性，培养了学生的思考和表达能力。

（4）改进空间发现

使用实时投票系统需要学生具备一定的技术操作能力，可能存在设备不兼容等问题。教师应提前解决技术问题，确保系统正常运行。

2.在线问答工具的应用

（1）工作原理

学生通过在线问答平台提出问题，教师或其他学生进行即时回答和讨论。这种方式通过网络平台促进了师生之间的互动。

（2）教学场景

在课堂上，学生既可以随时提问，教师及时回应，也可在课后进行在线问答，提高学生对知识的理解程度。

（3）优势总结

①个性化解答

在线问答工具可以满足学生个性化学习需求，促进深度思考，为每个学生提供更个性化的学习体验。

②课后延伸

除了在课堂上的即时回答，在线问答也能够延伸到课后，促进学生掌握知识的延伸和拓展。

（4）改进空间发现

教师需要适度控制回答问题的时间，确保不因在某一问题上花费过多时间而影响整体教学进度。

（二）观察学生合作表现

1.观察方面

在大学英语教学过程中，教师可以通过观察学生在小组中的合作表现来评估学生的团队能力。观察主要包括以下几个方面。

（1）沟通能力

首先，在评估学生的沟通能力方面，教师可以观察学生在小组内的语言表达清晰度。一个具有良好沟通能力的学生应该能够用准确、流畅的语言表达自己的想法和意见，不仅言之有物，还能够清晰地传递信息给其他组员。他们应该能够使用合适的词汇和语法结构来组织自己的思维，并能够将复杂的概念用简单明了的方式表达出来。

其次，对沟通能力的评估包括学生对他人观点的接受与反馈能力。良好的沟通者应该能够倾听他人的观点，并且能够尊重并接受不同的意见和观点。在小组讨论中，学生应能够积极参与，并且能够以理智和成熟的态度去回应他人的观点。他们应该能够提出问题或疑虑，并能够以客观的态度来评价他人的观点，而不是情绪化地争辩或只从个人立场出发。

最后，在评估学生的沟通能力时，教师可以考查学生在小组内的交流合作能力。有效的沟通常常需要与他人进行互动，通过倾听和回应来营造良好的交流环境。学生应具备与组员共同交流的技能，包括提问、解释、说明等，以促进信息的传达和理解。此外，学生还应该能够引导和组织小组讨论，以确保每个组员都有充分的参与机会，并能够以积极的方式推动讨论向前发展。

通过评估语言表达清晰度、对他人观点的接受与反馈能力以及交流合作能力，教师可以全面了解学生的沟通能力水平。这对学生来说非常重要，因为良好的沟通能力可以帮助他们更好地与他人合作、解决问题和展示自己的想法。因此，深入了解学生的沟通能力，对他们的个人和职业发展都具有重要的作用。

（2）协作能力

首先，在评估学生的协作能力方面，教师可以观察学生是否能够积极参与小组活动。良好的协作者应该能够主动参与讨论，贡献自己的观点和想法，并乐于与其他组员分享和倾听意见。他们应该能够在小组中扮演积极的角色，而不是被动地等待他人的指导或决策。他们应该表现出对任务的兴趣和投入，以激发小组全员的合作热情。

其次，对协作能力的评估包括学生是否能够与组员合作完成任务。在小组任务中，学生需要与其他组员进行有效的合作，共同努力完成预定的目标。良好的协作者应该能够与他人建立和谐的工作关系，理解和尊重他人的贡献，并能够合理分配任务和资源。他们应该表现出团队合作的态度，具备良好的协调和组织能力，以确保小组整体的工作效率和成果。

最后，在评估学生的协作能力时，教师可以观察学生在合作中是否能够发挥各自的优势。每个学生都拥有独特的优势和专长，良好的协作者应该能够识别和利用自己与他人的优势来增强合作效果。他们应该能够鼓励他人展示自己的专业知识和技能，并能够积极地与其他组员共享经验和资源。通过发挥各自的优势，学生可以提供更全面、多样化的解决方案，从而提高小组任务的质量和创造力。

通过观察学生是否能够积极参与小组活动、与组员合作完成任务，并在合作中发挥各自的优势，教师可以全面了解学生的协作能力水平。这对学生来说非常重要，因为良好的协作能力可以帮助他们在团队中更好地发挥作用，从而促进共同成长。因此，深入了解学生的协作能力具有重要的学术价值，有助于教师更好地培养学生的团队合作能力。

（3）领导能力

首先，在评估学生的领导能力方面，教师可以观察学生是否具备协调组内成员的能力。领导者应该能够有效地与小组成员沟通，理解和平衡不同成员的需求及利益，以促进团队的协作和合作。他们应该能够合理分配任务和资源，确保每个成员都能够充分发挥自己的能力。同时，领导者应鼓励并引导组员之间的互动，激发他们的潜力和创造力。

其次，对领导能力的评估包括学生是否能够推动小组任务的顺利进行。领导者应该具备决策能力和行动能力，能够制定明确的目标和策略，指导组员完成任务。他们应该能够有效地协调和管理小组的工作，并及时解决问题。领导者应激励和鼓舞团队成员，以保持高度的团队士气。通过有效领导，学生可以推动小组任务的高效完成，实现预期的目标。

最后，评估学生的领导能力需要观察他们在小组中是否能够展现领导者的素质。领导者应该具备良好的沟通和人际交往能力，能够与不同个性和背景的组员建立良好的工作关系。他们应该表现出积极主动的态度，灵活适应不同的工作环境和挑战，并能够有效地应对压力和变化。同时，领导者应具备自我管理和反思能力，不断提升自己的领导才能和团队管理技能。

通过评估他们在协调组内成员、推动小组任务顺利进行以及展现领导者素质等方面的表现，教师可以深入了解学生的领导能力水平。这对学生来说非常重要，因为良好的领导能力可以帮助他们在团队中发挥核心作用、协助团队取得成功。因此，对学生的领导能力进行全面评估具有重要的作用，有助于教师更好地培养学生的领导能力。

2.评价依据

观察评价的依据主要基于小组任务的完成情况、组内互动、解决问题的能力等方面。具体的评价依据包括但不限于以下几个方面。

（1）小组任务的完成情况

首先，在评估学生的小组任务完成情况时，教师需要关注学生是否按照任务要求完成工作。良好的小组任务完成者应该能够理解并准确执行给定的任务，并符合包括时间、内容、格式等方面的要求。他们应该能够认真分析和理解任务的目标及要求，以确保工作的正确性和完整性。同时，他们应该能够按时完成任务，并具备良好的时间管理和组织能力，以确保任务进度的顺利推进。

其次，对小组任务完成情况的评估需要考查学生能否达到预期的目标。学生应该能够在完成任务的过程中，付出足够的努力和专注度，以确保达到预期的目标。他们应该能够合理安排和分配任务，并能够动态调整和优化工作计划，以适应任务的需求和变化。此外，他们还应该能够展现自己的创造性和独立思考能力，提供符合预期目标的解决方案。

最后，在评估学生的小组任务完成情况时，教师应关注学生团队协作和合作的表现。小组任务的完成通常需要有效的团队协作和合作，学生应该能够与其他组员紧密合作，充分利用各自的优势和能力，共同完成任务。他们应具备良好的沟通和协商能力，能够解决团队内部的冲突和问题，并能够有效地分工与合作，保持团队的团结和合作氛围。

通过观察学生是否按照任务要求完成工作，并能否达到预期的目标，教师可以全面了解学生的工作态度和任务执行能力。这对学生来说非常重要，因为良好的任务完成能力能够帮助他们在实际工作中提高效率和质量，展示专业素养和团队合作能力。因此，对学生的小组任务完成情况进行全面评估具有重要的作用，有助于教师更好地培养学生的任务执行能力。

（2）组内互动

首先，在评估学生的组内互动情况时，教师需要观察学生是否能够积极参与讨论。良好的组内互动应该体现在学生能够主动提出问题、分享观点和经验，并能够积极地回应他人的意见和建议上。学生应该能够展示出其良好的沟通和表达能力，以便有效地参与小组讨论并分享自己的观点。

其次，对组内互动的评估涉及学生是否能够主动提出建议。积极的组内互动需要学生具备独立思考和创造性的素质，并能够在小组讨论中提供有建设性的建议和解决方案。他们应该能够主动运用自己的专业知识和技能，为小组的工作提供有价值的意见和建议。通过主动提出建议，学生可以推动小组工作向前发展，并促进团队成员之间的思维交流和合作。

最后，在评估学生的组内互动情况时，教师应关注学生是否能够倾听和尊重他人的观点。积极的组内互动需要学生具备良好的倾听和接受他人观点的能力。学生应该能够尊重和欣赏他人的意见，并愿意接受不同的观点和建议。他们应该能够与团队成员进行有效的互动，展示良好的合作精神和团队意识。通过倾听和尊重他人的观点，可以建立并营造出更好的工作关系和共享知识的环境。

通过观察学生是否能够积极参与讨论、主动提出建议，并能够倾听和尊重他人的观点，教师可以深入了解学生的组内互动水平。这对学生来说非常重要，因为良好的组内互动能够促进思想碰撞和知识共享，增强团队的凝聚力和创造力。因此，通过全面评估学生的组内互动情况，有助于教师更好地培养学生的团队合作和交流能力。

（3）解决问题的能力

首先，在评估学生在小组合作中解决问题的能力时，教师应观察学生是否能够有效地分析问题。良好的问题解决者应该能够全面理解问题的本质、产生原因和影响，并能够运用适当的分析方法和工具进行问题分析。他们应该能够从多个角度思考问题，收集相关信息和证据，以便做出准确的问题分析和评估。

其次，对解决问题的能力评估需要考查学生是否能够制订切实可行的解决方案。学生应该能够根据所面临的问题情境，提供解决问题的方案和策略，并能够论证其可行性和有效性。他们应该能够综合利用自己的专业知识和技能，引入创新的思维和方法，以找到最佳的解决途径。同时，解决问题者应考虑到资源使用的可行性和限制，以确保解决方案的可操作性。

最后，评估学生在小组合作中解决问题的能力需要关注他们在协调组内成员方面的表现。解决问题通常需要团队合作，学生应该能够协调和管理组内成员，促进有效的合作和协作。他们应该能够建立和谐的工作关系，通过有效地沟通和协商，将组员的意见和贡献整合在一起，形成整体的解决方案。此外，解决问题者还应具备灵活性和适应性，能够随着问题和情境的变化，适时调整解决方案并与其他组员意见达成一致。

通过观察学生在问题分析、解决方案制订和组内协调等方面的表现，教师可以全面了解其解决问题的能力水平。这对学生来说非常重要，因为良好的问题解决能力可以帮助他们在实际工作中迅速提出问题、提供创新的解决方案，展示专业素养和团队合作能力。因此，对学生的解决问题能力进行全面评估具有重要的作用，有助于教师更好地培养学生的问题解决能力。

3. 优势总结

观察评价学生合作表现的方法具有以下优势：

（1）团队协作能力的培养

首先，要培养学生的团队协作能力，教师可以通过设计合适的小组活动来促进学生的团队合作精神。例如，可以将学生分成小组，要求他们共同完成一个任务或项目。在这个过程中，教师可以鼓励学生互相交流和合作，共同制订工作计划和目标，并确保小组成员都有机会参与和分享自己的观点和意见。通过实际的小组合作实践，学生可以更好地理解团队合作的重要性，并逐渐培养出团队协作的能力。

其次，教师可以引导学生学习分享与倾听的技巧，以促进团队之间的良好沟通和合作。学生应该学会倾听他人的观点和意见，并能够尊重并接受不同的意见和建议。同时，学生应该学会主动分享自己的观点和经验，为团队的决策和解决方案贡献自己的想法。通过练习分享与倾听，学生可以加强团队成员之间的联系，增加信息的流动和共享，从而提高团队的工作效率。

最后，教师可以鼓励学生自主分工与协调，以培养他们的组织协调能力。在小组合作中，学生应该学会根据任务需求和成员的专长，合理分配任务和责任，并确保各成员的工作和贡献得以均衡和有效的结合。此外，他们还应该学会调解不同成员之间的意见和冲突，解决团队内部的问题，推动整体工作的顺利进行。通过实践和反思，学生可以逐渐提高自己的组织和协调能力，并成为团队协作的中坚力量。

通过设计合适的小组活动，引导学生学习分享与倾听的技巧，以及鼓励学生自主分工与协调，教师可以帮助学生培养出良好的团队协作能力。这对学生来说具有重要的作用，因为团队协作能力是他们未来职业发展中必不可少的素养之一。因此，通过培养学生团队协作能力，有助于提高学生在实际工作中的协作效果，促进团队的创造力和整体绩效的提升。

（2）实际应用能力的培养

首先，为培养学生的实际运用能力，教师应提供真实情境的学习和实践机会。有时，仅仅停留在理论层面是不够的，学生需要将知识应用到实际生活中。教师可以设计项目、案例分析或模拟情境，通过实际操作和解决问题的过程，让学生亲身体验和实践所学知识。这样的实际情境可以帮助学生更深入地理解和掌握知识，并培养他们创新和解决问题的能力。

其次，教师可以鼓励学生进行跨学科的学习和合作。现实生活中的问题往往是综合性的，需要综合不同学科的知识和技能来解决。教师可以组织学生跨学科团队合作，在解决问题的过程中，促使学生运用多个学科的知识和技能，形成全面思考和解决问题的能力。这种跨学科的学习和合作可以培养学生的综合能力，提高他们在实际工作中的适应性和应用能力。

最后，教师可以引导学生进行反思和自我评估。学生通过反思自己在实际运用中的表现和经验，可以发现自身存在的问题和不足，从而进行改进和提升。教师可以引导学生分析和评估自己在实际情境中的表现，提供针对性的反馈和建议。同时，教师可以为学生提供机会，让他们互相观察和评估彼此的表现，鼓励他们相互学习和提供建设性的反馈。通过反思和自我评估，学生可以不断提高自己的实际应用能力，并做好准备应对更复杂的实际情境。

通过观察评价学生在实际情境中的语言应用和交流能力，以及培养学生实际应用知识的能力，可以更真实地反映和提高学生的应用能力。通过提供真实情境的学习和实践机会，鼓励跨学科的学习和合作，以及引导学生进行反思和自我评估，教师可以培养学生具备实际运用知识的能力，使他们能够在实际工作中更好地应对挑战和解决问题。这样的培养方式具有重要的学术价值和实践意义，有助于学生更好地适应职业发展需求并提高综合素养。

4. 改进空间发现

观察评价方法也存在一些改进的空间，主要表现在以下几个方面。

（1）主观性影响

首先，教师主观性是影响观察评价的重要因素之一。教师在观察学生时可能存在个人喜好、偏见或先入为主的看法，从而对学生的表现产生主观评价。这种主观评价可能导致评价不准确，给学生带来不公正的待遇。因此，教师在进行观察评价时要提高自我意识，尽量避免个人偏见的影响，保持客观公正的立场。

其次，教师可以采用多样化的评价方法和工具，结合客观数据进行综合评估。单纯依靠观察评价容易受到主观性的影响，因此，教师应采用多种评价方法，如问卷调查、实验、项目作品等，以获取更全面、客观的评价数据。此外，教师也可以邀请其他教师或专家进行评估，通过多角度的观察和评价来减少主观性的影响。通过综合分析不同评价结果，教师可以更准确地判断学生的能力和表现，并减少主观偏见对评价结果的影响。

最后，教师应建立公正的评价制度和标准，确保评价的客观性和公正性。教师在进行观察评价时，应遵循公正、透明的原则，制定明确的评价标准，让学生清楚地知道评价的依据和标准。同时，教师也应给予充分的反馈和解释，让学生了解自己的优势和不足，并提供改进的建议和指导。通过建立公正的评价制度和标准，教师可以减少主观偏见对评价结果的影响，使评价更具客观性和公正性。

为了确保评价的客观性和公正性，教师应提高自我意识，尽量避免个人偏见带来的影响，并采用多样化的评价方法和工具，结合客观数据进行综合评估。此外，教师还应建立公正的评价制度和标准，让评价过程更加透明和有信服力。通过以上措施，教师可以有效减少主观性的影响，提高观察评价的准确性和可靠性，为学生提供公正、客观的评价和指导。这对学生的学习和发展具有重要的实践意义。

（2）评价标准的制定

首先，制定评价标准的第一步是明确评价目的和内容。教师应清楚地确定所要评价的学生能力、技能或知识领域，并明确评价的重点和要求。评价目的和内容的明确性可以确保评价的准确性和可比较性，使评价结果具有实际意义。

其次，教师可以根据评价目的和内容，设计具体的评价指标和标准。评价指标应明确描述预期的学生表现和期望达到的水平，而评价标准则用来判断学生在每个指标上的表现程度。评价指标和标准应具体、明确，以便学生理解和遵循。同时，教师可以根据评价内容的不同，制定不同的指标和标准，并分配相应的权重，以反映各个方面的重要性。

再次，教师可以通过与其他教师或专家的讨论，进行评价标准的验证和修正。与他人的交流和讨论可以帮助教师检验评价标准的合理性与准确性，发现潜在问题并进行改进。教师可以参考相关研究或教育实践中已有的评价标准，借鉴其经验和成果，以进一步完善自己的评价标准。

最后，教师应将评价标准清晰地告知学生，并与学生进行讨论和解释。学生需要清楚了解评价标准的内容和要求，以便他们能够有针对性地做好准备和努力。教师可以与学生讨论并解释每个评价指标和标准的含义，以及对应不同水平的表现所需具备的能力和技能。这样，学生可以更好地理解评价标准，从而在学习过程中有针对性地提升自己的能力。

教师可以明确评价目的和内容，设计具体的评价指标和标准，并与其他教师或专家进行讨论和验证。教师应将评价标准清晰地告知学生，并与学生进行讨论和解释。这样做可以确保评价标准的准确性和合理性，并使学生对评价标准有清楚的认识，从而更好地准备和努力追求评价标准所要求的能力和表现。评价标准的制定对学生的学习和发展具有重要的实践意义。

第二节　评价标准

一、制定明确的评价标准

（一）确定教学目标

1.明确定义教学目标的重要性

首先，明确定义教学目标在大学英语教学中具有重要性，因为它构成了整个评价体系的基础。教学目标是指导教学过程和评价学生学习成果的关键因素。通过明确定义教学目标，教师能够清晰地了解学生在每个阶段应该具备的语言能力和技能，从而有助于精准制订教学计划和评价标准。

其次，明确定义教学目标有助于教师更好地组织教学内容。教育是有目的的引导过程，明确的目标可以帮助教师选择合适的教材、设计相关的教学活动，并制定评价方式。例如，在提高学生听说读写能力的目标下，教师可以选择丰富多样的听力材料、口语训练活动、阅读任务和写作练习，以确保学生全面提高各项语言技能。这样的组织能够更有效地促进学生的语言发展。

再次，明确定义教学目标使得评价更加客观和具体。通过明确目标，教师可以设计具体的评价标准，对学生的表现进行有针对性的评估。这不仅有助于学生更清晰地了解自己的学业水平，还使得教师能够为学生提供更具体的建议和指导。例如，如果教学目标是提高学生的写作能力，评价标准就可以包括语法准确性、文体规范、逻辑清晰等方面的具体要求。

最后，明确定义教学目标有助于学生全面发展。通过设定明确的目标，教师可以引导学生在听、说、读、写等多个方面全面提升。这有助于培养学生的综合语言能力，使其在各个方面都能够胜任未来的学术和职业挑战。

2.教学目标的层次性

第一，教学目标的层次性在大学英语教学中是至关重要的。这种分层次的设定使得教学目标更具体、可操作，有助于实现教学的系统性和连贯性。长期目标和短期目标的结合能够有效地引导学生的学习方向，为教学活动提供清晰的导向。

第二，长期目标通常是对学生在较长时间内所期望达到的总体语言水平的概括。这可能包括听、说、读、写四个方面的语言技能，以及对语法、词汇、文学等多个方面的全面发展。这样的目标有助于教师全面了解学生的学习需求，制订整个学期或学年的教学计划，并可以培养学生更全面的学科素养。

第三，短期目标则更侧重每个学习阶段内学生在特定技能上的提高。这可以是一个学期内、一个月内或更短时间内的目标，旨在逐步实现长期目标。例如，在提高学生口语表达能力的长期目标下，短期目标可以包括每周进行口语练习，参与小组讨论等活动，以逐步提升学生的口语表达水平。

第四，这种层次性的设定使得教学目标更加灵活。随着学生的学习进展，教师可以根据实际情况对短期目标进行调整和修订，以更好地满足学生的学习需求。这种灵活性有助于及时调整教学策略，确保教学目标的实现更为有效。

第五，教学目标的层次性能够为教学评价提供清晰的标准。教师可以通过对长期目标和短期目标的完成情况进行评估，更全面地了解学生的学习成果，并及时调整教学计划，以提高教学效果。

（二）制定具体指标

1.可量化的评价指标

明确定义的教学目标为制定具体、可量化的评价指标提供了基础。在评价中，需要具体而明确的界定每个目标的达成标准。例如，如果一个短期目标是提高学生的听力理解能力，那么相应的评价指标就可以包括以下几个方面内容。

（1）听短对话

首先，大学英语教学评价标准的一个重要方面是学生在听力技能上的表现。当评估学生对短对话的理解时，评价标准应考虑学生是否能够听懂对话的基本内容和信息。这包括对对话中的人物关系、活动内容、时间和地点等基本要素的理解。学生应该能够正确理解问句和答句之间的逻辑关系，抓住重要的信息，并从中获取意义。

其次，评价标准应考查学生对对话的细节理解能力。学生应能够捕捉到对话中的细节信息，如数字、时间、日期等。同时，学生应能够理解对话中的隐含信息和暗示，推断出对话中未明确提及的内容或意思。这可以体现出学生对上下文的敏感度和对非字面意义的理解能力。

再次，评价标准应关注学生对对话的语调、语气和情感态度的理解。学生应能够通过声音的变化、语速的快慢、语调的起伏等来判断对话人的情绪和语气。他们应该能够根据对话的语气判断对话人的态度或意图。

最后，评价标准可以考查学生对对话的扩展理解能力。学生不仅要理解对话中直接涉及的内容，还应能够根据对话内容进行推断和预测。他们应能够将对话与自己的经验和背景知识联系起来，从而使对话更有意义。

评价学生在大学英语听力教学中对短对话的理解能力时，可以考虑以下方面：对对话基本信息的理解、对细节信息的捕捉和推断、对语调和情感态度的理解，以及对对话的扩展理解能力。这些评价标准可以帮助教师评估学生在听力技能方面的表现，并为教师提供有针对性的反馈和指导，以促进学生在听力能力的提高。同时，这有助于学生发展英语应用能力，提高其与他人交流和理解的能力，具有重要的实践意义。

（2）听取学术演讲

首先，评价学生在听取学术演讲方面的能力时，一个重要的评价标准是学生是否能够听懂演讲者的主旨和观点。学生应该能够在演讲中捕捉到演讲者提出的问题、研究目标以及对研究领域的贡献等主要内容。同时，他们应能够理解演讲者的观点、论证和推断，并从中获取到演讲的核心思想。

其次，评价标准应关注学生对学术演讲中使用的专业术语的理解。学术演讲往往包含大量的专业术语和领域专有名词。学生应具备识别和理解这些术语的能力，以便更好地理解演讲的内容和意义。此外，学生还应理解演讲者使用这些术语和名词的目的和背景，以便更好地把握学术讲座的脉络和观点。

再次，评价标准可以考查学生对演讲中引用的相关研究和实证数据的理解与评估能力。学术演讲常常会引用其他研究的结果和数据来支持观点和论证结论。学生应能够辨别和理解这些引用，并评估其在演讲中的可靠性和重要性。另外，他们还应能够将引用的研究与演讲中的论点相互关联，形成整体理解。

最后，评价标准应关注学生对学术演讲中的逻辑和论证结构的理解能力。学术演讲通常会采用一定的逻辑结构和论证方法来展示观点和证明论点。学生应能够跟随演讲的逻辑脉络，理解和评估演讲中的论证过程和方式是否具有合理性与说服力。

评价学生在听取学术演讲方面的能力时，可以考虑以下方面：对演讲的主旨和观点的理解程度、对专业术语和领域专有名词的理解和使用能力、对引用研究和实证数据的理解和评估能力，以及对演讲中的逻辑和论证结构的理解程度。这些评价标准可以帮助教师评估学生在学术演讲听力技能方面的表现，并为教师提供有针对性的反馈和指导，以促进学生在学术领域的学习和发展。同时，这样的评价有助于学生提高学术阅读和理解能力，增强其对学术界的认知和参与能力，具有重要的实践意义。

2.不同技能的具体指标

根据教学目标的不同，具体的评价指标也会有所区别。以听说读写为例，每个技能都需要独立的评价指标。

（1）听力

首先，在评价学生的大学英语听力技能时，一个重要指标是他们对不同语速的听力理解能力。学生应该能够听懂不同语速的对话和讲座，从慢速到较快速度的语音材料。这可以通过提供不同语速的录音或视频来评估学生的听力适应能力和理解能力。从慢速到较快速度的听力材料可以帮助学生逐步提高他们的听力反应和处理速度，同时能够考察他们对不同语速下的听力内容的理解情况。

其次，在评价标准应关注学生对不同语调的听力理解能力。不同语调的对话和演讲包括陈述句、疑问句、感叹句等，学生应能够理解并捕捉到语调变化所传达的信息和意义。教师可以通过提供不同语调的录音或视频来评估学生对语调变化的敏感度和理解能力。这有助于考查学生对口语表达中的语调和韵律的理解，以及他们从中获取信息和推断意义的能力。

此外，评价标准应考查学生在多媒体资源中的听力理解能力。学生在现代教学中接触到各种多媒体资源，如视频、录音等。评价学生在这些资源中的听力理解能力可以通过提供相关的多媒体材料来实现。学生应该能够理解视频或录音中的语音内容，并从中获取所需的信息和意义。此项评估可考查学生在真实语境中的听力水平和应用多媒体材料的能力。

　　评价学生的大学英语听力技能时，可以考虑以下指标：对不同语速的听力理解能力、对不同语调的听力理解能力，以及在多媒体资源中的听力理解能力。通过量化这些指标，教师可以全面评估学生的听力水平，了解学生的听力强项和薄弱点。这样的评价有助于教师根据学生的实际情况提供有针对性的听力教学和指导，帮助学生提高听力技能，并为学生的学术发展提供重要支持和指导。

　　（2）口语

　　首先，评价学生的大学英语口语技能时，一个重要指标是发音准确性。学生的发音准确性对其有效的口语表达至关重要。评价可以通过考察学生的元音、辅音和重音的正确运用来进行也可以使用音标或者录音来评估学生的发音是否准确。此外，针对学科专业术语的发音也需要进行评估，因为学科术语在学术交流中具有重要性。

　　其次，评价标准应关注学生的词汇运用能力。学生的口语表达应准确运用丰富的词汇，包括学科专业领域的术语，并在不同场景中具备用词灵活性。评价可以通过对学生在口语表达中所使用词汇的准确性、多样性和恰当性进行考察。

　　再次，评价标准应考察学生的口语流利度。学生应该能够保持一定的口语流畅性，避免过多的停顿和表达不清晰的现象。评价可以通过考查学生在口语表达中的连贯性、语速和语调来进行。学生应该能够较自如地表达自己的思想，并能够与他人进行流畅的交流。

　　最后，在评价学生的大学英语口语技能时，应考虑到学生在表达能力方面的综合能力。这包括语法准确性、句子结构的多样性、逻辑思维和表达的准确性等。评价可以通过对学生在日常对话、演讲或辩论等口语活动中的表现进行综合考察。

　　在评价学生的大学英语口语技能时，可以考虑以下指标：发音准确性、词汇运用能力、口语流利度和综合表达能力。通过量化这些指标，教师可以全面评估学生的口语水平，了解学生的口语强项和薄弱点。这有助于教师根据学生的实际情况提供有针对性的口语教学和指导，帮助学生提高口语技能，并为学生的学术发展提供重要支持和指导。

　　（3）阅读

　　首先，评价学生在阅读能力方面的一个重要指标是对文章主旨的理解。学生应能够准确把握文章的主题、中心思想以及作者的意图。他们应能够从文章的标题、开头段落或总结段落中推断出文章的主旨，并能够在整篇文章中找到支持主旨的关键信息。

　　其次，评价标准应关注学生对文章细节的理解能力。学生应能够提取并理解文章中的关键细节，包括事实陈述、具体数据等。这需要学生具备识别和判断关键信息的能力，以及将其与主旨相关联的能力。通过考查学生对文章细节的掌握情况，可以评估他们在理解文章内容方面的能力。

　　再次，评价标准可以考察学生的推理和分析能力。学生应能够进行推理和分析，理解文章中的逻辑关系、因果关系等。他们应能够根据文章中的信息推断出作者的观点、态度或意图，并能够分析文章所表达的观点的合理性和说服力。

　　最后，评价标准应考虑学生对专业领域的阅读能力。不同学科领域的文章语言和表达方式不同，涉及专业术语和概念的应用。教师可以通过提供相关领域的阅读材料来评估学生在该领域的阅读能力，并考察他们对专业术语和概念的理解。

在评价学生在阅读能力方面时，可以考虑以下指标：文章主旨理解、细节理解、推理和分析能力以及对专业领域的阅读能力。通过量化这些指标，教师可以全面评估学生的阅读水平，了解学生的阅读强项和薄弱点。这样的评价有助于教师根据学生的实际情况提供有针对性的阅读教学和指导，促进学生阅读能力的提高，并为学生的学术发展提供重要支持和指导。

（4）写作

首先，评价学生在写作能力方面的一个重要指标是文章的结构。学生的文章应具有清晰的结构，包括引言、正文和结论等部分，并且段落之间应有良好的过渡。评价可以考查学生是否能够有效组织文章，将各部分内容合理地连接在一起，使得整篇文章的逻辑和条理性得以展现。

其次，评价标准应关注学生的语法使用能力。学生应能够正确运用语法规则，包括句子结构、时态、语态等。他们应避免常见的语法错误，如主谓一致、动词时态等问题。评价可以通过对学生在文章中出现的语法错误进行检查来实现，以体现学生在语法表达方面的准确性和运用能力。

再次，评价标准可以考察学生的表达清晰度。学生的文章表达应清晰明了，能够用简练准确的语言表达观点，避免歧义和冗余。学生应选择合适的词汇和句式，并注意在文章中使用恰当的连接词和过渡短语来帮助读者理解与跟随文章的思路。这可以通过评估学生的写作样品来实现，以验证他们在表达清晰度方面的能力。

最后，评价标准可以考查学生在学科专业领域的写作能力。不同学科领域的写作风格和要求不同，需要学生熟悉和运用该领域的学术术语和规范。教师可以提供有关该学科领域的写作任务和要求，以评估学生在该领域中的写作能力。

评价学生在写作能力方面时，可以考虑以下指标：写作结构、语法使用能力、表达清晰度以及在学科专业领域的写作能力。通过量化这些指标，教师可以全面评估学生的写作水平，了解学生的写作强项和薄弱点。这样的评价有助于教师根据学生的实际情况提供有针对性的写作教学和指导，促进学生写作能力的提高，并为学生的学术发展提供重要支持和指导。

3.评价指标的层次性

首先，评价指标的层次性在大学英语教学中是非常重要的。这种分级设计不仅使评价更有针对性，还能够为学生提供明确的学习路径和目标。以口语评价为例，分为初级、中级和高级水平的评价指标能够更具体地反映学生口语表达能力的不同层次，为教学和学习提供了更清晰的方向。

其次，初级评价指标通常涵盖语言的基础要素，如发音准确性、基本词汇的运用和简单语法结构的运用。这有助于学生在语言学习的初始阶段建立坚实的基础。中级评价指标可以要求学生在语法结构和词汇运用上有更高水平的要求，同时增加对话的复杂性和语言表达的流畅度。高级评价指标则可以侧重学生在口语表达中的深度和广度，要求他们能够完成更复杂、更抽象的语言任务，展现出更高层次的语言能力。

再次，这种层次性的评价指标有助于更全面地了解学生的语言水平。通过不同水平的评价指标，教师可以更具体地识别学生在语言能力的哪个方面存在不足，有助于有针对性地进行教学调整。同时，学生能够清晰地了解自己的语言水平，更有针对性地进行后续学习。

最后，层次性评价指标的设计有助于促进学生学习水平的逐步提高。学生在完成初级水平的评价后，可以有明确的目标和方向去迎接中级水平的挑战，进而逐步提升到高级水平。这种逐级升华的过程有助于培养学生的学习兴趣。

二、根据教学目标设定多层次评价标准

（一）多维度评价

1.综合考虑学科知识、语言技能和跨学科能力

首先，多维度评价在大学英语教学中是至关重要的，因为这能够更全面地了解学生在多个方面的表现。综合考虑学科知识是一个重要的维度，因为英语不仅仅是一门语言，还是一种传达学科知识的工具。通过将学科知识纳入评价范围，可以确保学生在阅读、写作等方面能够理解和运用特定学科领域的专业术语和概念。例如，在学术写作评价中，不仅要求学生表达清晰、语法准确，还需关注他们对特定学科主题的深度理解。

其次，语言技能的全面评价是确保学生在听说读写的各个方面都能够得到提高的重要手段。在听力方面，评价可以关注学生对不同口音、语速的听力理解能力；在口语方面，评价可以包括发音准确性、语法运用和词汇表达等多个方面；在阅读方面，评价可以考查学生对不同文体和主题的阅读理解能力；在写作方面，评价可以关注学生在结构、逻辑、用词等方面的表达水平。这样的全面评价有助于揭示学生在语言技能的哪个方面存在不足，为有针对性的语言教学提供指导。

再次，跨学科能力的考察是大学英语教学中的一个新兴趋势。通过项目合作、问题解决等形式，可以考查学生在团队合作、创新思维、批判性思维等方面的跨学科综合素养。这种考察方式有助于培养学生在未来职业发展中所需的综合能力，提高他们在复杂问题处理和团队协作中的能力。

最后，多维度评价不仅关注学生的终极表现，还注重评价过程中的成长。通过设定具体的评价标准和目标，教师可以引导学生逐步提高，促进其在语言和学科知识方面的全面发展。这种评价方式有助于学生形成全面的学科素养，提高他们在不同领域的竞争力。

2.制定多层次的评价标准

首先，制定多层次的评价标准是确保评价全面性和深度的重要手段。基础水平的评价侧重学生对基本知识和语言技能的掌握情况。这有助于确保每位学生都具备必要的语言基础，为更高层次的学科知识和语言技能的发展奠定基础。在大学英语教学中，基础水平的评价可以包括对语法、词汇、基本阅读理解和写作技能的考察。通过这一层次的评价，教

师能够了解学生在语言基础方面的状况，为其后续的学习提供支持和引导。

其次，进阶水平的评价是对学生在特定语言技能上深层次应用的考察。这一层次的评价旨在挖掘学生在口语表达、写作、阅读理解等方面的深度发展。例如，对口语表达的流利度、写作的文体掌握、阅读理解的深度理解等方面进行评价。通过进阶水平的考察，教师可以更准确地了解学生在特定技能上的发展水平，为个性化的指导和提高提供有针对性的建议。

再次，高级水平的评价聚焦学科领域知识和高级语言技能的深度应用。这一层次的评价旨在培养学生在专业领域的独立思考和表达能力。对大学英语课程而言，高水平的评价可以包括对学生在文学、文化、专业领域等方面的深度理解和创造性运用的考察。通过这一层次的评价，教师可以评估学生在更高层次的学科领域中的表现，帮助他们更好地发展专业素养。

最后，多层次的评价标准有助于建立起渐进式的学习路径。学生可以通过逐渐达到不同层次的评价标准，实现其在语言和学科知识方面的渐进式提高。这种渐进式的学习路径有助于激发学生的学习兴趣，促使其在学科领域和语言技能的全面发展中取得更好的成绩。

（二）考虑个体差异

1. 充分考虑学生的个体差异

首先，在评价体系中充分考虑学生的个体差异至关重要。学生在学科兴趣、天赋和语言水平等方面存在着差异，因此，一个灵活而差异化的评价标准能够更好地满足不同学生的需求。在制定评价标准时，首先要了解学生的个体差异，明确各项指标的权重。这有助于确保评价体系既全面又公正。

其次，对学科兴趣的考虑是评价中的一个重要方面。不同学生对学科的兴趣程度各不相同，因此在评价中应该关注学生在其感兴趣的领域内的表现。例如，对一个对文学领域充满热情的学生，评价可以更侧重文学作品的阅读理解和创意写作，以更好地激发学生的学科兴趣，帮助其在该领域中取得更好的表现。

再次，学科天赋是评价中的另一个重要考虑因素。一些学生可能在特定学科领域拥有天赋，而在其他领域可能相对较弱。因此，评价标准应该允许学生在其擅长的领域中展现其天赋，并为其提供更多的发展空间。这样的评价方法有助于激发学生的学科潜能，使其在自己擅长的领域中更有信心，同时促使其在其他领域的学术水平有所提高。

最后，语言水平的考虑同样至关重要。不同学生的语言水平存在差异，因此评价标准应该根据学生的语言水平制定。对语言水平较高的学生，评价可以更加注重高级语法运用、词汇表达和复杂句式的运用；对语言水平较低的学生，评价可以更侧重基础语言技能的培养，以确保他们在语言能力上得到逐步提高。

2. 制定灵活地评价标准

首先，制定灵活的评价标准的重要性在于个性化评价。每位学生都是独特的，拥有各自的学科兴趣、学科天赋和学科挑战。通过制订个性化的评价计划，教师可以更好地理解每位学生的个体差异，确保评价更具有针对性和公正性。例如，对一个对文学感兴趣但在口语表达方面相对较弱的学生，评价标准可以更加注重其在文学阅读和写作方面的表现，同时提供有针对性的口语表达指导，以促使其在个体差异的基础上得到全面发展。

其次，差异化指导是灵活评价标准的另一重要方面。在评价反馈中，教师可以为每位学生提供差异化的指导，明确其在不同方面的优势和劣势。这种指导有助于学生更深入地了解自己的学科特长和成长空间，从而使他们能够有针对性地改进和提高。例如，对一个在写作方面表现出色但需要提高听力技能的学生，评价反馈可以突出其在写作优势的同时提出有关听力水平提高的建议，实现在差异化指导中的个性化发展。

再次，评价标准的灵活性表现在教学策略的调整上。通过定期检查和调整评价标准，教师可以更好地适应学生的个体差异和学科发展需求。例如，如果一个班级中的学生整体上在听力方面普遍较弱，教师可以在评价标准中增加相应的听力训练，以更好地满足学生的共性需求。这种动态调整的评价标准有助于确保评价体系始终与学科和学生的发展保持同步。

最后，通过灵活地评价标准，可以促进学生的自我认知和自主学习。学生通过个性化和差异化的评价反馈，更深入地了解自己的学科优势和不足，从而能够有目的地制订学习计划，提高自主学习的动力和效果。这种评价标准的设计有助于培养学生的学科自觉性和主动性，使其在保持个体差异的基础上更好地实现个性化发展。

第三节　评价结果分析

一、教学评价结果的解读与分析

（一）结果解读

1.对教学评价结果进行细致解读

首先，对教学评价结果进行细致解读是保障有效教学的关键。在解读过程中，教师需要全面考查学生在不同方面的表现，包括学科知识和语言技能两个主要方面。例如，在语言技能方面，可以分析学生在听、说、读、写各项技能上的表现，了解每个学生的优势和不足。其次，在学科知识方面，可以根据教学目标，检视学生对相关知识点的理解程度。这种细致地解读有助于教师更深入地了解学生的学业状况，从而为其后续的个性化教学提供有力支持。

2.分析学生在不同方面的表现

首先，解读评价结果时，需要着重分析学生在不同语言技能方面的表现，包括听、说、读、写四个方面。在听力方面，可以分析学生对听力材料的理解程度、听取信息的能力以及对不同口音的应对能力。在口语表达方面，需要关注学生的发音准确性、语调运用、流利度等方面，以便发现潜在的口语表达问题。阅读方面的分析可以侧重学生对文本的理解深度、阅读速度、词汇掌握等方面。写作方面的分析可以关注学生的写作结构、语法准确性、表达清晰度等方面。其次，通过这些评价结果详细的分析，教师能够更全面地了解学生在语言技能方面的优势和不足，为其个性化的语言技能提升提供有针对性的指导。

其次，对学生在具体学科领域的知识理解进行分析是十分重要的。在大学英语教学中，学科知识的深度理解对学生的发展至关重要。评价结果中的学科知识分析可以关注学生对文学作品、历史文化、社会问题等方面的理解。这包括学生对文学作品中主题、人物、情节等的把握程度，对历史文化和社会问题的思考深度。通过对学科知识的详细分析，教师可以判断学生是否达到预期目标，是否需要加强相关知识点的训练。这种有针对性地分析有助于教师调整教学内容，使学生在学科知识方面取得更好的进步。

最后，解读评价结果时需要考虑学生的个体差异，包括学生在学科兴趣、学科天赋、语言水平等方面存在的差异。在语言技能和学科知识的分析中，需要关注个别学生的特点，制订个性化的发展计划。例如，对喜欢口语表达但在写作方面较为薄弱的学生，可以在写作方面提供更多的指导；对对文学领域兴趣浓厚的学生，可以引导其深入挖掘文学作品，提高其在该领域的学科知识水平。通过对学生个体差异的充分考虑，教师可以更好地引导学生学习，促使其在个人发展方面取得更好的成绩。

（二）比较分析

首先，通过对比不同学期或不同班级的评价结果，教师能够发现教学中的差异和变化。这种比较有助于教师全面了解教学过程中的优势和不足。例如，可以通过比较不同学期的评价结果来观察学生整体水平的提高或下降，从而调整教学策略。同时，比较不同班级的评价结果有助于发现教学设计和实施中的问题，为今后的教学提供经验和教训。

其次，通过比较分析，教师能够找出教学过程中的改进点。这些改进点可能涉及教学方法、教材选择、课堂互动等多个方面。例如，如果比较分析发现某个学期口语表达水平整体较差，教师就可以考虑增加口语练习的时间，调整口语教学的方法，以期在下一学期取得更好的效果。

最后，比较分析的结果可以为后续教学提供宝贵的经验教训。教师可以根据评价结果的变化和趋势，不断优化教学设计，调整教学计划，使教学更加精细化和个性化。同时，有助于教师更好地了解学生的学习需求，更有针对性地开展教学工作。

二、发现评价中的优点和改进空间

（一）优点总结

首先，对学生在听、说、读、写等方面的表现进行优点总结是至关重要的。在听力方面，某些学生可能表现出色，对各种语音和语调有较好的理解。在口语方面，另外一些学生在表达流利度和发音准确性上有亮点。在阅读方面，可能有学生能够迅速理解并分析各类文章，而在写作方面，也许有学生在语法运用和结构构建上做得很好。这样的优点总结有助于树立学生的自信心，同时激发学生在强项上更进一步，为提升其更全面的语言能力打下坚实基础。

其次，对学生的优点进行总结不仅是为了表扬，更是为了激发学生的学习积极性。通过明确指出学生在某些方面的亮点和优势，可以让学生更加自信，明确自己的优势领域。这可以为教师后续的教学提供方向，教师可以在学生学习强项上进行更有针对性的引导和拓展。例如，如果学生在口语表达方面表现优异，就可以鼓励他们参与更多口语活动，提高语言流利度，培养更广泛的语境适应能力。

（二）发现改进空间

首先，需要识别评价中的薄弱环节。通过深入分析评价结果，可能发现学生在某些方面普遍存在薄弱环节。例如，如果阅读理解中学生整体表现不佳，就说明阅读理解能力可能是薄弱环节；如果写作中学生在语法使用上普遍出现问题，就说明其对语法知识的掌握可能需要进一步强化。这种识别有助于教师明确后续教学的改进方向，从而更有针对性地进行教学设计。

其次，通过发现薄弱环节，可以明确学科知识和语言技能的提升方向。例如，如果学生在听力方面存在薄弱环节，教师就可以通过增加听力训练的频率、调整听力材料的难度等方式，有针对性地提高学生的听力水平。同样，如果学科知识的理解不足，就可能需要重新设计知识点的讲解方式，引入更具体的实例，激发学生的兴趣，提升其学科知识的吸收能力。

最后，通过发现薄弱环节并明确提升方向，为后续教学调整和改进提供具体建议。教师可以制订相应的教学计划，例如，增设专项训练课程，设计更富有趣味性的教学活动等。这些具体的建议能够帮助教师更有针对性地进行教学改进，提升整体教学质量。

三、对评价结果的反馈与调整

（一）反馈给学生

首先，将评价结果及时反馈给学生是教学过程中至关重要的一环。及时地反馈不仅有助于学生了解自己的学业表现，还可以激发他们的学习兴趣和动力。在反馈中，应该突出学生的优点，鼓励他们在这些方面继续努力，并明确薄弱环节，提供具体改进建议。例如，如果学生在口语表达中表现出色，就要肯定他们的努力，并提供建议以进一步提高其表达的流利度。

其次，反馈不仅要着重于指出问题，更要帮助学生深刻了解自己的优劣势。通过详细的评价反馈，学生能够清晰地认识到自己在哪些方面表现出色，哪些方面需要改进。这种了解有助于学生制订更有针对性地学习计划，明确学习方向，提高学习效率。例如，如果学生在写作方面存在问题，就可以给他们提供针对性的写作练习，以提升写作水平。

（二）调整教学策略

首先，根据评价结果和分析，对教学策略进行调整是提高教学效果的关键步骤。通过深入分析学生的表现和反馈，教师可以识别出教学中存在的问题和不足。例如，如果学生在某个语言技能上整体表现较差，教师就可以考虑调整教学方法，引入更多互动式教学活动，提供更多实践机会。这种调整有助于更好地满足学生的学习需求。

其次，根据评价结果调整教学策略可以包括调整教学方法。如果发现学生对传统的课堂教学方式反应平淡，就可能需要引入更多多媒体资源、互动式教学等新颖的教学方法。这样的调整有助于激发学生的学习兴趣，提高他们的参与度。例如，教师可以通过使用在线学习平台、教育游戏等方式，使学生学习更加生动有趣。

最后，调整教学策略可以包括引入新的教学资源。根据评价结果，教师可以认识到学生在特定知识点上的掌握程度，进而选择更符合学生水平的教材和资源。例如，如果发现学生对某一学科知识理解较为薄弱，就可以引入更生动直观的教材，或者通过实践案例等方式，提升学生对知识的理解和应用能力。

第七章　大学英语教学实践案例分析

第一节　案例选择和分析方法

一、案例选择的标准和依据

（一）教学挑战性

1. 教学挑战性的必要性

首先，教学挑战性在大学英语教学案例选择中具有首要标准的必要性。现代教育环境日益多元，学生群体的背景、学科兴趣以及学习需求呈现多样性。一个教学案例如果缺乏挑战性，就可能无法满足不同学生群体的学习需求，导致教学策略过于平庸。因此，选择具有一定难度和挑战性的案例，能够更好地激发学生学习兴趣，引导学生深入思考，促使其在学科知识水平和语言技能方面取得更为全面的提升。

其次，教学挑战性的必要性在于推动教师创新思维和教学策略的需求。随着时代的发展，传统的教学方法可能逐渐变得单一和滞后。通过选择具有挑战性的案例，教师被迫面对新的教学挑战，促使其不断地进行专业知识的更新和教学策略的调整。这种挑战性激发了教师的创新思维，推动了教学方法的不断进步。教师在应对挑战性案例时，需要思考如何更好地激发学生的学习兴趣、提高他们的学科应用能力，从而可以促进教育的质量和深度发展。

再次，教学挑战性有助于提高学生的学习积极性和自主性。对学科知识和语言技能的深度学习往往需要学生面对超越表面层次的挑战，面对一些不那么轻松的任务。通过设置具有挑战性的教学案例，可以培养学生的解决问题能力、自主学习能力以及团队协作能力。这样的学习体验使学生更愿意迎接学科难题，提高了他们在知识和技能学习方面的自主发展能力。

最后，教学挑战性的必要性在于促进学生的全面素质发展。仅仅满足学科基本要求的教学案例难以激发学生的创造力和批判性思维。具有挑战性的案例能够促使学生在解决问题、分析复杂情境中培养全面的素质，使他们在未来更好地适应社会需求和职业挑战。

2. 复杂问题的体现

首先，所选案例应在教学过程中遇到的复杂问题，体现在对学科知识的深入理解上。

复杂问题可能涉及学科领域的多个层面，需要学生具备对知识点的深刻理解和跨学科的综合运用能力。例如，在大学英语教学中，案例可以设计成涉及文学、历史、社会文化等多方面的主题，引导学生在语言表达的同时深入思考相关学科的知识。通过解决这些复杂问题，学生能够更好地理解学科知识的内在联系，提高对知识的整体把握能力。

其次，复杂问题的体现可以在语言技能的全面提升上展现。这种提升不仅仅包括语法和词汇的应用，还涉及语言的流畅度、准确性、表达力等多个方面。通过面对具有挑战性的语言任务，学生将被激发去更深入地思考和应用语言技能。例如，设计需要在团队中进行讨论、合作完成的任务，学生需要运用听说读写的各项语言技能，使得这些技能在实践中得到全面提升。教师在引导学生应对这些语言挑战时，能够更好地发现学生在不同语言层面上的问题，并有针对性地进行教学调整。

再次，面对复杂问题有助于教师通过应对挑战，不断提高自身教学水平。在处理复杂问题的过程中，教师需要深入了解案例所涉及的学科知识和语言技能，更加全面地理解教学内容的内涵。这促使教师不断进行专业知识的更新，提高对跨学科知识的掌握，从而在教学中能够更有深度和广度地引导学生。教师需要灵活运用不同的教学方法和策略来解决学生在学科与语言方面的困难，进一步锻炼了其教学技能和反应能力。

最后，面对复杂问题有助于培养学生的批判性思维和解决问题的能力。复杂问题往往不是一蹴而就可以解决的，需要学生通过分析、讨论、研究等方式，培养自己的批判性思维和解决问题的能力。这种能力是学生在未来面对各种挑战和问题时的重要素养，对其终身学习和职业发展具有深远的影响。

3.创新型教学方法的运用

首先，项目式教学是一种创新型的教学方法，可以有效应对案例中的复杂问题。通过将学科知识和语言技能嵌入实际项目中，学生在解决问题的过程中能够更深入地理解理论知识，并将其应用于实践。例如，在大学英语教学中，教师可以设计一个跨学科项目，要求学生在团队中合作完成一个关于文学作品的多媒体展示。这个项目涉及文学理论、英语语言表达、多媒体技术等多个方面，使学生在解决实际问题的同时全面提升各项能力。

其次，任务型教学是一种有力的创新型教学方法。通过设定真实而富有挑战性的任务，学生将被激发去运用他们的学科知识和语言技能。例如，教师可以设计一个任务，要求学生在限定时间内为一个模拟企业撰写一份英语商务报告。这个任务要求学生不仅运用英语专业知识，还要了解商务领域相关知识，培养了他们的综合能力。

再次，跨学科教学是应对案例复杂性的有效途径。将英语教学与其他学科融合，构建跨学科的教育场景，能够更好地满足学生的综合学科需求。例如，教师可以设计一个涉及英语文学和历史背景的研究项目，要求学生在学习文学作品的同时深入了解其所处的历史背景，从而更全面地理解和分析文学作品。

最后，反思型教学方法是一种有益的创新方式。通过鼓励学生在解决问题的过程中进行反思，教师可以引导他们思考所学知识的应用和自身的学习过程。这种方法有助于培养学生的批判性思维和自主学习能力，提高他们解决复杂问题的能力。

（二）学生表现多样性

1. 学生水平的差异

首先，了解学生水平差异的重要性在于能够更准确地把握整个班级的学科水平分布。这有助于教师制订差异化的教学计划，满足每个学生的学习需求。通过开展入学前的英语水平测试、课堂测验等方式，教师可以获取学生的基础水平信息，为后续教学提供有针对性的指导。

其次，个性化的教学策略是应对学生水平差异的有效途径。在面对水平较高的学生时，可以通过为其提供更深入、更有挑战性的学科知识和任务，激发其学习兴趣，推动其在英语学科上更进一步。对水平较低的学生，教师可以采用更为细致入微的教学方法，如提供更多辅助材料、更频繁地反馈，帮助他们逐步提升英语水平。

再次，灵活地教学组织和资源配置是因应学生水平差异的关键。通过将班级分成不同水平的小组，或者通过课外辅导、个别辅导等方式，教师可以更好地满足学生个体差异的需求。此外，结合现代技术手段，如个性化学习平台，也能够为学生提供更贴合其水平和需求的学习资源。

最后，鼓励同学合作和互助是应对学生水平差异的一项重要举措。通过组织小组学习、互助讨论等活动，可以促使水平较高的学生与水平较低的学生相互交流，形成学习合作氛围。这不仅有助于水平较低的学生从同学中获取帮助，也能够让水平较高的学生通过教学巩固和加深对知识的理解。

2. 学科背景和学习风格的差异

首先，考虑学科背景差异的重要性在于学科领域的差异会对学生对英语学科的理解和应用产生影响。例如，在大学英语教学中，涉及文学作品的阅读和理解，学生如果具有文学、人文类学科的背景，就可能更容易理解和欣赏文学作品，而理工科背景的学生可能需要额外的指导和解释。因此，了解学生的学科背景有助于教师更好地调整教学内容和方法，使之更符合学生的认知水平和兴趣。

其次，学习风格的差异涉及学生在获取、处理和理解信息时所采用的偏好方式。有些学生可能更喜欢通过阅读文字来学习，而另一些学生可能更喜欢通过图像、音频等多媒体方式学习。了解学生的学习风格，教师可以有针对性地选择和设计教学材料，以满足不同学生的学习偏好，提高学习效果。例如，对喜欢通过采用视觉方式学习的学生，可以增加图文并茂的教材和多媒体资源。

再次，通过充分考虑学科背景和学习风格的差异，教师可以采用更为多样化的教学方法，使得教学更富有趣味性和灵活性。对文科背景的学生，可以更多地采用讨论、文学分析等方式，激发其批判性思维；对理工科背景的学生，可以引入实例和案例，强调实际应用和解决问题的能力。在满足学科需求的同时，能够照顾到不同学生的学科兴趣和学习风格。

最后，促进跨学科交流和合作是充分考虑学科背景和学习风格差异的有效途径。通过在项目、研讨会等跨学科活动中促使不同学科背景的学生互相协作，有助于拓宽学生的学科视野，培养跨学科综合素养。这种合作模式可以促使学生学习不同学科的专业术语和表达方式，提高其跨学科沟通能力。

3.教学个性化的考量

首先，个性化教学的考虑在于了解每个学生的学习特点和需求。通过调查问卷、个别面谈等方式，教师可以收集学生的学科兴趣、学科水平、学习风格等信息，形成一个全面的学生画像。这有助于教师更准确地把握每位学生的优势和劣势，制定更有针对性的教学策略。

其次，根据学生的个体差异，教师可以采用不同的教学方法。对在语言表达方面较强的学生，可以推崇更多的口语交流和写作训练，以挑战他们在语言运用上的极限；对在语法知识掌握方面较为薄弱的学生，则可以采用更多的游戏化学习、多媒体教学等形式，提高学习的趣味性和吸引力。

再次，通过差异化的作业和评价方式，教师能够更好地满足不同学生的需求。为具有较高英语水平的学生设计更具挑战性的任务，如参与英语演讲比赛、进行研究性写作等，以激发其学科热情；对英语基础较差的学生，可以提供更具操作性的练习，注重基础知识的巩固。

最后，借助技术手段，个性化教学可以更灵活地展开。在线学习平台、教育软件等工具可以根据学生的学习进度和反馈情况，自动生成个性化的学习路径和推荐资源，为每位学生提供定制化的学习体验。同时，通过在线互动和即时反馈，教师可以更及时地发现学生的困惑和问题，提供个性化的辅导和指导。

（三）教学环境复杂性

1.教学环境的多因素考虑

首先，教学环境的规模和组成对案例的选择与分析至关重要。班级规模的大小直接关系到教师对学生的个性化关注程度。在大班教学环境中，教师可能面临更多的挑战，需要采用更灵活的教学方法来确保每个学生都能够得到充分的关注和指导。此外，班级的学科背景分布也是一个重要的考虑因素，不同学科背景的学生可能对特定领域的学科知识有不同的理解和需求。

其次，教材使用情况对于案例的设计和分析有着直接的影响。在教材选择上，教师需要综合考虑学科要求、学生水平和教学目标。同时，教材的多样性和灵活性是一个重要的因素，以适应不同学生的学习风格和需求。例如，是否采用多媒体教材、是否提供在线资源等都是需要考虑的问题。

再次，技术支持在现代教学环境中具有重要地位。教学中是否有先进的技术设备、是否有网络支持、学生是否具备足够的技术使用能力等都是需要纳入考虑的因素。这对在线学习、多媒体教学、实践项目等方面都有直接地影响。充分的技术支持可以提高教学的效果，激发学生的学科兴趣，促进教学环境的创新性。

最后，教学环境中的社会文化背景是一个重要的考虑因素。学生来自不同的文化背景，这可能影响到他们对英语学科的理解和学习方式。教师需要了解学生的文化差异，设计能够促进跨文化交流的教学活动，以培养学生的文化综合素养。

2. 环境复杂性的反映

首先，环境复杂性在案例中的体现主要表现在班级规模的较大。大班教学可能导致学生互动的挑战，因为教师面对众多学生时，难以深入关注每个学生的学习情况。这种环境下，教师需要采用创新的教学策略，以确保每个学生都能够参与到教学过程中。例如，可以通过分组活动、小组讨论等方式促进学生之间的合作与互动，缓解大班教学的困境。

其次，教材的选择对环境复杂性的体现至关重要。教师在面对大班规模时，教材的选择需要具备足够的灵活性，以满足不同学生的学习需求。教材的多样性可以帮助教师更好地应对学生学习的多样性，例如，提供不同难度的教材、引入多媒体资源等，以激发学生的学习兴趣。在环境复杂的情境下，灵活运用教材可以提高教学的更具适应性和针对性。

再次，技术支持是环境复杂性的一个反映点。在大班教学环境中，有效的技术支持可以提供在线互动、学习资源共享等功能，有助于缓解学生与教师之间的沟通障碍。同时，技术工具的使用可以促进学生之间的合作与互动，增强教学效果。然而，在环境复杂的情境下，教师需要确保学生都能够熟练使用这些技术工具，因此，培训和支持是至关重要的一环。

最后，社会文化背景的多元性是环境复杂性的又一体现。学生来自不同文化背景，这可能影响他们对英语学科的理解和学习方式。教师在设计教学活动时需要考虑到这些差异，以确保教学内容更贴近学生的实际生活和文化背景。在环境复杂的情境下，了解学生的文化差异并嵌入跨文化元素，有助于提高学生的学科参与度和学科理解程度。

3. 复杂性对教学问题的揭示

首先，教学环境的复杂性揭示了教师在大班规模下面临的问题。大班教学可能导致学生互动的挑战，使得教师难以有效关注每个学生的学习需求。这种情境下，教师需要应对学生的差异性，采用灵活的教学策略，以确保每位学生都能够积极参与到教学活动中。这反映出了教学管理和个性化教学的挑战，教师需要在复杂的教学环境中寻找平衡点，以确保教学的全面性和公正性。

其次，教材选择的复杂性揭示了教师在面对大班规模时需要灵活运用教材以满足不同学生的学习需求。教材的选择不仅要适应学科知识的要求，还要关注学生的语言水平和兴趣点。在解决这一问题时，教师需要深入了解学生的需求，选择具有足够灵活性的教材，并通过多样的教学方法确保教学的多元性。这可以促进教师对教材的深度理解和灵活运用的能力。

再次，技术支持的问题揭示了在教学环境中应用技术的挑战。虽然技术工具可以提供便利和支持，但在大班规模下确保每位学生都能熟练使用这些工具需要耗费一定的时间和资源。教师需要敏锐地捕捉到技术支持的需求，提供相应的培训和支持，以确保技术工具的有效应用。这同时涉及教师对于技术应用的不断学习和更新，使其在复杂的技术环境中游刃有余。

最后，学生的社会文化多元性揭示了教师在设计教学活动时需要考虑到学生的文化背景。不同文化背景的学生对英语学科的理解和学习方式可能存在差异，教师需要在教学中嵌入跨文化元素，以使学科内容更具吸引力和实用性。解决这一问题需要教师具备跨文化教学的能力，促进不同文化背景学生之间的交流与理解。

二、采用的分析方法和工具

（一）观察法

1.观察法的选择依据

首先，观察法在教学案例分析中的选择基于其能够提供客观、直观、具体的数据，有助于深入了解师生互动和学生学习状态。观察法使研究者能够直接参与或观察到真实的教学过程，捕捉到细致入微的教学细节，为案例的详细描述提供了坚实的基础。通过观察，可以获得师生之间的交流方式、学生的参与程度、教学方法的实施情况等方面的数据，为进一步地分析提供了具体而丰富的材料。

其次，观察法的选择依据其能够提供全面的信息，包括非言语交流、情境反应等多个方面。在大学英语教学案例中，学生的非言语表达和情境反应对理解其英语水平和学科兴趣具有重要意义。观察法可以帮助研究者捕捉到学生在语言使用、表达能力、情感态度等方面的种种细微差异，为深入挖掘学生个体差异提供了重要线索。

再次，观察法的选择取决于其能够提供时间和空间上的连续性。通过连续性地观察，研究者可以追踪教学过程中的变化和发展，把握教学中的动态变化。这对理解教学活动中的问题、挑战以及教师和学生的反应变化具有重要意义。观察法能够在实际的教学场景中获取数据，为案例的时间维度提供了有力的支持。

最后，观察法的选择依据在于其对教学实践的直接关联性。通过观察法，研究者可以在真实的教学场景中获取数据，这些数据与实际的教学实践直接相关，具有很强的实证性和应用性。观察法所得的信息更容易被教育从业者和决策者理解和应用，有助于案例分析的实际应用和改进教学实践。

2.观察地焦点

首先，观察的焦点应首要集中在教学过程中的师生互动上。这包括教师与学生之间的言语交流、非言语交流以及师生互动的频率和深度等方面。通过仔细观察师生之间的互动模式，研究者可以深入了解教学过程中信息传递的方式、学生对教学内容的理解程度，以及教师对学生学习状态的把握。这有助于揭示教学中师生之间的有效沟通和可能存在的沟通障碍。

其次，观察的焦点应涵盖教师的教学方法。这包括教师采用的教学策略、教学资源的利用方式、课堂组织结构等方面。通过观察教学方法的选择和实施，可以深入分析教师的教学理念、教学目标的达成程度以及对多样化学习风格的适应性。教学方法的观察有助于揭示在复杂教学环境中教师如何应对挑战，以及是否能够灵活运用不同的教学手段满足学生的多样化需求。

再次，观察的焦点应关注学生的参与度。这包括学生对课堂内容的反应、主动提问的频率、小组合作的程度等方面。通过观察学生的参与度，可以了解他们对教学的兴趣程度、学习动机和自主学习能力。学生参与度的观察对教师理解学生在教学过程中的体验和学习效果至关重要。

最后，观察的焦点应包括教学资源的利用。这包括教材的选择、多媒体工具的应用、教学设备的使用等方面。通过观察教学资源的利用情况，可以评估教学的多样性和灵活性，进而分析其对学生学习体验的影响。合理的教学资源利用有助于提升教学的效果和吸引学生的注意力。

（二）访谈法

1.访谈法的必要性

首先，访谈法在案例分析中的必要性体现在其能够提供深入的主观思考和反馈。通过与教师和学生的深入交流，研究者可以深入了解他们对教学过程的个人看法、体验和思考。这种主观性的信息是观察方法难以获取的，而正是这些内在的思考和感受能够为案例分析提供更为全面和深刻的理解。

其次，访谈法有助于揭示案例中的潜在问题。通过与教师和学生的直接对话，研究者可以主动引导他们分享在教学中可能遇到的问题、困惑和挑战。这种开放性的交流有助于教师发现案例中可能存在的潜在教学问题，为进一步的分析和改进提供线索和方向。

再次，访谈法可以评估教学策略的实施效果。教师在访谈中可以详细描述其采用的教学方法、策略的原因以及实施过程中的反馈。学生则能够分享他们对这些教学策略的接受程度、理解程度以及实际学习效果。通过综合教师和学生的反馈，研究者能够全面评估教学策略的实施效果，为教学改进提供有力支持。

最后，访谈法对了解学生的学习体验至关重要。学生在访谈中可以自由表达对教学内容、教学方法和学习环境的感受，分享他们的学习动机、兴趣点以及对课程的期望。这种深入的交流有助于揭示学生在学习过程中的真实感受，为个性化教学和学科发展提供有益信息。

2.访谈对象的选择

首先，选择访谈对象时，教师是首要的访谈对象。通过与教师的深入交流，可以深入了解案例中教学设计的初衷和实施情况。教师是教学过程的主导者，他们的设计和执行对整个案例的教学效果至关重要。在访谈中，可以探讨教师在设计教学方案时的考虑、期望达到的教学目标以及实际实施中遇到的挑战。此外，还可以了解到教师在教学中采用的教学方法、技术工具的选择和使用情况，以及他们对学生表现的观察和评价。

其次，学生是重要的访谈对象。通过学生的访谈，可以获取他们对教学的认知、期望和反馈，从而全面理解案例的影响。学生是教学的直接受益者，他们的学习体验和感受对评估教学效果至关重要。在访谈中，可以询问学生对教学内容的理解程度、学习动机和兴趣点，以及他们对教学方法和资源的反馈。此外，了解学生在学习过程中可能遇到的困难和挑战，以及他们对个性化教学的期望，有助于更好地满足学生的学习需求。

再次，可以选择其他相关的参与者，如教育技术支持人员或教学团队成员，以获取更多维度的信息。技术支持人员可以提供关于教学技术工具的使用和效果的信息，而教学团队成员可以提供有关协作和团队教学的视角。通过多方位的访谈，可以全面了解案例中的教学情境，为深入的案例分析提供更为丰富和具体的数据支持。

最后，在选择访谈对象时，需要确保代表性和多样性，以覆盖案例中不同角色和层面的参与者。这有助于获得更全面、准确的案例信息，为后续的案例分析提供充分的素材。

（三）文件分析法

1. 文件分析法的意义

首先，文件分析法在案例分析中具有重要的意义。通过对教学材料、学生作业、课堂记录等文件的系统分析，可以获取大量的定量和定性数据，为案例提供更为全面的支持。这种方法不仅有助于客观地记录教学过程中的方方面面，还能够提供翔实的数据作为案例分析的基础。

其次，文件分析法能够提供客观的定量数据，用于量化案例中的教学效果和学生表现。通过对学生作业的分析，可以了解学生在各个语言技能方面的表现，如阅读理解、写作水平等。对课堂记录的分析可以揭示教师在教学过程中采用的教学方法、学科知识的传递情况，进而评估教学的全面性和深度。

再次，文件分析法有助于深入挖掘案例中的隐性信息。通过仔细研读教学材料和学生作业，可以发现学生在学科知识理解、语言运用等方面的深层次问题。此外，对课堂记录的分析也能够揭示出教学中可能存在的问题、挑战和改进空间。这为案例分析提供了更为深入地思考和讨论的素材。

最后，文件分析法是案例分析中的一种系统性手段，能够提供持久地、可追溯的数据。通过对文件的分析，可以建立一个详实的案例档案，为后续的教学改进、研究和评估提供可靠的依据。这对长期观察和追踪案例的发展具有积极的影响。

2. 分析的文件类型

首先，教学设计的文档是进行文件分析的重要类型之一。这类文件包括教师事先准备的课程大纲、教案、教学计划等。通过分析这些文档，可以了解教师在教学前的思考和设计，包括课程目标、教学策略、评价方式等。这为案例分析提供了教学设计的背景和逻辑，有助于评估教学的合理性和可行性。

其次，学生的书面作业是文件分析的关键对象。学生的作业反映了他们在语言技能和学科知识上的掌握程度。通过对书面作业的深入分析，可以了解学生在写作、阅读、翻译等方面的表现，揭示他们在学科内容理解和语言运用方面的强项和薄弱项。这为个性化指导和教学调整提供了具体依据。

再次，课堂记录是进行文件分析的另一个重要来源。这包括课堂笔记、教师对学生表现的评价、课堂互动记录等。通过对这些记录的分析，可以了解实际的教学过程，包括教师的教学方法、学生的参与度、教学资源的利用等。这有助于深入了解案例中教学的具体情境，为后续的分析提供详实的细节信息。

最后，其他相关文件类型如教学反思、学生反馈等是进行文件分析的重要内容。教师的反思可以揭示教学中可能存在的问题和改进空间，而学生的反馈则提供了他们对教学的直接感受和期望。这样的文件类型有助于从多角度全面了解案例，为更深入的分析提供支持。

三、确定案例研究的深度和广度

（一）深度分析重点问题

1.关键问题的界定

首先，明确定义关键问题是案例研究的基础。在进行深入研究之前，需要明确教学过程中最为关键和具有显著影响的问题。这可能涉及学生的语言能力提升、教师的教学策略、教材设计等多个方面。识别这些关键问题有助于研究者将注意力集中在最具有挑战性和改进潜力的方向上，提高研究的更具针对性和实用性。

其次，关键问题的明确定义需要涵盖学科知识和语言技能的综合考量。在大学英语教学中，除了关注学生在语言方面的表现，还需要考虑他们对学科知识的理解和运用。因此，关键问题的确定应同时考虑学科内容和语言技能的有机结合，确保研究的全面性和深度。

再次，关键问题的明确定义需要反映教学过程中的实际挑战。这可能包括学生在特定语言技能上的困难，教师在教学设计和实施中遇到的难题，以及教材选择和运用中可能存在的问题。通过明确这些实际挑战，研究者可以更好地理解案例的复杂性，为提出解决方案提供实质性的依据。

最后，关键问题的明确定义需要结合案例的多样性和复杂性。考虑到学生个体差异、教学环境的多元性，关键问题的确定应该具有一定的灵活性，以适应不同情境下的研究需求。这有助于确保研究的实用性和可操作性，使研究结果更具有推广和指导的价值。

2.学生语言能力提升的深度分析

首先，对学生语言能力提升的深度分析需要详细考查学生在听力方面的表现。通过分析学生在不同听力场景下的理解能力、听取关键信息的能力、对不同口音和语速的适应能力等，可以揭示学生在这一语言技能上的强项和薄弱项。这有助于确定教学中可能存在的问题，以及针对性地设计听力训练活动。

其次，深度分析应关注学生在口语方面的发展。这可以包括对学生口语表达的流利度、语法准确性、词汇丰富度等方面的具体评估。同时，考虑学生在交际中的应变能力、表达思想的清晰度以及与他人的有效沟通等因素，以获取更全面的口语表达情况。

再次，对学生的阅读能力进行深度分析也是至关重要的。这包括对学生阅读理解的深度、阅读速度、对不同文体和主题的适应能力等方面的细致观察。通过了解学生阅读时的挑战和优势，可以有针对性地调整阅读材料和教学策略，促使学生更好地发展阅读技能。

最后，深度分析应围绕学生在写作方面的能力展开。这包括对学生写作结构的合理性、语法和拼写的准确性、表达思想的逻辑性等方面的具体评估。通过详细分析学生在不同写作任务中的表现，可以为提高学生写作水平提供具体建议和支持。

3.教师教学策略效果的深入研究

首先，深入研究教学方法的实施情况至关重要。这可以通过详细观察和记录教师在课堂上的实际操作来实现。教学方法的实施不仅包括教师的讲解方式，还包括教学辅助工具的运用、学生参与的程度以及课堂氛围的营造等方面。通过仔细观察，可以了解到教师是否按照设计的教学策略来进行教学，以及在实施过程中是否出现了一些难以预料的情况。

其次，深入研究学生对这些策略的反应。这可以通过学生的课堂表现、参与度、提问和回答问题的质量等来进行评估。同时，收集学生的反馈意见，了解他们对教学策略的看法，以及他们认为哪些策略对他们的学习更有效。学生的反馈可以为教师在调整和改进教学策略时提供宝贵的参考。

再次，深入研究教学策略在不同学科知识点上的应用。不同的学科领域可能需要不同的教学方法和策略。因此，通过分析教师在教授不同知识点时所采用的策略，可以了解到哪些策略更适用于某些特定的学科内容。这有助于为教师提供有针对性的建议，以便更好地适应不同学科的教学需求。

最后，深入研究教学策略的效果，包括学生在语言能力方面的提升和对学科知识的理解。这可以通过定期进行测验、考试，以及对学生作业和项目的评估来实现。通过深入研究学生的学术表现，可以评估教学策略在实际中的效果，并为其未来的教学提供指导和改进的方向。

（二）广度涵盖多个方面

1.多维度的涵盖

首先，在案例研究的广度确定中，关注教学设计是至关重要的。通过深入了解教学设计，包括教学目标的设定、教学内容的选择、教学方法的设计等，可以揭示教学活动的整体结构和逻辑。这为理解案例中教学策略的设计背后的理念提供了基础。

其次，学生参与度是另一个重要的维度。关注学生在课堂上的积极参与、互动以及对教学内容的反馈，可以揭示学生在案例中的学习体验。这有助于评估教学活动对学生学习动力和兴趣的激发程度，为改进教学策略提供重要见解。

再次，考虑教学资源的利用。这包括教材、多媒体工具、在线资源等。通过分析教师如何选择和整合这些资源，可以了解到案例中是否充分利用了现代教学科技，以及这些资源是否对学生的学习产生了积极的影响。

最后，关注教学过程中的互动和合作。教师与学生之间的互动、学生之间的合作是构建一个积极学习环境的关键。深入了解这些互动的性质和质量，包括讨论、小组活动、角色扮演等，有助于理解案例中教学氛围的形成和学习氛围的建设。

2.教学设计的广度分析

首先，教学设计的广度分析应关注课程结构。这包括整个课程的布局、各个单元或模块之间的关联性以及课程的时序安排。深入了解课程结构有助于揭示设计者对知识体系的组织方式，以及课程中各部分之间的内在逻辑。这为评估教学的连贯性和合理性提供了基础。

其次，教学目标的设定是教学设计中的核心。关注教学目标的广度，即目标的多样性和层次结构，有助于理解设计者对学生期望达到的各方面能力的全面考虑。通过深入研究教学目标的设定，可以揭示设计者对学生认知、技能和情感层面的期望，为评估教学效果提供依据。

再次，教学方法的选择是设计的关键环节。广度分析需要考察在教学中采用的不同方法，包括但不限于讲授、讨论、小组活动、案例分析等。深入了解这些方法的设计理念、操作步骤以及期望达到的效果，有助于评估设计者对多样性教学策略的把握，以及这些策略是否有助于促进学生全面发展。

最后，关注教学材料和资源的选择。深入了解设计者在教学中采用的教材、多媒体资源、在线工具等，以及这些资源的组织和呈现方式，有助于理解设计者如何借助外部资源来支持教学目标的实现。这能为评估设计者对教学创新和多样性资源的应用水平提供参考。

3. 学生参与度的全面考量

首先，学生在课堂上的互动是学生参与度考量的一个重要方面。观察学生在课堂上是否积极提问、回答问题，以及与教师和其他同学的互动情况，有助于评估学生对教学内容的关注度和主动参与程度。这种互动不仅限于师生之间，还包括学生之间的合作和讨论。

其次，对学生的讨论参与程度进行广泛观察。课堂上的讨论是学生深度参与的一个重要体现，通过观察学生在讨论中的表现，可以了解他们对知识的理解程度、批判性思维能力以及团队协作的水平。这有助于评估教学设计对于引导学生开展深度讨论的效果。

再次，小组活动中的合作也是学生参与度考量的关键因素。观察学生在小组中的协作方式、分工情况，以及小组任务的完成情况，有助于了解学生在协作中的角色定位和团队合作能力。这对于培养学生的团队协作精神和实际应用能力至关重要。

最后，学生在教学过程中的实际参与情况还包括其他形式，如课堂笔记、作业完成情况等。通过全面观察学生在这些方面的表现，可以更全面地了解他们在学习中的积极性和主动性。

4. 教学资源利用的多角度审视

首先，对教材使用情况的审视是教学资源利用分析的关键。观察教师在课堂中如何运用教材，包括教科书、参考书、补充材料等，可以评估教材是否与教学目标契合，是否能够满足学生的学科需求。此外，关注教师是否充分挖掘教材的潜力，是否通过创新方式引导学生深入理解知识，有助于评估教学资源的实际运用效果。

其次，多媒体工具的运用也是一个重要的审视角度。现代技术提供了丰富的多媒体资源，如幻灯片、视频、音频等。观察教师如何巧妙地融入这些多媒体工具，是否能够激发学生的兴趣，提高课堂互动性，对评估教学资源的现代性和创新性具有重要意义。

再次，对在线资源的有效性进行审视。随着网络技术的发展，在线资源成为教学的重要辅助手段。教师如何选择、整合并利用在线资源，以支持学生自主学习和拓展知识，是一个需要仔细审视的方面。评估在线资源的质量、时效性，以及对学生学科理解的促进作用，有助于教学资源库更加智能化和个性化。

最后，从学生反馈和表现的角度审视教学资源的利用情况是一个重要的层面。观察学生是否能够充分利用教学资源，如图书馆、电子数据库等，完成作业、研究课题。学生在教学资源使用方面的自主性和积极性，可以反映教学资源对于学生学习动力和自主性的支持情况。

第二节　案例分析和讨论

一、具体案例的背景和特点

（一）教学环境描述

1.班级规模和学生背景

首先，班级规模对大学英语教学的影响是显著的。在一个拥有 40 名学生的班级中，教师需要面对相对较多的人数，这提出了管理和互动的挑战。首要的任务是确保每位学生都能够得到充分的关注和指导。通过采用互动性强、参与度高的教学方法，如小组讨论、互动式演练等，教师可以更好地满足学生个性化的学习需求。

其次，学生来自不同专业，具有不同的语言水平和学科背景，这为教学环境带来了多样性。这种多样性既是挑战也是机遇。教师需要灵活调整教学策略，以满足不同学科领域的学术需求。差异化教学成为关键，教师可以通过分层次的教学活动和资源提供，确保每个学生在其擅长和薄弱的领域都能够得到支持。

再次，了解学生的语言水平分布是关键。在一个多水平的班级中，教师需要巧妙地平衡课程难度，以确保既能够挑战高水平学生，又不至于失去低水平学生。采用个性化教学方法，如分层次的作业、灵活的测评方式，可以更好地应对这种多水平情境。

最后，学科背景的差异需要被充分考虑。不同专业的学生对英语的学习需求和应用场景有所不同。因此，教学内容和案例设计需要贴近学生的专业领域，以提高学习的实用性和吸引力。通过与其他学科整合，英语教学可以更好地服务于学生的综合发展。

2.使用教材

首先，教材的选择对大学英语教学至关重要。采用大学英语综合教程的优势在于其全面涵盖听说读写各个语言技能，有助于学生全面提升英语综合能力。该教程通常经过系统设计，逐步引导学生从基础到提高，确保教学过程具有层次性和系统性。这有助于满足班级中不同水平学生的学习需求，提高教学的灵活性和包容性。

其次，结合实际情况选择与学科相关的补充材料是教材使用的巧妙之处。这种做法既能够使学生将英语应用于实际专业领域，增加学科知识的理解深度，又能够提高学习的兴趣和动机。教师可以通过引入与学科相关的真实案例、专业文献等，帮助学生建立英语在专业领域中的实际运用能力。这种补充材料的引入使得英语教学更加贴近学生的专业需求，提高了教学的实用性和吸引力。

再次，补充材料的选择需要考虑到学生的背景和兴趣。因为学生来自不同专业，对与自己专业相关的内容可能既感兴趣，也更容易建立起对学习的积极态度。因此，教师可以根据学生的专业背景，选择更具针对性的补充材料，以提高学生的学科兴趣和学习动机。

最后，教材的使用需要不断创新。随着教育环境和学生需求的不断变化，教师可以不断更新和调整教材，引入新颖的教学资源和方法，以保持教学的新鲜感和吸引力。这有助于适应快速变化的学科和行业发展，使英语教学更具前瞻性和实用性。

3.技术设备支持

首先，多媒体设备在大学英语教学中发挥了至关重要的作用。投影仪和电脑的运用为教师提供了更广阔的教学平台，使得图文展示和多媒体资源的应用变得更为便捷。通过投影仪，教师可以展示丰富的教学内容，包括英语视频、图表、演示文稿等，从而提高了课堂的视觉吸引力和信息传递效果。这种技术设备的使用不仅使得教学更具生动性，还有助于激发学生的学习兴趣，提高他们的学科参与度。

其次，电脑的运用为教学提供了更灵活的方式。教师可以通过电脑随时检索和展示与教学内容相关的信息，有针对性地回答学生的提问，提供实时的学科知识支持。同时，学生可以通过电脑进行在线学习，参与讨论和提交作业。这种互联网技术的应用使得教学不再受时间和空间的限制，为学生提供了更为灵活的学习机会，促进了个性化学习和自主学习的发展。

再次，在线学习平台的引入为大学英语教学增添了新的维度。通过在线学习平台，学生可以获取到丰富的学习资源，包括在线课程、学科文章、学术论坛等。这为学生提供了更多元化的学科信息和学习材料，有助于拓展他们的知识面和提高英语综合能力。此外，在线平台也为学生和教师提供了一个便捷的互动平台，促进了学科交流和合作。

最后，技术设备的支持提升了教学效率和管理水平。通过电脑和在线平台，教师能够更轻松地管理学生信息、发布教学资料、进行考试评估等教学管理工作。这有助于提高教学的组织性和系统性，减轻了教师的管理负担，使得他们能够更专注于教学内容的设计和实施。

（二）教学目标设定

1.语言水平目标

首先，案例中的教学目标明确了提高学生听说读写能力的重要性。这反映了英语教育的综合性质，突出了语言能力的多元发展。通过设定这一目标，教学旨在培养学生在不同语境下流利运用英语的能力，以满足实际交流的需求。这一目标不仅关注了英语的表层技能，还强调了语境的适应性，使学生能够在各种情境中灵活运用所学知识。

其次，听力能力的培养成为教学目标的重要组成部分。目标中明确了学生需要听取各种语速和语调的对话、讲座、广播等。这反映了对学生听力技能的全面要求，要求他们能够适应不同语音特点和语境，提高对英语语音的敏感度。这种设计有助于培养学生在多样英语环境中的听力适应力，使他们更具综合应对不同听力场景的能力。

再次，口语表达流利度的提升是教学目标的一个重要方面。通过注重口语表达，目标强调了学生在语言运用中的流畅性。这不仅要求学生具备丰富的词汇和语法知识，还注重提高语音语调的自然度。这种目标设计有助于培养学生在口语表达中更具表达力和沟通效果的能力，使他们能够更自信地参与英语交流。

最后，阅读和写作方面的目标旨在提高学生对不同题材文章的理解和分析能力，以及在写作中的结构、语法使用和表达清晰度等方面的水平。这体现了对学生综合语言素养的要求，强调了在不同语言技能上的全面提高。阅读和写作是语言能力的重要组成部分，通过这些目标的设定，教学旨在培养学生在学术和实际应用场景中都能够熟练运用英语的能力。

2.学科知识融合目标

首先，学科知识的融合目标突显了综合素养的重要性。通过将英语学习与专业知识的深入理解相结合，教学旨在培养学生不仅具备语言表达能力，还能在专业领域中有更深层次的认知和运用能力。这种综合性的目标有助于培养学生更全面、更具有竞争力的素养，使其在未来的学术和职业生涯中更具优势。

其次，学科知识的融合使得教学目标更贴近学生的实际需求。学生所学的英语知识能够直接应用于其专业领域，这不仅提高了学习的实用性，也激发了学生对英语学习的兴趣。通过将语言技能与专业知识相结合，教学能够更好地满足学生对实际运用英语的期望，使其在专业领域中更具竞争力。

再次，学科知识的融合目标有助于培养学生的跨学科思维和解决问题的能力。通过在英语学习中引入专业知识，学生将面临更复杂和多样的情境，需要跨足语言和专业知识领域进行综合思考。这种跨学科的培养有助于学生更好地适应未来多元化的学科要求和职业挑战，为其未来的发展打下坚实基础。

最后，学科知识的融合目标使得教学更具有实践性。学生在语言学习中不仅仅是被动接受知识，还能主动运用这些知识解决实际问题。这有助于提高学生对所学知识的理解深度，激发他们对专业领域的热情，培养他们在实际工作和学术研究中能够独立思考和创新的能力。

二、案例中采用的教学方法和策略

（一）创新教学方法

1.项目式教学

首先，项目式教学方法在大学英语教学中的应用具有显著的实践性。通过组织实际项目，学生能够在真实情境中运用所学的英语知识和技能，使学习更具有实际应用性。这有助于打破传统教学中理论和实践的割裂，使学生更好地理解和掌握英语。

其次，项目式教学方法培养了学生的团队协作和沟通能力。在项目中，学生通常需要与同学合作，共同解决问题，这有助于培养学生的团队协作和沟通技能。通过与他人互动，学生能够在语言表达和交流中得到实际锻炼，提高他们在团队中的综合素养。

再次，项目式教学方法促进了学生的独立思考和问题解决能力。在项目中，学生通常面临各种实际问题，需要运用英语知识解决。这有助于激发学生的独立思考和创新能力，培养他们解决问题的主动性，使其在未来面对各种挑战时更具有应变能力。

最后，项目式教学方法强调综合能力的培养。在项目中，学生不仅需要运用语言技能，还需要结合专业知识，综合考虑问题。这有助于培养学生的综合能力，使其在不同领域都能够运用英语进行全面的表达和应用。

2. 合作学习

首先，合作学习作为一种重要的教学方法，为大学英语教学带来了显著的优势。通过小组讨论、合作项目等形式，学生在团队中共同学习和合作，创造了一个积极的学习氛围。这种互动促使学生在学习中不仅仅是个体性地吸收知识，更是在团队中分享、讨论和协作，从而加深对英语知识的理解。

其次，合作学习强调团队协作能力的培养。在合作学习中，学生需要共同制订学习计划、解决问题，并共同完成任务。这有助于培养学生的团队协作精神，提高他们在集体中工作的能力。通过与同学的互动，学生在英语学习的同时可以锻炼与他人合作的能力，为未来工作和生活打下了基础。

再次，合作学习促进了学生的交流和理解能力。在小组讨论中，学生需要分享自己的看法、理解他人的观点，这有助于提高他们的交流和表达能力。通过与同学的互动，学生不仅仅接触到不同的学习方法，还能更深刻地理解彼此的思维方式，促使他们更全面地理解和运用英语。

最后，合作学习有助于培养学生的自主学习能力。在小组中，学生通常需要自主制订学习计划、分工合作，并独立完成任务。这培养了学生的自主学习意识和能力，使其在学习中更具有主动性和独立性。

3. 翻转课堂

首先，翻转课堂策略作为大学英语教学的一种创新方法，突破了传统课堂的教学模式，通过提前在线学习平台呈现课程内容，使学生在课堂上更加专注于互动、讨论和实践。这种方法的首要优势在于激发学生的主动学习意愿，通过在课前独立学习，学生可以更充分地准备课堂内容，为深入讨论和实践奠定基础。

其次，翻转课堂注重学生的参与互动。在传统课堂模式下，学生主要是被动接收知识，而在翻转课堂中，学生在事先学习了相关知识后，可以更积极地参与到课堂互动中。通过小组讨论、问题解答等方式，学生不仅可以深入理解知识，还能够在与同学的交流中拓宽视野，提高语言运用能力。

再次，翻转课堂促进了学生思维深度和广度的发展。由于学生在课前已经接触到相关内容，教师在课堂上更多地可以引导学生展开深层次的思考、提出问题、进行实际操作等，从而拓展学生的思维广度，培养批判性思维和解决问题的能力。

最后，翻转课堂提供了更多实践机会。在课堂时间的重新规划中，可以增加实践性的任务和活动，如角色扮演、项目实践等。这种实践性的学习方式有助于学生将知识运用到实际情境中，提高语言技能的应用水平。

（二）教学策略效果评估

1.学科知识掌握程度

首先，在大学英语教学中，通过项目实践考查学生在学科知识应用方面的表现，具有重要的意义。教师可以通过这一手段全面了解学生对专业领域知识的理解和应用水平，从而更有针对性地调整教学内容和方法。

其次，教师在考察学科知识应用时，注重学生英语表达的准确性。这包括学生对专业术语的使用、学科相关论文的阅读和理解能力等。通过对语言表达的准确性的评估，教师能够更加具体地了解学生在专业英语表达方面的优势和不足，为后续教学提供有针对性的指导。

再次，关注学生在实际项目中对学科知识的融合程度。这一方面要求学生能够将所学的专业英语知识有机地结合到实际项目中；另一方面要求他们能够在项目实践中展现对学科知识的深刻理解。这种综合性的评估有助于培养学生的跨学科能力，使其在未来的学术和职业领域更具竞争力。

最后，通过项目实践中学科知识的应用评估，教师可以为学生提供个性化的指导和反馈。根据学生在项目中的表现，教师可以为不同水平的学生制订个性化的辅导计划，帮助他们更好地掌握专业英语知识，提高应用能力。

2.语言技能提升情况

首先，在大学英语教学中，通过对学生听说读写各个方面的综合评估，能够全面把握学生的语言技能发展情况。这种全方位的评估有助于更准确地了解学生在不同语言技能上的表现，为后续的教学调整提供科学依据。

其次，关注口语表达流利度的提升。口语是语言交流的重要组成部分，评估学生口语表达的流利度可以通过实际的口语交流活动、演讲等手段进行。这有助于发现学生在口语表达中可能存在的困难和问题，从而有针对性地进行口语训练，提高学生的口语交际能力。

再次，特别关注听力理解能力的发展。在大学英语教学中，学生需要能够听懂各种语速和语调的对话、讲座、广播等。通过听力理解能力的评估，教师可以了解学生在不同语境下的听力水平，为其后续的听力训练提供指导。

最后，综合评价阅读和写作水平的提高。阅读和写作是学生语言能力的重要体现，通过对学生在这两个方面的表现进行深入剖析，教师可以发现学生的阅读理解能力、写作结构和语法运用等方面的优势和不足，为有针对性地教学提供支持。

3.学生参与度和反馈

首先，在学生参与度和反馈方面，合作学习是一个值得深入探讨的教学方法。通过对学生在小组合作中的互动情况进行详细观察和记录，可以了解学生在团队合作中的角色分工、沟通方式以及解决问题的能力。教师可以通过组内互动评价或小组项目的表现来全面了解学生的参与度。

其次，关注课堂讨论的积极程度。在翻转课堂中，学生通过预习课程内容，课堂时间更多地用于讨论、互动和实践。通过观察课堂讨论的过程，教师可以评估学生对预习内容的理解程度，以及他们在课堂中的思维深度和批判性思维能力。这有助于优化翻转课堂的设计，使学生在课堂上能够更主动地参与讨论。

再次，收集学生的反馈意见。通过定期的问卷调查、小组讨论或个别面谈，教师可以获取学生对教学方法和策略的直接反馈。了解学生的看法，包括他们对合作学习和翻转课堂的态度、感受到的收获和困难等，有助于教师更灵活地调整教学策略，满足学生的学习需求。

最后，在分析学生的参与度和反馈时，要将定量和定性数据结合起来，形成全面的评估。这可以通过综合运用学生作业的质量、小组讨论的效果、学生提出的问题和建议等多方面的信息，使评估更加全面和准确。

三、学生表现和教师反思的案例分析

（一）学生表现多样性

1.学生优势和亮点

（1）项目式教学中的卓越表现

在该案例中，学生呈现出多样的优势和亮点。部分学生在项目式教学中展现卓越的沟通和协作能力，成功完成了模拟商务谈判和角色扮演。这些学生的语言表达流畅，能够灵活运用专业术语进行交流，充分展示了其在实际情境中运用英语的出色能力。

案例详述：

其中，一位学生在模拟商务谈判中成功运用专业术语，准确地表达了其商业计划，并与同学展开高效的讨论。这不仅显示了她在专业英语运用方面的娴熟程度，还突显了她在团队合作中的领导潜力。

相关观察：

教师的观察记录显示，在这一阶段，学生展现出对商务英语的敏感性，能够在模拟谈判中运用行业术语，为团队的成功完成任务奠定了坚实的基础。

（2）合作学习中的团队协作能力

一些学生在合作学习中表现出色，展现了良好的团队协作能力。通过小组讨论，他们能够有效协同工作，共同解决问题，体现了合作学习对培养学生团队精神的积极作用。

案例细节：

以一个小组为例，该小组在合作学习中充分发挥每个成员的优势，通过有效地沟通和任务分工，成功地完成了复杂的项目。这不仅表明了学生在协作中的卓越表现，也反映了团队的高效运作。

观察反馈：

在教学过程中，教师对小组合作进行了实时观察，发现这些学生能够充分利用各自的专业知识，形成了高效的工作动态。这种团队协作能力的培养有助于提高学生未来在职场中的竞争力。

2.学生不足和挑战

（1）项目实践中的保守表现

在优异的学生表现之外，案例中也显现出一些学生的不足和挑战。一部分学生在项目实践中表现较为保守，语言表达欠缺灵活性，对新颖的情境反应较为拘谨。这表明他们在实际语境中的语言运用能力仍需要进一步培养。

个别学生案例：

例如，有一位学生在模拟商务谈判中显露出对陌生情境的不适应，未能灵活运用语言应对意外状况。这可能反映了学生对实际语境的适应能力相对较弱。

可能原因分析：

教师分析认为，这可能与个别学生的自信心、经验不足或者在模拟情境下的紧张感有关。因此，有必要通过针对性地训练和反馈来提高他们的语言灵活性。

（2）合作学习中的团队协作不足

同时，在合作学习中，个别学生可能面临团队协作能力不足的问题，导致小组协同效果不佳。这可能与个体学生的性格差异、合作经验等因素有关。

小组动态观察：

教师在小组活动中观察到，某些学生在合作中表现较为被动，未能充分融入团队协作氛围。这可能阻碍了小组整体的表现。

障碍辅导：

教师考虑到个体差异，开始在课堂上进行有针对性的团队协作辅导。这包括鼓励学生分享个人观点、设立小组目标、制定合作规则等。通过有针对性的辅导，教师试图引导这些学生更积极地参与团队合作。

（二）教师反思和调整

1.反思教学方法的选择

首先，反思项目实践的难度和适应性。在教学中，教师应该对学生的整体水平有一个清晰的认识，并确保所设计的项目实践既具有一定的挑战性，又能够满足学生的能力水平。对部分学生的保守表现，可能是因为项目实践的难度超出了他们的应对范围。教师可以通过个性化地辅导、分组设置或逐步引导等方式，调整项目的难度，以促使每个学生都能够有所收获。

其次，提前为学生提供语境和案例演示。有时学生的保守表现可能源自对项目内容的不熟悉或理解不足。教师可以在项目开始前通过提供相关语境和案例演示，帮助学生更好地理解任务的背景和要求。这有助于消除学生的不安感，提高其对项目实践的投入度。

再次，借助同伴学习和合作。学生在面对新颖、有挑战性的项目时，通过同伴之间的学习和合作，可以激发更多的创新思维和培养其解决问题的能力。教师可以设计小组项目，鼓励学生相互交流、分享经验，通过合作提高整体的学习效果。此外，通过小组内外的交流，还可以让学生在思维碰撞中得到启发，更好地理解和应用项目的知识点。

最后，及时地反馈和调整。教师在项目实践中应及时收集学生的表现数据，包括个人或小组的进展情况、存在的问题以及需要进一步加强的方面。通过对这些数据的分析，教师可以及时调整项目实践的方向和难度，确保学生在项目中能够获得更好的学习体验。

2.个性化支持和引导

首先，建立个体学习档案。教师可以通过定期的个别面谈、问卷调查等方式，收集学生的学习风格、学科偏好、擅长领域和挑战点等信息，建立每位学生的个体学习档案。这有助于深入了解学生的个性差异，为个性化支持提供具体的依据。

其次，差异化教学策略的制定。在项目实践和合作学习中，教师需要根据学生的个体学习方案，制定差异化的教学策略。对擅长某一方面的学生，可以提供更高难度的任务，挑战其学科深度；对在某些方面存在困难的学生，可以采取更渐进式的引导，以确保其逐步提高。

再次，个性化的反馈和评价机制。通过及时、具体地反馈，教师可以帮助学生认识到他们的优势和改进点。这种反馈不仅包括项目实践的表现，还可以涉及学科知识的理解和应用，以及在合作学习中的角色发挥。通过个性化的评价，学生可以更好地了解自己的成长路径，有针对性地进行学习调整。

最后，提供学习资源的个性化推荐。教师可以根据学生的兴趣、学科偏好等特点，个性化地推荐相关的学习资源，包括文献、案例、在线课程等。这有助于激发学生的学科兴趣，提高他们在项目与合作学习中的主动性。

3.持续改进和学科知识融合

首先，持续改进教学设计。教师在反思中应该审视案例中的教学设计，关注学科知识和语言技能的融合程度。通过定期检查和更新教学设计，教师能够确保案例中的项目和任务与行业实际情况相符，使学生在实践中能够更好地运用专业英语。

其次，定期更新案例材料。随着行业发展和变化，案例中使用的材料应与时俱进。教师可以通过持续地专业发展和行业研究，及时获取最新的案例、文献和实践经验，确保学生接触到的内容具有实际应用性和时效性。另外，这种更新还包括对语言使用情境的跟踪，以确保学生学到的语言表达方式符合当前的专业标准。

再次，提供跨学科的学科知识。教师可以通过在案例中引入不同学科领域的知识，促使学生在专业英语学习中形成更全面的认知。例如，将商务英语与市场营销、经济学等领域相结合，使学生能够理解和运用更广泛的学科知识，提高他们的综合素养。

最后，倡导学科知识的主动融合。鼓励学生在项目实践中主动探索和融合学科知识，培养他们独立思考和跨学科应用的能力。教师可以通过引导学生选择与其专业相关的项目主题、参与实际行业活动等方式，促使他们将语言技能与学科知识更深度地结合起来。

第三节　案例启示和总结

一、从案例中得到的教训和经验

（一）教学方法的选择

1.创新型教学方法的应用

首先，项目式教学的应用。通过在课程中引入具体的实战项目，如模拟商务谈判、行业研究报告等，可以激发学生的学习兴趣，提高他们在实际情境中应用英语的能力。项目式教学突破了传统的课堂教学模式，使学生能够在实践中更好地理解和运用专业英语，培养实际问题解决能力。

其次，合作学习的推广。采用小组讨论、共同项目等形式，通过学生之间的合作，促进了彼此之间的互动和理解。学生在团队中相互学习和合作，不仅提高了英语交流的能力，也培养了团队协作和领导能力。另外，合作学习还能够打破传统的教学框架，为学生提供更广阔的学科视野。

再次，角色扮演的引入。通过模拟实际场景，例如模拟英语面试、商务谈判等，可以使学生更好地适应专业英语的实际使用环境。角色扮演不仅培养了学生的口语表达能力，还增强了他们在特定语境下运用英语的信心。这种实践型的学习方法有助于学生更好地应对实际工作和社交场合。

最后，翻转课堂的探索。通过提前在线学习平台呈现课程内容，将课堂时间用于深入讨论和实践，可以提高学生的自主学习能力。翻转课堂强调学生在课堂上的主动参与，通过解决问题、讨论案例等方式，培养学生批判性思维和解决实际问题的能力。

2.多样化评价方法的运用

首先，实践项目的评价方法。在案例中，实践项目不仅是学习的一部分，也是对学生能力的综合评价。通过对学生在实际项目中的表现进行评估，能够更真实地了解他们在专业英语运用方面的能力。这种评价方式突破了传统考试的限制，更符合实际工作和社会需求。

其次，反馈工具的运用。教师通过及时、具体地反馈工具，向学生提供了个性化的建议和指导。这种方式不仅有助于学生更好地理解自己的优势和不足，也能够促使他们在学习中不断改进。反馈工具可以包括书面评语、口头反馈、个别辅导等多种形式，使评价更贴近学生的实际情况。

再次，即时评价的实施。通过在课堂上进行即时评价，教师可以快速了解学生的学习进度和理解程度。这可以通过提问、小组讨论、课堂演示等方式进行，使学生在课堂上积极参与，促进实时反馈。即时评价有助于调整教学方法，满足学生的个性化需求。

最后，多元化考核方式的引入。除了传统的笔试和口试，案例中还运用了实际项目、小组讨论、角色扮演等多种方式进行考核。这有助于更全面地评估学生的语言技能和综合素养。多元化考核方式不仅能够更好地反映学生的实际能力，也能够激发他们的学习兴趣。

（二）教学策略的调整

1.个性化支持的重要性

首先，个性化支持在满足学生差异化需求方面具有重要性。每位学生都具有独特的学科背景和学习风格，因此，采用一刀切的教学方法难以满足所有学生的需求。通过个性化支持，教师可以更好地了解每个学生的学科背景和学习风格，有针对性地调整教学策略，使教学更具针对性和实效性。

其次，个性化支持有助于提高学生的学习积极性。当学生感到他们得到了老师的关注和支持时，他们更有可能对学习保持积极的态度。通过个别沟通和指导，教师可以更好地激发学生的学习兴趣，帮助他们建立自信心，从而提高学习成绩。

再次，个性化支持有助于解决学生学习中的困难和挑战。在教学过程中，不同学生可能面临不同的学科难点或学习困难。通过个别沟通，教师可以及时发现学生的问题，并提供有针对性的帮助和解决方案，确保学生更好地理解和掌握教学内容。

最后，个性化支持有助于培养学生的自主学习能力。通过了解学生的学习风格和需求，教师可以指导他们建立有效的学习方法和策略。这种个性化地引导有助于学生培养自主学习的能力，使他们在面对新的学科知识和问题时更具有解决问题的能力。

2.持续反思和改进

首先，持续反思对提高教学效果至关重要。教学环境和学生需求常常发生变化，而教师通过持续反思能够及时调整教学策略以适应这些变化。通过不断地审视自己的教学实践，教师可以更好地理解学生的学习需求，并根据反馈信息做出灵活的调整，使教学更加贴近学生的实际情况。

其次，案例中的教师通过学生的参与度和表现来判断教学方法的有效性。这种实践不仅有助于教师深入了解学生的学习状态，还为教学改进提供了直接的参考依据。其他教师可以借鉴这种通过实际观察学生参与度的方法，以更客观地评估教学效果，并有针对性地进行改进。

再次，持续反思可以促使教师保持专业发展。随着教育领域的不断发展，教师需要保持对新教学方法和技术的敏感性。通过持续反思，教师可以不断更新自己的教学理念，并积极探索和应用创新的教学策略，以提高教学的前瞻性和适应性。

最后，持续改进的过程需要积极的反馈机制。教师可以建立有效的反馈渠道，包括定期的学生反馈、同行评教和自我评估等方式。这样的反馈机制有助于教师全面了解自己的教学表现，及时发现问题并进行改进。

二、案例对其他教学实践的启示

（一）引导学生参与

1. 主动学习的培养

首先，引导学生主动参与教学过程是培养其自主学习能力的重要手段。教师可以通过设计具有启发性的问题，激发学生的兴趣和思考欲望，引导他们积极参与讨论和思辨。这种方式有助于学生主动探索知识，提高问题解决能力，并培养批判性思维。

其次，启发型问题的设计需要考虑学生的学科水平和兴趣。教师可以根据学生的不同背景和学科水平，有针对性地设计问题，以确保问题既具有一定难度，又符合学生的理解范围。这样可以引导学生在解决问题的过程中发挥自己的主动性，同时不至于让问题过于困难而导致学生失去学习的兴趣。

再次，实践项目和合作学习是培养学生主动学习的有效途径。通过参与实际项目，学生能够将理论知识应用到实际情境中，从而更深刻地理解和掌握所学内容。合作学习则强调团队协作，通过与同学共同思考和解决问题，学生在互动中不仅加深了对知识的理解，还培养了团队协作和沟通能力。

最后，学生的主动参与需要在教学设计中有所体现。教师可以通过制定具体的学习任务、设计项目评价标准等方式，引导学生在教学过程中扮演更为主动的角色。同时，教师在课堂中的角色要由传统的知识传授者转变为引导者和促进者，为学生创造更多的学习机会和空间。

2. 个性化支持的提供

首先，在提供个性化支持时，教师应深入了解每位学生的学科背景。通过开展个体化的学术背景调查，教师可以获得学生在相关学科领域的基础知识水平、专业术语的熟悉程度等信息。这有助于教师更好地把握学生的学科基础，为其提供有针对性的教学材料和引导方案。

其次，了解学生的兴趣是提供个性化支持的另一个重要方面。不同学生对学科内容可能有着不同的兴趣点和偏好，教师可以通过开展问卷调查、小组讨论等方式，获取学生的兴趣信息。有了这些信息，教师可以在教学设计中加入更贴近学生兴趣的案例、实例，激发学生的学科热情，提高学习积极性。

再次，学习风格的考虑是提供个性化支持的关键。了解学生的学习偏好、喜好的学习方式，以及有效的学习策略，有助于教师调整教学方法，更好地满足学生的学习需求。通过与学生进行个别会谈、观察其在不同学习场景下的表现，教师可以更全面地了解学生的学习风格，为其提供更为有效的学习支持。

最后，建立个性化支持的机制是至关重要的。教师可以设立一对一的辅导时间，通过与学生的交流，了解其在学习过程中遇到的问题和困难，提供个性化的解决方案。同时，鼓励学生之间的合作和互助，形成学习社群，让学生在彼此的帮助和支持中共同成长。

（二）创新教学设计

1.教学活动的多样性

首先，项目式教学是提高教学多样性的重要手段之一。通过设计并引导学生参与实际项目，如模拟商务谈判、真实场景角色扮演等，能够使学生在实际应用中运用所学知识，增强他们的实践能力。这种实际项目既能够培养学生解决问题的能力，又能够激发他们的学习兴趣，使学习过程更加生动有趣。

其次，合作学习的引入丰富了教学手段。通过小组合作、团队项目等形式，学生在共同合作中互相学习，分享思想，提高了沟通和协作的能力。合作学习能够打破传统的单一学习模式，培养学生团队协作和领导技能，使他们更好地适应未来工作和学术环境。

再次，角色扮演为教学注入了戏剧性和趣味性。通过让学生扮演不同的角色，如模拟商业场景的客户、销售员等，教师可以创设更真实的语言应用环境，让学生更好地运用所学知识。这种形式的教学能够培养学生的表达能力和语感，使他们更加自信地运用英语进行交流。

最后，引入多媒体资源和在线学习平台是提高教学多样性的重要途径。通过在课堂中使用投影仪、电脑等多媒体设备，教师可以呈现更生动、直观的教学内容，激发学生的视觉和听觉感官。在线学习平台则为学生提供了更多的学习资源和交流平台，促进了教学过程中的互动和反馈。

在教学设计中，教师可以综合运用这些多样的教学活动，创造一个兼具挑战性和趣味性的学习环境。通过不同形式的活动，教师能够更好地满足学生的学习需求，提高他们的学科素养和语言能力。这种多样性的教学设计不仅有助于提高学生的参与度，也为培养学生的创新思维和团队协作能力奠定了基础。

2.利用技术手段

首先，在线学习平台的应用为大学英语教学提供了全新的维度。通过在线平台，教师可以上传各种学习资源，包括教学视频、练习题、参考文献等，为学生提供更为灵活的学习途径。学生可以根据自己的学习进度和时间安排，随时随地获取所需的学习材料。这种灵活性不仅满足了学生个体差异化学习的需求，也提高了教学的可访问性。

其次，多媒体教学的运用丰富了教学内容的表达形式。通过投影仪、电脑等多媒体设备，教师可以呈现生动的图片、音频、视频等资源，使抽象的语言知识更加具体形象。这样的教学方式不仅吸引了学生的视觉和听觉感官，也更符合多感官参与的学习理论。通过多媒体教学，教师能够创造更具趣味性和互动性的学习体验，从而提高学生对英语学习的兴趣。

再次，虚拟实验为语言学习提供了全新的方式。通过语音识别技术，学生可以进行语音模仿和纠正，提高口语表达能力。虚拟实验可以模拟各种真实场景，如商务交流、社交场合等，使学生在虚拟环境中练习和应用英语。这种技术手段为学生提供了更为实际和直观的语言学习体验，帮助他们更好地适应实际语境中的语言运用。

最后，语音识别技术的引入为学生的发音纠正提供了有力支持。通过语音识别软件，学生可以自主进行发音练习，并得到实时的反馈。这种个性化的发音辅导有助于学生更准确地掌握语音规律，提高发音的自信心。同时，教师可以根据学生的发音表现，提供有针对性的指导，加强发音纠正的效果。

在未来的大学英语教学中，教师可以进一步挖掘现代技术手段的潜力，创新教学方法，提高教学效果。通过结合在线学习平台、多媒体教学、虚拟实验和语音识别技术，可以打破时空限制，为学生提供更为个性化、丰富多彩的学习体验。这不仅有助于提高学生的学科知识水平和语言技能，也为培养学生的创新精神和实际运用能力创造了更有利的条件。

三、结合案例总结的一般性建议

（一）注重学生个体差异

首先，注重学生个体差异在大学英语教学中显得尤为重要。教师应该深入了解每位学生的学科背景，这包括他们在英语学科以外的专业领域所具备的知识和技能水平。通过了解学科背景，教师能够更好地把握学生的学科基础，从而有针对性地设计教学内容，确保教学的深度和广度符合学生的学科发展需要。

其次，了解学生的学习风格是因材施教的另一个关键方面。不同学生具有不同的学习偏好和方式，有的可能更适应于独立阅读，而有的可能更喜欢通过小组合作学习。因此，教师在教学设计中应该灵活运用多样的教学方法和媒体手段，以满足不同学生的学习习惯，提高他们的学习兴趣和效果。

再次，充分了解学生的兴趣爱好是因材施教的关键环节。学生在学科学习中更容易保持兴趣，当学习内容与他们的兴趣相契合时，学习的积极性和主动性也会得到更好的激发。因此，教师可以通过在课堂中引入与学科相关的实际案例、让学生参与感兴趣的项目等方式，激发学生对英语学习的浓厚兴趣。

最后，在个体差异的支持方面，教师可以采用个别辅导、定制化的学习计划等方式。通过与学生的个体沟通，了解他们的学习习惯、弱势环节，教师能够为每位学生量身打造更有针对性的学习计划。这种个性化地支持有助于学生克服个体差异带来的学习障碍，更好地适应教学内容，提高学业成绩。

综合来看，注重学生个体差异在大学英语教学中是一条重要的原则。教师应充分了解学生的学科背景、学习风格和兴趣爱好，通过因材施教的方式，为每个学生提供更个性化、有针对性的学习支持，促使他们更好地适应和发展。这将有助于提高教学效果和学生的学术成就。

（二）教学资源的合理利用

1.教材整合与创新

首先，在大学英语教学中，教师应善于整合各类教学资源，以提供更为全面和多样化的学习支持。传统教材作为基础教学资源，可以为学生提供系统的语言知识和基本技能。然而，要进一步提升教学的成功，教师需要将传统教材与其他形式的教学资源相结合，创造更富有启发性和实践性的教学环境。

其次，多媒体教学的应用对提高教学的生动性和趣味性至关重要。通过引入图像、音频、视频等多媒体元素，教师能够更生动地呈现语言知识，激发学生的学习兴趣。例如，可以利用多媒体展示地道的英语口语对话、英语广播节目等，帮助学生更好地理解和运用语言。

再次，利用在线学习平台是提升教学效果的一种有效途径。在线平台可以提供更灵活地学习时机，帮助学生自主学习。通过在平台上发布教学资料、布置作业、进行在线讨论，学生可以在课堂之外获得更多的学习体验。这也为教师提供了更多与学生互动的机会，更好地了解学生的学习需求。

最后，创新性地设计教学内容是整合教学资源的关键。教师可以通过项目式教学、实践活动等方式，将各类教学资源有机地融入教学过程中。例如，可以组织学生进行英语演讲比赛、模拟商务会话等实践项目，以提高他们在实际应用中的语言能力。

2.多样性教学方法的运用

首先，多样性的教学方法在大学英语教学中具有重要的意义。通过采用不同形式的活动，教师能够更好地满足学生的学习需求，提高他们的学科素养。其中，项目式教学是一种引人注目的方法，可以激发学生的学习兴趣，使他们更加投入实际项目的设计和实施中。通过参与项目，学生不仅能够提高语言能力，还能培养解决问题的能力和团队协作精神。

其次，合作学习是另一种有效的多样性教学方法。通过组织学生进行小组讨论、合作项目等形式，可以促进彼此之间的交流和理解。合作学习有助于培养学生的团队协作能力，使他们从彼此的合作中共同提高。此外，通过小组合作，学生还能够分享不同的见解和经验，拓宽他们的思维广度，提高解决问题的创新性。

再次，角色扮演是一项能够激发学生参与的教学活动。通过角色扮演，学生可以更好地融入语境中，提高实际语言运用的能力。教师可以设计各种情境，如商务场景、社交场合等，让学生在模拟中进行英语对话，增强他们在实际生活中运用英语的信心。

最后，定期组织学术研讨会是促使学生深入思考的一种方式。通过邀请专业人士、学者或同学进行主题演讲，学生能够接触到更广泛的知识领域，激发他们对学科的兴趣。同时，学术研讨会可以为学生提供了展示自己研究成果的机会，从而培养他们的学术交流和表达能力。

（三）提高学生自主学习能力

1.激发学生学习兴趣

首先，激发学生学习兴趣的关键在于关注并理解学生的兴趣点。教师可以通过开展问卷调查、小组讨论等方式，深入了解学生的兴趣领域、爱好和学科偏好。这有助于建立一个更贴近学生需求的教学环境，为激发学生的学习兴趣奠定基础。

其次，引入富有趣味性和实用性的教学内容是激发学生学习兴趣的有效途径。教师可以选择与学科相关的新颖案例、有趣的文学作品、引人入胜的视频资料等，以吸引学生的注意力。通过设计具有挑战性和创造性的任务，激发学生积极参与，从而增强他们的自主学习意愿。

再次，实践项目是激发学生学习兴趣的重要手段。通过组织实际项目，如模拟商务谈判、实地考察等，学生能够将所学知识应用于实际情境中，增强学科素养。这样的项目式学习不仅提升了学生的实际应用能力，也使学习过程更富有趣味性和挑战性，从而提高了学生的学习动机和兴趣。

最后，创设积极向上的学习氛围是激发学生学习兴趣的关键。教师可以通过鼓励学生分享自己的学习经验、表扬他们的优点和进步，营造一个积极向上的学习氛围。此外，组织学科竞赛、学术讨论等活动，激发学生追求卓越的愿望，从而培养他们对学科的浓厚兴趣。

综上所述，通过关注学生的兴趣点、引入富有趣味性和实用性的教学内容、组织实践项目以及创设积极向上的学习氛围，教师可以有效地激发学生的学习兴趣。这不仅有助于提高学生的学科素养，还能培养其对学习的主动性和积极性。

2.实践任务与反馈机制

首先，设计实践任务是培养学生自主学习能力的有效手段。教师可以根据课程内容和学生水平，设计符合实际应用场景的任务，使学生能够将所学知识应用到实际问题的解决中。例如，可以设置小组项目、实地考察、模拟情境等实践任务，让学生通过合作与实际问题的接触，深化对知识的理解和应用能力。

其次，建立有效地反馈机制对学生的自主学习至关重要。反馈不仅应该及时，而且要具有指导性和个性化。教师可以采用多种方式进行反馈，包括书面评价、口头点评、一对一辅导等，以满足不同学生的接受方式。在反馈中，教师可以突出学生的优点，指出需要改进的地方，并提供明确的建议，引导学生更加有针对性地进行自主学习。

再次，反馈机制的建立可以通过引入同学评价和自评价来丰富。通过同学间的互动评价，学生可以更全面地了解自己在团队合作中的表现，从而在学习过程中不断改进。同时，鼓励学生进行自我评价，让他们对自己的学习进行反思，形成自我监控和调整的习惯。

最后，建议教师通过定期的学习反馈会议或讨论，与学生分享整体的学习成果和经验。这不仅有助于形成良好的学习氛围，也能够激发学生更积极主动地参与自主学习。在这个过程中，教师还可以与学生一起制订下一阶段的学习目标和计划，促使学生更深入地参与到自己学习轨迹的规划中。

综上所述，通过设计实践任务、建立有效的反馈机制，并引入同学评价和自评价，教师可以更好地培养学生的自主学习能力。这种方式不仅能够提高学生的学科素养，还有助于培养他们的团队协作、沟通表达和解决问题的能力。

第八章　结论与展望

第一节　研究总结

一、对研究问题的回答和贡献

（一）全球化背景下大学英语教学的新要求

在全球化的时代，英语的地位不仅仅是一门语言，更是连接不同文化的纽带。本书深入分析全球化对大学英语教学提出的新要求，致力于揭示培养学生跨文化交际能力的紧迫性。

1.任务型教学法的应用

通过对任务型教学法的深入研究，首先提出了在大学英语教学中引入任务型教学的建议。该方法注重学生在实际任务中运用英语，旨在增强他们的综合语言能力。其次，为应对全球化的需求，这一方法更好地培养了学生在实际情境中使用英语的能力。

2.交际式教学法的实践

本书探讨了交际式教学法在大学英语教学中的实践。该方法强调语言的功能性和实用性，通过模拟真实场景培养学生的口语表达和听力能力。这为学生更好地适应全球化语境提供了有效途径。

3.创新性思路的提出

通过对任务型教学法和交际式教学法的综合分析，本书提出了创新型的思路。在全球化时代，大学英语教学不再仅仅关注语言技能，更需要培养学生在跨文化交际中的灵活应变能力。这为未来大学英语教育的发展指明了方向。

（二）大学英语教学中的特殊挑战与需求

1.大学英语教学的挑战

首先，大学英语教学面临的挑战是学科知识与英语能力的有机结合。在大学阶段，学生所学的英语不仅仅是语言的表达，更需要在特定学科领域中运用，进行专业性学术交流。这就要求教师在教学中更加注重将英语与具体学科知识相结合，使学生能够在专业领域中自如地运用英语进行表达。

其次，大学英语教学面临着学生背景差异较大的挑战。学生来自不同专业，具有不同的学科基础和学科术语的理解程度，这就需要教师在教学中更具差异性，满足不同学科背景学生的学习需求。因此，如何在大班级中巧妙处理学科差异，确保每位学生都能够有效学习，是大学英语教学面临的一项重要挑战。

再次，大学英语教学需要应对学术英语的复杂性。学术英语往往包含大量的学科术语和专业表达方式，对学生的语言水平提出了更高的要求。教师需要通过有针对性地教学手段，帮助学生更好地理解和运用英语，培养他们在学术领域中的语言表达能力。

最后，大学英语教学需对学科知识和语言技能的快速更新。在某些专业领域，新的学科术语和表达方式层出不穷，这就要求教师及时更新教材，关注行业动态，确保学生在学术和职业领域中具备最新的知识内容。

2. 教师应对特殊性的策略

首先，教师应当在课堂设计中充分考虑学科背景和学生需求，确保教学内容与实际学科知识有机结合。通过深入了解学科特点，教师可以精心设计案例、教学活动，使学生在学习英语的同时能够更深入地理解和运用相关学科知识。这不仅有助于提高学生的学科素养，同时可以促进他们对英语表达的深入理解。

其次，教师需要灵活运用多种教学方法，满足不同学生的学习需求。在大班教学中，学生的背景和学科知识水平可能存在较大差异，因此教师可以通过分层教学、个性化辅导等方式，满足不同学生的学科知识水平和语言技能的提升。通过设置差异化的学习任务，激发学生的学习兴趣和主动性，提高他们的学习效率。

再次，教师应重视学术英语的培养，使学生能够在学术交流中游刃有余。通过引入学术英语的学习任务，如阅读学术文章、参与学术讨论等，培养学生对学术英语的理解和运用能力。这有助于使学生更好地适应大学学术环境，提高他们的学术写作和口头表达水平。

最后，教师在教学中要注重实践任务的设计和反馈机制的建立。通过设计与实际情境相关的实践任务，教师可以激发学生的学习兴趣，同时促使他们在实际应用中提高语言技能。建立有效的反馈机制，及时给予学生指导和评价，帮助他们认识到自身的优势和不足，进一步引导其更有针对性地进行自主学习。

3. 实用性方法的建议

首先，教师在大学英语教学中可以采用案例分析法。通过引入实际案例，特别是与学科知识相关的案例，可以使学生更好地理解和应用英语。案例分析法有助于培养学生的综合分析和解决问题的能力，同时提高他们对学科内容的理解能力。教师可以选择具体的行业案例，让学生在语言学习的同时了解相关领域的背景和专业术语，实现语言和学科知识的有机融合。

其次，教师可以运用教学实践来提升学生的语言运用能力。通过组织实践项目、模拟场景，教师可以创造出学科实践的情境，让学生在实际应用中锻炼英语表达能力。例如，模拟学术研讨会、商务谈判等场景，让学生扮演相应角色进行交流。这样的实践活动有助于培养学生的沟通能力、团队协作能力，同时提高他们运用英语进行专业交流的信心。

再次，教师可以采用个性化教学方法，因材施教。了解学生的学科背景、兴趣爱好和学习风格，制订差异化的学习计划，帮助学生更好地适应教学内容。个性化的支持包括提供额外的学科辅导、更具针对性的语言培训等，以确保每位学生都能够在适合自己的学习环境中充分发挥优势。

最后，教师需要注重实践任务的设计和反馈机制的建立。实践任务可以结合实际情境，如参观企业、实地考察等，让学生在真实场景中运用英语。建立有效的反馈机制，及时给予学生指导和评价，帮助他们认识到自身的优势和不足，进一步引导其更有针对性地进行自主学习。

（三）提升大学英语教学质量的方法研究

1. 理论与实践相结合的方法

首先，理论与实践相结合的方法在大学英语教学中起到关键作用。任务型教学法作为一种理论指导，注重学生在实际任务中运用语言进行交际，促使学生在语境中主动掌握语言知识。理论的指导使教师能够更好地设计贴近实际情境的任务，通过实践激发学生的学习兴趣，提高他们的语言运用能力。

其次，交际式教学法的理论研究为大学英语教学提供了重要的支持。强调语言是一种社会交往的工具，交际式教学法通过创设真实交际场景，促使学生在交际中学习语言。在实际教学中，教师可以通过模拟真实交际环境，引导学生展开对话、合作项目等活动，以培养学生的交际能力。理论指导可以帮助教师更好地把握交际式教学法的核心要点，实现理论与实际教学的有机结合。

再次，案例分析法是理论与实践相结合的重要手段。通过对实际案例的深入研究，教师可以更具体的了解理论在实践中的应用。例如，通过分析成功的任务型教学案例，教师可以获取设计任务的经验，提高任务型教学的实际操作水平。理论知识通过案例的具体呈现，使教师能够更有针对性地运用理论指导进行实际教学。

最后，教学实践中的反思是理论与实践相结合的重要环节。教师在实际教学中应不断反思理论指导是否得以贯彻，是否能够有效地促进学生的语言学习。通过反思，教师可以发现实际教学中的问题，及时调整教学策略，提高理论指导的实际效果。另外，反思也有助于理论的不断完善，使之更符合实际教学需求。

2. 科学、实用的教学策略

首先，研究提出的教学策略包括多元化教学方法的灵活运用。在大学英语课堂中，学生的学科背景和学习风格差异较大，因此，采用多元化的教学方法能够更好地满足个性化学习需求。教师可以结合任务型教学、交互式教学等多种方法，使课堂更加灵活多样。这不仅能够激发学生的学习兴趣，还有助于提高他们的语言应用能力。

其次，个性化学习是科学、实用的教学策略之一。通过了解学生的学科背景、学科兴趣以及学习风格，教师可以为每位学生量身定制个性化的学习计划。这种个性化的教学策略有助于激发学生的学习动力，提高他们的学习效果。教师可以通过与学生的个别沟通、定期反馈等方式，不断调整个性化教学计划，使之更符合学生的实际需求。

再次，任务驱动型教学是一项重要的科学、实用策略。通过设定具体的任务和项目，教师可以引导学生在实际应用中运用所学知识，提高他们的语言运用能力。任务型教学法可以培养学生解决问题的能力，使他们更好地适应未来职业发展的需求。这种实用性的教学策略通过将知识应用于实际情境，提高学生的综合素养。

最后，反馈机制是科学、实用教学策略中不可忽视的一环。通过及时、具体地反馈，教师能够帮助学生认识到自身的优势和不足，指导他们更有针对性地进行学习。另外，反馈机制还促进了教师与学生之间的有效沟通，使教学过程更具互动性。这种科学实用的策略有助于学生不断优化教学过程，提高他们的学习体验。

3.国际竞争力的英语人才培养

首先，为了培养更具国际竞争力的英语人才，教学目标需要明确。除了传统的语言技能培养，教师还应更加重视学生的跨文化交际和实际应用能力的培养。这一目标旨在使学生不仅能够在语言表达上游刃有余，还能够在不同文化环境中自如地交流，应对实际工作和生活中的挑战。通过制定明确的教学目标，可以更好地引导教学过程，使学生更符合国际竞争力培养的要求。

其次，现代教学方法的深入理解是培养国际竞争力英语人才的关键。教师需要紧跟时代发展，理解全球化时代对英语人才的要求，灵活运用现代教学方法。其中，跨学科教学、项目式教学、在线协作学习等方法可以帮助学生更好地应对国际化背景下的挑战。通过引入实际案例、模拟场景等教学手段，教师能够更贴近实际，培养学生在不同情境下运用英语的能力。

再次，实践型教学是培养国际竞争力英语人才的有效途径。通过组织实践项目、模拟商务谈判、角色扮演等活动，学生可以在实际情境中运用所学知识，提高实际应用能力。教师可以设计与实际工作相关的任务，使学生在解决实际问题的过程中不断提升自己的综合素养。

最后，国际竞争力英语人才的培养需要跨学科的融合。教师可以与其他学科教师合作，将英语与学科知识有机结合。这不仅有助于学生更深入地理解与其专业相关的知识，还可以培养了他们在跨学科背景下工作和交流的能力。通过多学科的融合，培养出更具国际视野和综合素养的英语人才。

4.科学教学与实际应用的结合

首先，科学教学与实际应用的有机结合在大学英语教学中是至关重要的。教师要确保传授的理论知识具有实际应用的导向。这涉及理论知识的选取，要注重选择与学科专业相关、实际应用广泛的内容。其次，通过理论知识的有针对性选择，可以确保学生学到的知识更具实际应用的价值。

其次，实际应用能力的培养需要通过具体的案例分析。教师可以引入实际案例，让学生在理论知识的基础上进行深入分析。这种案例分析的方法有助于学生将抽象的理论知识与实际问题相结合，提高他们解决实际问题的能力。通过对真实案例的深入研究，学生能够更好地理解理论知识在实际应用中的作用。

再次，实际教学经验的总结对教师更好地将理论知识转化为实际能力至关重要。通过总结自己的教学经验，教师可以了解哪些教学方法更适合培养学生的实际语言运用能力。这种经验总结有助于教师发现学生在实际应用中可能遇到的困难，进而调整教学策略，提高教学的实效性。

最后，注重课程设计的实际性是将理论知识转化为实际能力的关键。教师在设计课程时应当注重将理论知识贯穿实际场景中，引入实际应用的任务和项目。通过这种方式，学生将在实际操作中逐渐掌握并运用所学知识，从而更好地培养实际语言运用的能力。

5. 创新性思考的鼓励

首先，鼓励创新性思考在大学英语教学中是至关重要的。教师应当认识到教育环境的不断变化，随之而来的是学生的学习需求和教学方法的更新。其次，为了更好地适应这种变化，教师需要勇于尝试新的教学方法和策略。这要求教师首先具备对现代教学理论的深入研究，了解教育领域的前沿动态，从而能够灵活应对教学环境的变化。

其次，鼓励创新性思考需要通过实践中的案例分析来加以具体引导。教师可以分享在实际教学中尝试新方法的经验，包括取得的成功和遇到的挑战。通过案例分析，教师能够向其他教育者展示创新思考的实际效果，激发大家对新方法的兴趣，同时能够让其他教育者在尝试新方法时有所依据。

再次，创新性思考的鼓励需要通过提供培训和资源支持来实现。教师在尝试新方法时可能面临挑战，因此培训和资源支持是至关重要的。学校可以组织专门的培训课程，帮助教师更好地掌握新的教学方法。此外，提供相关的教学资源，如创新教材、多媒体教辅等，也是必不可少的。

最后，创新性思考的鼓励需要在教育体系中得到认可和奖励。学校和相关教育机构应该设立奖励机制，对那些在教学中取得显著创新成果的教师给予肯定和奖励。这将激励更多的教育者勇于创新，推动整个大学英语教育不断发展。

二、研究过程中的挑战与收获

（一）理论与实践的有机结合

1. 理论与实践的融合挑战

首先，理论与实践的融合需要建立一个桥梁，以使高度学术的理论能够被转译为可操作的教学实践。为了应对这一挑战，教育研究者和教师应当采用系统性的方法，将理论知识划分为易于理解和应用的部分。这可以通过将抽象的理论概念具体化，引入具体的案例和实例，以便教师更容易理解和应用这些理论。

其次，建立理论与实践的桥梁需要采用多元化的教学手段。不同的理论可能适用于不同的教学场景，因此，在转译过程中需要综合运用多种教学手段。例如，可以通过组织研讨会、工作坊，或者使用多媒体教学等方式，将理论知识与实际教学紧密结合，帮助教师更好地理解和运用理论。

再次，建立理论与实践的桥梁需要注重教育研究者和教师之间的密切合作。在转译理论为实践的过程中，教育研究者需要充分了解实际教学的挑战和需求。与此同时，教师应积极参与理论研究，将他们的实践经验与理论知识相结合。这样的密切合作有助于确保理论的实用性，并促进教学改进。

最后，建立理论与实践的桥梁需要注重实证研究的重要性。通过实证研究，教育研究者可以验证理论的有效性，并获取更多可行的教学策略。这有助于确保理论与实践的融合是基于科学的证据，而不仅仅是基于理论的猜测。

2. 理论与实践相互促进的认识

首先，通过对实际案例的深入分析，教师要认识到理论与实践之间并非单向关系，而是相互促进、相辅相成的。在大学英语教学的实践中，理论可以提供教学的指导原则和教育目标的框架。理论体系为教师提供了一种系统性的思考方式，使他们能够更好地设计教学活动，制订教学计划。理论的引导使得教学更有条理和计划性，有助于提高教学的科学性和系统性。

其次，实践为理论提供了验证和完善的机会。在实际的教学过程中，教师能够发现理论在实践中的可行性和局限性。通过不断地试验和调整，教师可以发现哪些理论更适合特定的教学环境，哪些理论需要进行修正或调整。实践的过程为理论提供了反馈，使其能够更符合实际需求，更具实用性。这种反馈机制可以促使理论不断演变和发展，保持与实际教学紧密相连。

再次，这一认识使教师可以更深刻地理解了教育研究的本质。教育研究不仅仅是追求理论的科学性，更是强调理论在实践中的可操作性。理论的产生和发展应当服务实际的教学需求，为实践提供有效的指导。这种本质上的相互促进使得教育研究更加贴近实际，更有助于提高教学效果。

最后，强调理论与实践相互促进的重要性。这意味着在进行教育研究和教学设计师，理论不应当脱离实际情境，而是需要贴近实际，关注实际问题，以应对实际挑战。同时，教师在实践中要不断反思，将实践的经验系统化，以丰富和发展理论。这样的相互促进将有助于形成更加科学和实用的教育理论。

3. 挑战成为收获

首先，在理论与实践相结合的过程中，挑战变成收获。教师要面临着如何将抽象的理论知识应用于实际教学的挑战。这要求我们深入理解理论的本质，同时在实际教学中不断进行试验和调整。通过这一过程，教师可以找到更有效地将理论运用于实践的方式，实现理论与实际操作的有机结合。

其次，案例分析成为理论与实践之间的关键桥梁。通过具体案例的引导，教师可以更加清晰地看到理论知识在实际教学中的具体运用。案例不仅提供了实际问题的背景和情境，还帮助教师将抽象的理论与具体的教学场景相结合。这种案例分析的方法使教师可以更深入地理解理论在实践中的运作机制，为实际教学提供具体而有效的指导。

再次，这一过程的挑战性使教师可以更加谦逊地对待理论，更注重实践的可行性。在不断面对实际问题和挑战的过程中，教师可以意识到理论并非一成不变的，而是需要根据实践的需要进行不断修正和完善的。这种谦逊的态度使教师可以更愿意从实践中获取反馈，不断优化教师的理论框架，提高理论的实用性和适应性。

最后，这一过程为今后的教学改革提供了有益的启示。通过理论与实践相结合的经验，教师可以积累丰富的教学实践经验，形成更加科学和实用的教育理念。这可以为今后的教学改革提供有力的支持，使教师可以能够更有信心地应对未来教育领域的挑战，更好地服务学生的学习需求。

（二）教学实践中的改进

1.丰富的经验积累

首先，在教师的研究过程中，通过对不同教学方法的深入研究，教师积累了丰富的经验。这一经验的积累既来自对理论层面的深入学习，也源自对实际教学过程的深入思考。教师通过不断地与实际案例进行对话，逐渐理解了每种教学方法的优劣之处，并在实践中得以验证，为今后的教学实践提供了丰富的参考。

其次，教师深入研究了各种教学方法的理论基础。通过对任务型教学法、交际式教学法等理论的深入探讨，教师建立了对这些方法背后原理的深刻理解。这使我们能够更好地把握每种教学方法的设计思想，理解其在不同语境下的适用性，为教学实践提供了坚实的理论基础。

再次，教师通过对实际教学案例的研究，深刻领悟了理论与实践之间的相互关系。理论不再是孤立的概念，而是在实践中得以具体呈现。实际教学过程为理论提供了验证的机会，同时理论为实践提供了指导和框架。这一相互促进的关系使教师可以更加明确在教学中如何更好地运用理论知识，以提高教学效果。

最后，教师对不同教学方法的优缺点进行了全面地比较和总结。这种全面比较的方式使教师更加客观地看待每种教学方法，不偏向某一特定理论，而是根据实际需求选择合适的方法。这有助于教师在实际教学中更加灵活地运用各种方法，更好地满足学生的学习需求。

2.问题的发现与解决

首先，在教学实践中面临的各种挑战不仅为教师带来了教学的乐趣，更让教师深刻地认识到其中存在的问题。这种教学中的问题意识成为教师教学改进的起点，推动教师对教育过程的深入思考。

其次，教师通过对这些问题的深入分析，提出了一系列解决方案。这些问题可能涉及学生的学科知识掌握程度、语言技能的提升情况、参与度和反馈等多个方面。通过系统性的问题分析，教师努力找到解决问题的途径，确保教学能够更好地满足学生的需求。

再次，教师意识到问题的解决需要全方位地策略。这包括调整教学方法，个性化支持学生，改进课堂互动和反馈机制等多个层面。教师不仅关注学科知识的传授，更注重培养学生的语言技能、主动学习能力以及团队协作精神。这些综合性的策略有助于提高整体教学效果。

最后，教师的教学更加灵活和有针对性。通过问题的发现和解决，教师逐渐形成了一套适应性强、具有灵活性的教学策略。这使得教师在不同的教学场景中能够更好地应对各种挑战，更好地满足学生的个性化学习需求。

3. 对大学英语教学本质的深刻理解

首先，通过教学实践的改进过程，教师对大学英语教学本质有了更为深刻的理解。教师认识到教学不仅仅是语言技能的传授，更是一项综合性的任务，旨在培养学生的跨学科能力。这种深刻理解源自对学科知识与语言能力的有机结合的认知，使教师可以更全面地看待大学英语教育的目标和任务。

其次，教师强调不仅仅是培养语言技能，还注重培养学生的创新能力。在现代社会，创新能力是成功的关键之一。因此，大学英语教学应当致力于培养学生的创造性思维、解决问题的能力以及灵活运用语言的能力。这种理解使教师可以在教学设计中更注重培养学生的创新潜力，为他们未来的职业发展奠定坚实基础。

再次，教师认为大学英语教学应当激发学生的终身学习意识。由于知识更新迅速，学生需要具备不断学习的能力，以适应不断变化的社会需求。因此，教师在教学中要注重培养学生的主动学习意愿，引导他们形成自主学习的习惯，为其未来的终身学习打下坚实基础。

最后，这一深刻理解为教师未来的研究和实践提供了坚实的基础。教师将以这种深刻理解为指导，进一步探索更有效的教学方法，不断优化教学设计，为学生提供更富有挑战性和启发性的学习体验。同时这将促使教师更深入地参与大学英语教育的研究，为学科发展和教学改革做出更为积极的贡献。

三、研究结果的局限性和不足

（一）研究范围的限制

1. 研究问题的广度与深度

在研究过程中，教师意识到研究问题的广度和深度存在一定的制约。由于时间和资源的有限性，教师仅对大学英语教学的某些方面进行了深入研究，未能全面覆盖所有可能影响教学的因素。这使得研究结果在解决大学英语教学的全貌上显得相对片面。

（1）研究问题的广度

首先，现有的研究主要聚焦全球化和教学方法对大学英语教学的影响。尽管这是重要的方面，但它仅涵盖了大学英语教学的一部分。未来的研究应该更广泛地考虑到其他因素对大学英语教学的影响。

其次，学生个体差异是一个值得重视的研究方向。每个学生都具有独特的学习风格、能力和背景。因此，研究者应关注个体差异对大学英语教学的影响，并提出相应的教学策略和方法，以满足不同学生的需求。这可以进一步促进教育公平和有效性。

再次，教育政策变化对大学英语教学产生深远的影响。随着时间的推移，政府对教育的要求和期望可能会发生变化，这将对大学英语教学产生直接或间接的影响。因此，研究者应该密切关注政策变化，并调查其对大学英语教学的具体影响，以制定和调整相应的教学策略和方法。

最后，研究问题的广度还应考虑到其他潜在因素，如跨文化交际能力培养、技术应用和在线教学等。这些因素已经成为现代大学英语教学的重要议题，对学生的学习和未来就业具有关键意义。研究者可以深入探索这些领域，以便更好地应对大学英语教学中的挑战。

未来的研究应该更广泛地涉及多个方面，以更全面应对大学英语教学中的挑战。这包括关注学生个体差异、教育政策变化以及其他因素对大学英语教学的影响。通过扩展研究问题的广度，研究者可以提供更全面和有效的教学建议，以促进大学英语教学的质量和水平的提高。

（2）研究问题的深度

首先，在研究全球化对大学英语教学的具体影响机制方面，进一步的深入研究是必要的。全球化已经导致了全球各地人们之间的交流和互动的增加，这对大学英语教学产生了广泛而复杂的影响。未来的研究可以探索全球化如何改变学生的学习需求、教师的角色和教学方法，并揭示这些变化的机理和影响路径。这将有助于教育者更好地应对全球化带来的挑战，并制定更有效的教学策略。

其次，关于任务型教学法的具体设计原则，仍然需要更深入的研究。任务型教学法作为一种有效的教学方法，强调学生在真实情境中完成任务，培养他们的语言运用能力和交际能力。然而，在实际教学中，如何设计和实施任务型教学法仍存在许多挑战。未来的研究可以探索任务型教学法的设计原则，包括任务的选择、任务指导与评估方式等，从而帮助教师更好地运用任务型教学法，并提高学生的语言学习效果。

再次，研究问题的深度可以关注大学英语教师专业发展的相关议题。教师是教学的核心，他们的专业发展对提高大学英语教学质量具有重要意义。未来的研究可以探讨如何帮助英语教师提升其教学技能和知识水平，并探索有效的教师培训和发展模式。此外，也可以研究教师的反思实践和教学反馈的有效性，以便提供更好的支持和指导，促进教师的专业成长。

最后，研究问题的深度可以涉及大学英语教学的评估与质量保障。评估在教学中起着至关重要的作用，它可以帮助教师了解学生的学习状况并调整教学策略。未来的研究可以关注如何设计和实施有效的评估工具和方法，以更准确地评估学生的语言能力和学习成果。同时，教师可以研究如何建立质量保障体系，监测和改进大学英语教学的质量，确保教学的有效性和可持续发展。

未来通过对全球化影响机制、任务型教学法设计原则、教师专业发展以及教学评估与质量保障等方面的深入研究，能够揭示大学英语教学中的内在机理和解决方案。这将有助于提高大学英语教学的质量和水平，并为教育实践和政策制定提供有力支持和指导。

2.数据采集的时间和空间限制

（1）时间限制

首先，由于时间限制，现有的研究可能只能观察到特定时期的教学实践和趋势。然而，教学方法和理念在不同的时间段中会有显著变化，所以仅从有限的时间范围内得出的结论可能无法完全揭示大学英语教学的长期发展趋势。因此，未来的研究应该考虑进行更长时间跨度的纵向研究，以获得更全面和准确的结论。

其次，随着时间的推移，大学英语教学面临新的挑战和需求。教学方法、教材选择以及技术应用等方面都在不断地发展和改变。只有进行长期的观察和分析，才能全面了解这些变化并做出相应的改进和调整。

再次，通过进行纵向研究，可以更好地把握大学英语教学的发展趋势。从过去到现在，从当前到未来，通过跨时间的比较和对比，可以更好地了解教学实践的变化和演变。同时，纵向研究可以帮助教师预测未来可能出现的挑战和机遇，做出相应的准备和策略规划。

最后，纵向研究可以帮助教师评估教学改革的长期效果。教学改革需要时间来实施和落地，并且长期的效果可能需要一段时间才能显现出来。通过长期的跟踪和评估，可以对所进行的教学改革的成果和效果进行全面的分析和评估，为未来的改革提供宝贵的经验和借鉴。

由于时间限制，现有的研究可能无法充分捕捉到大学英语教学领域长期变化的全貌。因此，未来的研究应该进行更长时间跨度的纵向研究，以更好地理解教学的发展趋势，并对教学改革和发展提供有针对性的建议和指导。这样的研究可以为大学英语教学的长期发展提供重要支持和指引。

（2）空间限制

首先，由于空间限制，现有研究主要集中在特定地区或学校进行，难以涵盖全球范围内不同文化和教育体系的差异。大学英语教学在不同地区和文化背景下存在着巨大的差异，如学生背景、教育政策、教学方法等。因此，仅仅依靠特定地区或学校的研究结果并不能全面了解大学英语教学的真实状况。未来的研究应该更广泛地考虑不同地区和文化背景下的大学英语教学情境，以充分探索其在全球范围内的共性和差异。

其次，不同文化和教育体系的差异可以对大学英语教学产生深远的影响。不同文化背景下的学生可能具有不同的语言习得方式和学习需求，教师在跨文化背景下的教学策略和方法就需要相应调整。因此，未来的研究可以比较不同文化和教育体系下的大学英语教学情境，以揭示这些差异对教学的影响，并提供相应的教学指导和建议。

再次，全球化背景下的大学英语教学越来越重视国际化和跨文化交际能力的培养。因此，研究者可以关注跨国合作项目、留学生教育以及国际交流活动等方面的教学实践和经验。这样的研究不仅可以提供实践案例和借鉴，而且可以促进不同文化间的相互理解和交流。

最后，为了更好地推广研究成果，未来的研究可以考虑跨文化的合作和交流。研究者可以与来自不同地区和文化背景的教育者及研究人员合作，共同开展研究项目，并分享经验和发现。这样的合作可以为研究提供更广泛的数据和视角，并促进全球范围内教学理念和实践的交流和融合。

由于空间限制，现有的研究主要集中在特定地区或学校进行，无法涵盖全球范围内不同文化和教育体系的差异。为了更好地推广研究成果和探索大学英语教学的全局情况，未来的研究应该更广泛地考虑不同地区和文化背景下的大学英语教学情境，促进其在全球范围内的共同发展和交流。这样的研究可以为大学英语教学提供更广阔的视野和有益的启示。

（二）案例的代表性

在进行案例分析时，教师可以选择有代表性的教学情境，但这并不意味着这些案例能够完全代表所有大学英语教学的多样性。每个学校、每个专业都有其独特的教学特点，因此教师所选取的案例可能无法涵盖所有可能存在的差异。

1. 学校差异

首先，大学英语教学模式的差异是不同学校影响英语教育的一个重要方面。不同学校可能采用不同的教学理念和方法，如传统的语法翻译法、沉浸式教学法、任务型教学法等。这些模式的选择直接关系到学生的学习体验感和英语能力的培养。未来的研究可以深入比较不同学校的教学模式，分析其优劣和适用场景，为制定更科学的大学英语教学模式提供参考。

其次，师资力量的不同是导致学校英语教学差异的一个重要因素。一流的师资队伍能够提供更高水平的英语教学服务，包括专业知识的传授、教学方法的创新等。因此，未来的研究可以关注不同学校师资队伍的构成、培养体系以及对教师的培训机制，以全面了解师资力量对大学英语教学的影响。

再次，学科设置的多样性是学校差异的一个重要方面。不同学校可能有不同的专业设置，涉及不同领域的学科英语教学。未来的研究可以深入分析不同学科对英语教学的需求，研究如何更好地将英语教学与学科知识相结合，提高学生在特定领域的语言运用能力。

最后，未来的研究需要考虑纳入更多不同类型学校的案例。这包括综合性大学、专业性高校、以英语为主的外语学院等。通过比较不同类型学校的英语教学情况，可以更全面地了解学校差异对英语教育的影响。这样的研究有助于提炼出更具普适性的教学经验，为不同类型学校提供更有针对性的教学建议。

2. 专业差异

首先，专业差异是大学英语教学领域中一个重要而复杂的因素。不同专业对英语的要求往往反映了各自领域的特殊需求，因此，教师需要更深入地了解专业差异如何影响英语教学，以更好地满足学生的学科需求。

其次，理工科与文科在语言运用方面存在明显的差异。理工科的学生可能更注重专业术语的准确运用，对实际应用场景的语言需求更为突出；文科的学生可能更侧重表达能力、文学修养等方面的英语技能。未来的研究可以深入比较不同专业学生的英语需求，探讨如何因材施教，更好地满足不同专业学生的学科英语教育需求。

再次，教师的研究未能充分考虑专业差异对英语教学的影响，这是一个需要进一步深入探讨的方向。教师可以通过对不同专业学生的调查和访谈，了解他们在学术和职业领域中对英语的实际运用情况，从而更好地制订针对性的英语教学方案。

最后，未来的研究可以借助大数据分析等方法，深入挖掘不同专业学生的学科需求，通过对学科英语教育的定量研究，为制定更科学、更有针对性的英语教学策略提供数据支持。

第二节　研究成果和意义

一、研究对大学英语教学的实际应用

（一）大学英语教学策略与方法

1. 任务型教学法的创新性运用

（1）实际任务的设计

首先，任务型教学法在大学英语教学中的创新性应用是本书研究的重点。任务型教学法强调学生在真实场景中完成任务，培养他们的实际语言运用能力和解决问题的能力。通过设计实际任务，教师可以模拟真实情境，激发学生的学习兴趣和动机，并提供一个有意义和有价值的学习环境。

其次，本书设计了一些具体的实际任务来应用任务型教学法。这些任务可以涵盖不同的领域和主题，如商务谈判、跨文化团队合作、社会问题讨论等。通过这些任务，学生不仅可以提高其语言技能，还可以培养其解决实际问题的能力和跨文化交际能力。例如，在模拟商务谈判的任务中，学生需要扮演不同的商务角色并进行双方谈判，以提高其商务交流和谈判技巧。

再次，任务设计需要符合学生的学习目标和水平。根据学生的实际水平和学习目标，任务可以设计为多样化的，包括口语表达、写作、听力等不同方向的任务。此外，任务的设计还需要考虑任务的难易程度和适应性，以确保学生能够在完成任务中获得挑战和成就感。

最后，实际任务的设计需要考虑评估和反馈的机制。通过定期的评估和反馈，教师可以了解学生的学习进展和问题，并及时调整教学策略和任务设计。评估和反馈可以采用多种方式，如观察记录、口头反馈、书面报告等，以全面了解学生在任务中的表现和进步。

通过深入研究任务型教学法在大学英语教学中的创新性应用，本书设计了实际任务来提高学生的语言能力和解决问题的能力。这些任务涵盖多个领域和主题，可以模拟真实情境并促进学生的实际语言运用。任务的设计需要考虑学生的学习目标和水平，以及评估和反馈的机制，以提供有针对性和有效性的教学支持。这样的研究结果具有重要的学术价值和实践意义，可以为大学英语教学方法的发展和改进提供有益参考。

（2）语言运用能力的提升

首先，任务型教学法通过注重实际任务中的语言运用能力，可有提升学生的语言实践能力。传统的语言教学方法更注重语法和词汇的学习，而任务型教学法则强调学生在真实情境中的语言表达和解决问题的能力。通过在任务中运用语言，学生可以锻炼自己的口头表达和写作能力，培养语言的实际应用技能。

其次，任务型教学法注重语言的灵活运用。任务要求学生在真实场景中应对各种语言交流情境，不仅需要理解语言的表意，还需要根据具体情境进行合适的语言应用。这有助于学生培养灵活运用语言的能力，将所学的语言知识真正应用到实际生活和工作中。

再次，任务型教学法强调学生的语言交际能力的培养。通过参与真实任务，学生不仅需使用正确的语言形式，还需处理语境和达到交际目的。任务型教学法鼓励学生参与真实的交际活动，提高他们的听说读写的综合语言能力，并促进他们在跨文化背景下的交际能力的发展。

最后，任务型教学法有助于帮助学生适应全球化时代的语言需求。随着全球化的不断发展，跨文化交流的需求越来越重要。任务型教学法让学生在真实情境中学习语言，可以培养他们的跨文化意识和交际技能，使他们更好地适应全球化时代的语言需求。

通过任务型教学法，在任务中注重语言运用能力是一个有效的教学方法。这种方法强调实践和灵活性，培养学生在真实情境中运用语言的能力，并提高他们的语言交际能力。同时，它有助于学生适应全球化时代的语言需求。这样的教学方法具有重要的学术价值和实践意义，在大学英语教学中具有广泛应用前景。

2. 交际式教学法的实际场景模拟

（1）教师角色的转变

首先，交际式教学法要求教师在教学过程中扮演引导者和组织者的角色。教师不再是传统意义上的知识传授者，而是为学生提供指导和支持，引导他们在语言实践中主动学习。教师应该设计合适的任务和活动，营造真实情境来激发学生的学习兴趣，并提供相关的背景知识和技能培训。

其次，教师在交际式教学法中需要具备跨文化沟通技能和教学策略。教师在模拟真实场景时，需要展示其对多元文化的理解和尊重，培养学生的跨文化交际能力。教师需要灵活运用各种教学策略，如分组合作、角色扮演等，以促进学生的语言实践和互动。

再次，交际式教学法鼓励学生在真实情境中主动运用语言。教师的角色是引导学生参与交际活动并提供及时反馈。教师应该促使学生主动使用所学的语言知识和技能，鼓励他们进行自我表达和互动交流。教师可以通过问题引导、示范演示等方式提供支持，帮助学生克服困难并提升语言实践能力。

最后，交际式教学法要求教师关注学生的个性差异和学习需求。教师应该根据学生的特点和水平，提供个性化的教学和指导。例如，对学习困难的学生，教师可以采用不同的教学手段和策略，提供更多的支持和辅导。另外，教师还应该积极倾听学生的意见和建议，关注他们的学习体验，以便调整教学方法和内容，提高教学效果。

研究成果指导教师在交际式教学法中更好地扮演引导者和组织者的角色。教师在任务设计和活动组织过程中发挥重要作用，促使学生从被动的语言学习者转变为主动的语言使用者。这种教学方法要求教师具备跨文化沟通技能和教学策略，关注学生的个性差异和学习需求，并能够适应不断变化的教学环境。这样的教师角色转变对大学英语教学的改进和创新具有重要的学术价值和实践意义。

（2）语言功能性和实用性的强调

首先，交际式教学法强调语言的功能性和实用性。传统的语言教学方法往往以语法和词汇的学习为重点，而交际式教学法则注重学生在真实情境中的语言使用能力。通过模拟实际场景，如角色扮演、小组讨论等，学生可以在各种语境中自然而然地运用英语，提高语言的实际应用能力。

其次，实际场景模拟有助于学生更好地理解语言与文化的交融。在模拟实际情境中，学生需要考虑语言表达的适宜性、礼貌性以及文化差异等因素。通过参与实际场景模拟，培养学生意识到语言和文化之间的紧密联系，并加深对语言背后文化含义的理解。这样的体验有助于学生培养跨文化交际能力，提高他们在全球化时代的语言运用水平。

再次，交际式教学法通过角色扮演、小组讨论等方式，可以培养学生在各种语境中自如运用英语的能力。在角色扮演中，学生需要扮演不同的角色，运用所学的语言知识和技能进行对话和互动。在小组讨论中，学生需要与其他成员合作，共同解决问题并分享意见。通过这些实践活动，学生能够感受到真实语境中的语言需求和挑战，从而提高他们的语言运用能力。

最后，交际式教学法对大学英语教学具有重要的学术价值和实践意义。它不仅可以帮助学生掌握语言技能，更重要的是可以培养他们的实际语言运用能力和跨文化交际能力。在全球化时代，具备实际语言运用和跨文化交际能力的人才越来越受到社会的重视。因此，通过强调语言的功能性和实用性，交际式教学法可以为学生提供更加贴近现实的学习体验，为他们未来的职业发展和国际交流打下坚实基础。

本书提倡交际式教学法在大学英语教学中强调语言的功能性和实用性。通过实际场景模拟和角色扮演等方式，培养学生在各种语境中自如运用英语的能力。这种教学方法有助于学生加深其对语言与文化交融的理解，提高他们的跨文化交际能力，并为他们在全球化时代的职业发展奠定基础。这样的研究具有重要的学术价值和实践意义，对推动大学英语教学的改进和发展具有积极影响。

（二）教育决策者和课程设计者的优化空间

1. 指导教育决策者的建议

（1）课程调整与优化

首先，根据研究结果，教育决策者可以考虑调整大学英语课程的设置，以更好地迎合全球化趋势。随着全球化的不断发展，跨文化交流及国际合作需求的增加，学生需要具备跨文化交际能力和实际应用能力。因此，课程设置应更注重培养学生的实际语言运用能力，涵盖与其实际工作和生活相关的语境和话题。

其次，任务型教学法是一个值得教育决策者借鉴的教学模式。该教学法强调通过设计实际任务来激发学生的学习兴趣和动机，并提供真实场景中的语言运用机会。教育决策者可以结合任务型教学法，将课程设计为一系列有针对性的任务，包括模拟商务场景、跨文化团队合作等，在任务的完成过程中，培养学生的解决问题能力和实际语言运用能力。

再次，交际式教学法可以用来优化大学英语课程。该教学方法注重学生在真实情境中的语言实践和跨文化交际能力培养。教育决策者可以在课程中引入角色扮演、小组讨论等交际活动，营造实际语言运用的场景，促进学生的主动参与和互动交流。

最后，课程调整与优化需要考虑学生个体差异和学习需求。教育决策者可以提供多样化的课程选择，以满足学生不同的学习目标和兴趣。例如，针对那些对特定领域或行业感兴趣的学生，可以开设专业英语课程，为他们提供相关领域的实际语言运用机会。

研究结果可以为教育决策者提供有关大学英语课程优化的重要建议。他们可以借鉴任务型教学法和交际式教学法，调整课程设置，更加注重实际任务的设计和跨文化交际技能的培养。这样的课程调整与优化有助于使课程更贴近实际需求，提高学生的学习动机和实际应用能力。同时，教育决策者应考虑学生个体差异和学习需求，提供多样化的课程选择，满足不同学生的学习兴趣和目标。这样的决策对大学英语课程的改进和发展具有重要的学术价值和实践意义。

（2）响应全球化的英语教育需求

首先，教育决策者应该更主动地响应全球化时代的英语教育需求。在全球化的背景下，学生需要具备跨文化交际能力和实际应用能力，以适应日益增长的国际合作和交流需求。因此，教育决策者应该关注并了解全球化趋势，调整教育策略和课程设置，以使其更贴近当前社会的实际需求。

其次，教育决策者可以通过引入新颖的教学方法和实践活动来满足全球化时代的英语教育需求。在课程设计中，可以融入任务型教学法、交际式教学法等教学模式，以激发学生的学习动机和提高实际应用能力。例如，通过模拟真实场景的角色扮演、小组讨论等活动，学生可以在实际语境中练习英语口语和交流技巧，提高他们的跨文化交际能力。

再次，教育决策者可以鼓励学生参加国际化交流项目和活动，提供更多展示和提升英语实际运用能力的机会。例如，支持学生参加海外交流计划、国际学术会议等，这样的经历可以帮助学生与来自不同文化背景的人接触并进行真实语言运用。同时，教育决策者可以促进学校与企业、社会组织等机构的合作，为学生提供实习或工作机会，让他们在真实工作环境中运用英语。

最后，教育决策者应积极推动英语教育的终身学习理念。随着全球化的快速发展，英语已成为终身学习的必备技能。教育决策者可以提供更多的学习资源和机会，鼓励人们继续学习和提高英语水平。同时，学校和社会机构应提供灵活的学习途径和方式，以便学生和社会成员根据自身兴趣和需求进行英语学习。

研究成果提醒教育决策者要更积极地响应全球化时代的英语教育需求。教育决策者可以通过引入新颖的教学方法和实践活动，满足学生在全球化背景下的语言学习需求。同时，他们应鼓励学生参加国际化交流项目和活动，并提供更多英语实际运用的机会。此外，积极推动英语教育的终身学习理念也是非常重要的。这样的教育决策对推动全球化时代的英语教育进步和发展具有重要的学术价值与实践意义。

2.指导课程设计者的建议

（1）设计实用性教学内容

首先，课程设计者可以引入实际案例来增加教学内容的实用性。通过展示真实的语言使用场景，学生可以更好地理解所学的英语知识。课程设计者可以选择与学生相关和感兴趣的案例，涵盖不同领域和情境，如商务、科技、旅游等。通过分析和讨论实际案例，学生能够将所学知识运用到实际问题的解决中，提高他们的实际语言运用能力。

其次，行业资讯是另一个可以引入的实用性教学内容。课程设计者可以收集最新的行业报告、新闻文章、专业杂志等相关资讯，并结合课程内容进行讲解和讨论。这样的教学设计使学生了解当前行业的最新发展和趋势，同时提高他们阅读、听力和口语等综合语言运用能力。课程设计者可以引导学生分析和评论行业资讯，培养他们的批判性思维和判断能力。

再次，课程设计者可以设计实际项目或任务，以提供学生实际语言运用的机会。通过拟订项目计划、撰写报告、进行小组讨论等活动，学生能够在实践中运用所学的英语知识和技能。课程设计者可以结合实际问题和情境，让学生扮演真实场景中的角色，解决实际的语言任务。这样的教学设计有助于培养学生的问题解决能力、团队合作能力和实际语言运用能力。

最后，课程设计者可以邀请实际从业人员来分享他们的经验和实践。通过客座讲座、企业合作等形式，学生可以与专业领域的实际从业人员接触，并了解他们在工作中如何运用英语。这样的交流与互动可以为学生提供真实的语言应用机会，使他们更好地理解并运用所学英语知识。

本书研究结果可以指导课程设计者设计更实用的教学内容。通过引入实际案例、行业资讯、实际项目和实践经验，课程设计者可以使学生在课堂中接触到真实的语言使用场景，帮助他们更好地理解并应用所学英语知识。这种实用性的设计有助于激发学生学习的兴趣，提高他们在实际情境中运用英语的主动性。这样的教学设计对促进学生学习效果和提高实际语言运用能力具有重要的学术价值和实际意义。

（2）强化跨文化交际培养

首先，课程设计者可以引入跨文化交际的课程元素。通过教授跨文化沟通的理论知识和技巧，学生可以更好地理解和应对不同文化之间的差异。课程设计者可以教授跨文化礼仪、非语言交际、文化价值观等内容，帮助学生了解不同文化之间的沟通规则和习惯。这样的培养能够提高学生在跨国环境中的交际能力，减少因文化差异造成的误解和冲突。

其次，课程设计者可以通过设计具有国际视野的教学活动来加强为学生跨文化交际的培养。例如，在小组合作项目中，可以鼓励学生组成跨文化团队，让他们共同解决跨文化沟通问题。通过与来自不同背景的同学合作，学生可以提高在多元文化环境中协作与交流的能力。此外，教师还可以组织校外访问、国际交流项目等活动，让学生亲身体验不同文化背景下的交流方式。

再次，课程设计者可以利用多媒体资源来展示世界各地的文化。通过展示不同国家和地区的历史、风俗、音乐、艺术等，学生可以了解世界各地的多元文化，并培养他们对不同文化的尊重和欣赏。此外，课程设计者还可以邀请来自不同文化背景的嘉宾或校友分享他们的经验，加深学生对跨文化交际的认识和理解。

最后，课程设计者可以通过评估和反馈机制来持续改进跨文化交际的培养效果。通过开展定期的课程评估和学生反馈收集，课程设计者可以了解学生在跨文化交际方面的成长和需求，并对教学内容和方法进行调整和改进。同时，教师可以提供个体化的辅导和指导，帮助学生发现和解决跨文化交际中遇到的困难与问题。

本书研究成果建议课程设计者加强跨文化交际的培养。通过引入跨文化交际的课程元素，设计具有国际视野的教学活动，课程设计者可以帮助学生更好地适应全球化时代的多元文化环境。这样的培养不仅有助于增强学生的文化意识，还可以为他们今后的国际交往提供更好的基础。另外，评估和反馈机制还可以帮助课程设计者不断改进跨文化交际的培养效果。这样的教学设计对提升学生的跨文化交际能力具有重要的学术价值和实际意义。

（3）结合新兴技术进行教学创新

首先，课程设计者可以利用在线资源来支持教学内容的创新。通过利用互联网上的开放教育资源，课程设计者可以为学生提供丰富多样的学习资料和教学工具。例如，可以利用在线教学平台提供教学视频、电子书、练习题等，让学生在自主学习的同时进行反思和巩固。此外，设计者还可以鼓励学生参与在线论坛、社交媒体等平台，与其他中文使用者进行交流和分享学习心得，提高他们的交际能力。

其次，虚拟交流平台是另一个可以结合新兴技术进行教学创新的方式。通过利用视频会议软件、在线聊天工具等虚拟交流平台，课程设计者可以为学生创建跨国界的学习环境。例如，可以组织远程交流活动，让学生与母语人士进行实时交流，提高他们的听说能力和跨文化交际能力。此外，设计者还可以建立在线合作项目，让学生与国内外其他学生一起完成任务和项目，培养团队合作和跨文化合作的能力。

再次，利用人工智能技术进行个性化辅导是教学创新的另一个方向。通过语音识别、自然语言处理等技术，设计者可以为学生提供个性化的学习辅导和反馈。例如，可以开发智能语言学习应用程序，根据学生的学习进度和表现，提供有针对性的练习和指导。这样的创新使学生能够根据自身兴趣和需求进行学习，并提高学习效果和成果。

最后，课程设计者可以利用虚拟现实（VR）和增强现实（AR）技术来创新教学。通过使用虚拟场景和模拟器，学生可以进行真实感观的语境模拟，提高他们在特定语境下的语言运用能力。此外，AR技术还可以结合实际环境和内容，增强学生的互动和参与度。通过这样的教学创新，学生能够更加身临其境地学习语言，提高实际语言运用能力。

本书研究结果鼓励课程设计者结合新兴技术进行教学创新。利用在线资源、虚拟交流平台、人工智能技术以及虚拟现实和增强现实技术，设计者可以为学生提供更多与母语人士交流的机会，促进实际语言运用的提升。这样的创新不仅符合当代学生的学习方式，也有助于培养他们在数字化时代的语言技能。这样的教学创新对提高学生的语言学习效果和培养其跨文化交际能力具有重要的学术价值和实际意义。

二、研究对相关领域的贡献

（一）语言学习理论和教学方法理论的新视角

1.语言学习理论的全面梳理

（1）行为主义的重新审视

在语言学习理论的梳理中，教师重新审视了行为主义在语言习得中的角色。通过对经典条件作用等行为主义理论的深入研究，教师揭示了其在语言学习早期阶段的重要性。这提供了语言学习领域对传统行为主义观点的重新思考，为理论多元性的发展提供了契机。

（2）认知理论的深度挖掘

本书研究深入挖掘了认知理论在语言学习中的深远影响。通过对信息处理、记忆、学习策略等认知过程的详细分析，教师为语言学习研究提供了更加精细的认知视角。这不仅有助于理解学习者在语言习得中的认知机制，也为教育学领域提供了认知科学的新思路。

（3）社会文化理论的综合运用

社会文化理论在语言学习中的重要性得到了全面综合运用。教师强调了语言不仅仅是个体的工具，更是社会文化传承的载体。通过对社会文化理论在教育领域的引入，教师为语言学习研究提供了更加社会化的视角。这对语言学习理论的发展具有推动作用。

2.教学方法理论的详细分析

（1）任务型教学法的理论依据

教师对任务型教学法进行了理论上的详细分析。通过对任务型教学法在认知理论和社会文化理论基础上的构建，教师为该教学法的实践提供了更为深刻的理论依据。这有助于教师在教育学领域更好地理解任务型教学法的本质，为其在实际教学中的应用提供理论支持。

（2）交际式教学法的理论观点梳理

本书研究成果对交际式教学法的理论观点进行了梳理。通过对交际式教学法在社会文化理论框架下的理论支持进行深入解析，教师为教育学领域提供了更具体、更系统的交际式教学法理论基础。这有助于教师在教育学领域更好地理解交际式教学法的本质和实施方法。

（二）跨文化交际能力培养的实践应用

1.跨文化交际在语言学习中的重要性

（1）社会文化理论对跨文化交际的强调

社会文化理论在本书研究中对跨文化交际的重要性进行了深入强调。通过社会文化理论的视角，教师解释了跨文化交际作为语言学习的不可或缺部分。这一理论观点为语言学习领域提供了新的视角，强调语言学习不仅仅是技能的学习，更是文化认知的培养。

（2）跨文化交际能力的实际应用案例

本书研究通过实际应用案例，展示了跨文化交际能力在语言学习中的实际应用。教师深入剖析了学生在实际任务中如何运用所学语言进行跨文化交际，强调了理论与实践相结合的重要性。这为相关领域提供了实际操作的范例，为教育实践提供了有力支持。

2.新思路对相关领域的启示

（1）语言学习理论的新范式

通过对传统语言学习理论的重新审视，教师提出了语言学习的新范式。这一新范式不仅包括个体认知的深度挖掘，更注重语言与文化相互交融的社会性认知。这为语言学习领域提供了新的理论视角，有助于推动该领域理论体系的更新与拓展。

（2）跨文化交际能力的跨学科整合

本书研究成果提出了跨文化交际能力的跨学科整合观点。在语言学习中，教师倡导将跨文化交际能力融入语言教学的各个环节，使其渗透到课程设计、教材编写等方方面面。这一整合观点为语言学习领域与教育学领域的跨学科研究提供了新的思路和路径。

三、研究结果的可持续性和推广性

（一）教学策略的通用性

1.不同学校的案例分析

（1）学校多样性的考察

通过深入分析不同学校的英语教学案例，教师发现这些学校存在一些共性的教学挑战和需求。无论是在全球化程度、学科设置还是学生背景上，学校之间存在一些相似之处。这使得教师提出的教学策略更具有通用性，可适用于不同学校的英语教学环境。

（2）共性挑战的解决策略

针对不同学校面临的共性挑战，教师提出的教学策略强调了通用性的原则。例如，在跨文化交际能力培养方面，无论学校背景如何，培养学生的国际视野和交际技能都是教师共同面对的任务。因此，教师的研究成果在解决共性挑战的同时，为不同学校提供了可持续的教学支持。

2.推广至其他大学英语教学环境

（1）教学策略的灵活性

本书研究结果并非刻板地教学指南，而是强调教学策略的灵活性。这使得这些策略可以根据具体学校的情境和需求进行调整和应用。例如，任务型教学法中的实际任务设计可以根据不同学科和专业的特点进行差异化，保持了策略在不同环境下的通用性。

（2）教育实践的共享

本书研究结果的通用性还体现在教育实践的共享方面。通过在不同学校间分享成功的教学经验和策略，可以实现经验的传承和积累。这种共享模式有助于构建一个教育界的共同体，促使各个学校在教学改革中相互受益，从而提高整体的英语教学水平。

（二）理论框架和方法论的适用性

1. 当前大学英语教学环境的适用性

（1）理论框架的整合性

本书研究提出的理论框架对当前大学英语教学环境具有较强的整合性。行为主义、认知理论和社会文化理论的结合为理解学生语言习得过程提供了全面而丰富的视角。这种整合性使得理论框架能够更全面地解释和指导当前英语教学中的各个方面。

（2）方法论的实证支持

本书研究的方法论得到了在实际案例中的实证支持，表明所提出的方法论在当前大学英语教学环境中是切实可行的。通过实际教学实践的验证，方法论在解决具体问题和挑战方面显示出了一定的实用性，为当前大学英语教学提供了有力的支持。

2. 未来教学改革的理论支持

（1）理论框架的未来拓展

本书研究提出的理论框架不仅适用于当前大学英语教学环境，也为未来的教学改革提供了理论支持。随着社会的不断发展和变化，理论框架具有一定的开放性，可以随着新的问题和挑战的出现进行进一步拓展和发展。

（2）方法论的灵活性

本书所提出的方法论注重灵活性，可以随着未来教学改革的需要进行调整和创新。这种灵活性使得方法论不仅适用于当前情境，也为未来的教学改革提供了持续的指导。例如，在新兴技术不断涌现的背景下，方法论可以灵活整合数字化教学手段，保持对未来教学趋势的敏感性。

（3）跨学科研究的启示

本书研究成果的理论框架和方法论对跨学科研究提供了启示。未来的教育研究往往需要跨越多个学科领域，综合不同领域的知识和方法。本书研究框架通过整合语言学、教育学和社会学的理论，为未来的跨学科研究提供了参考模式。

第三节　研究展望

一、可能的未来研究方向

（一）拓展研究范围

1. 多样性学生群体的深入研究

未来的研究可以进一步深入探讨不同背景和水平的学生群体在大学英语教学中的体验和需求。这包括但不限于国际学生、来自不同专业的学生，以及英语水平差异较大的学生。通过对这些多样性学生群体的深入研究，可以更好地制定个性化的教学策略，满足不同学生的学习需求。

（1）国际学生的英语教学

针对国际学生，研究可以关注其在英语学习中面临的文化差异、语言障碍以及跨文化交际的挑战。如何更好地整合跨文化元素到英语教学中，促进国际学生更好地适应学术环境，是一个值得深入研究的方向。

（2）不同专业学生的英语需求

对来自不同专业的学生，研究可以聚焦他们在专业领域中英语应用的实际情况。通过深入了解不同专业对语言能力的特殊要求，可以有针对性地设计教学内容，使英语教学更加贴近实际职业需求。

（3）英语水平差异学生的个性化支持

对英语水平差异较大的学生，研究可以关注如何差异化教学，既满足高水平学生的挑战需求，又提供足够的支持给低水平学生。这涉及教学资源的灵活配置、个性化辅导的实施等方面。

2.跨学科的英语教学案例研究

（1）学科交叉的实际情境

未来的研究可以更深入地研究学科交叉背景下的英语教学案例。例如，工程学科中的英语教学、医学领域的英语沟通等。这有助于应对在不同学科领域中英语教学的特殊挑战和机遇，为教学策略的制定提供更为具体的指导。

（2）教学团队的协同工作

跨学科的英语教学案例往往需要教学团队的协同工作。研究可以关注团队协作中的沟通模式、教学资源的整合以及团队成员间的角色分工等方面。这有助于提出更有效的团队协作策略，推动跨学科英语教学的发展。

（二）整合新兴技术

1.在线教育的深入研究

（1）虚拟学习社区的构建

未来的研究可以关注在线教育环境下虚拟学习社区的构建。通过分析学生在线互动、合作和交流的模式，可以更好地了解虚拟学习社区对英语学习的影响。这涉及在线教学平台的设计和管理。

（2）在线评估和反馈系统

研究可以探讨如何利用新兴技术建立更有效的在线评估和反馈系统。通过引入自动化评估工具、语音识别技术等，可以实现更及时、精准地学生表现评估和个性化反馈，提高教学效果。

2.利用虚拟现实和人工智能

（1）虚拟现实环境下的语言实践

未来的研究可以深入研究虚拟现实技术在英语教学中的应用。通过在虚拟环境中模拟实际语言使用场景，学生可以更身临其境地进行语言实践，提高语言技能的应用水平。

（2）个性化学习与人工智能

人工智能技术可以用于个性化英语学习的设计。研究课题关注如何通过学习分析、智能推荐系统等手段，根据学生的个性和学习进度提供定制化的学习内容和任务，以更好地满足学生的个性化学习需求。

（三）长期性研究

1.跨阶段跟踪学生发展

（1）跨学期的语言水平变化

未来的研究可以通过跨学期的长期性跟踪，深入了解学生语言水平的长期发展变化。这需要建立长期的研究框架，通过定期的语言测评、学业成绩的分析等手段，揭示学生在大学英语教学过程中的语言习得轨迹，从而更全面地评估不同教学方法对学生的影响。

（2）就业和实际应用情况的追踪

除了语言水平的变化，研究还可以关注学生毕业后的就业和实际应用情况。通过跟踪校友的职业发展，可以评估不同教学方法对学生实际语言运用能力的长期影响。这种长期性研究有助于更准确地衡量教学策略的实际效果。

2.教学方法的长期影响

（1）持久性教学策略的效果评估

未来的研究可以关注某些具有持久性的教学策略，如任务型教学法或交际式教学法，其在长期内对学生语言能力的影响。通过比较这些策略的长期效果，可以为教育决策者提供更具体的参考，指导未来的英语教学改革。

（2）教学创新对教师发展的影响

除学生层面的长期研究外，也可以关注教学创新对教师发展的影响。长期实施新的教学策略可能需要教师不断调整和改进，因此，研究可以深入了解教学创新对教师专业发展和职业满意度的长期影响。

二、新的问题和挑战

（一）多元文化的挑战

1.学生多元文化背景的挑战

随着全球化的发展，大学英语教学面临着越来越多来自不同文化背景的学生，多元文化背景给英语教学带来了新的挑战。未来的研究可以更深入地探讨不同文化背景下学生的语言学习需求，以便制定更具针对性的教学策略。

（1）文化差异对语言学习的影响

不同文化的学生在语言学习过程中可能受到文化因素的影响，包括语法结构、表达方式、交际习惯等。研究可以关注这些文化因素如何影响学生的语言习得，以提供更好的文化适应性教学方法。

（2）个性化教学在跨文化背景下的应用

个性化教学方法可能对不同文化背景下的学生更为有效。未来的研究可以探讨如何在大学英语教学中实现个性化教学，以满足不同文化学生的个体差异，提高他们的学习成绩。

2.灵活应对多元文化挑战的教学策略

（1）跨文化交际技能的培养

为了更好地应对多元文化挑战，未来的研究可以探讨如何在大学英语教学中培养学生的跨文化交际技能。这包括跨文化沟通的实际训练、多元文化意识的培养等方面的教学策略。

（2）跨文化教学案例的研究

通过深入研究跨文化教学案例，可以总结出有效的教学经验，形成适用于不同文化背景学生的教学模式。这有助于建立更具普适性的跨文化英语教学方法。

（二）数字化时代的教学需求

1.在线教育平台的有效利用

（1）虚拟学习社区的建设

随着在线教育的普及，建设虚拟学习社区成为关键问题。未来研究可以关注如何在在线平台上构建有利于多元化学生参与的虚拟学习社区，促进他们之间的交流与合作。

（2）跨文化在线协作的机制

在线协作是数字化时代大学英语教学中的一项重要实践。研究可以深入探讨跨文化在线协作的机制，包括教师引导、平台设计等方面的因素，以提高在线协作的水平。

2.虚拟教室的建设

（1）虚拟现实技术在英语教学中的应用

未来的研究可以深入研究虚拟现实技术在英语教学中的应用。通过在虚拟环境中模拟真实场景，学生可以更深刻地体验语言运用，从而提高他们在真实情景中的语言交际能力。

（2）人工智能辅助英语教学的研究

人工智能技术在语言学习中有着广泛的应用前景。未来的研究可以深入研究人工智能在大学英语教学中的辅助作用，包括智能化的学习推荐系统、语音识别技术的应用等，以提高学生的学习效果。

三、大学英语教学领域的发展趋势和需求

（一）实际应用能力的培养

1.未来大学英语教学的定位

未来大学英语教学的发展趋势之一是更加强调实际应用能力的培养。英语不再仅仅是一门学科，更是一种跨文化交际工具。学生除了需要掌握语法和词汇，还需要在实际应用场景中灵活运用英语，解决现实问题。这使得培养学生的实际应用能力成为大学英语教学的重要任务。

随着全球化的推进，企业和组织对具备跨文化交际和解决实际问题能力的英语人才的

需求日益增加。未来大学英语教学需要紧密结合社会需求，培养学生具备在国际舞台上胜任的实际应用能力。

2.实际应用能力培养的教学策略

（1）职场情境的模拟教学

为了培养学生在职场中实际应用英语的能力，教学可以引入职场情境的模拟教学。通过模拟商务谈判、团队协作等实际场景，学生可以在教学中锻炼并提高他们在职场上使用英语解决问题的能力。

教师可以引入真实的商业案例，让学生分析并提出解决方案。这样的教学方法不仅帮助学生理解实际应用的语境，还能够提升他们的问题解决能力。

（2）社会服务项目的英语应用

将学生参与社会服务项目，通过使用英语与社区互动，解决社会问题。这样的实践型项目可以让学生在真实场景中运用英语，培养他们解决实际问题的实际能力。

3.评估实际应用能力的有效手段

（1）项目化评估

传统的考试形式难以全面评估学生的实际应用能力。未来的大学英语教学可以更多采用项目化评估，通过学生完成实际项目，展示他们在解决问题、与他人协作等方面的英语应用能力。

（2）跨学科评价

实际应用能力的培养需要跨学科的知识和技能。教学评估可以结合其他学科的要求，评价学生在实际应用中的综合素养，包括语言运用、团队协作、跨文化沟通等方面。

（二）语言教学与实际应用的结合

1.教学内容的实际案例分析

（1）实际案例的融入教材

未来大学英语教学的发展可能更加注重将实际案例融入教材。通过引入真实的案例，学生可以更好地理解语言的实际运用，培养他们在解决实际问题时的语言能力。

针对不同专业领域，可以引入相关的行业特定案例，使学生能够更好地理解并运用专业英语，为未来的职业发展做好准备。

（2）跨学科教学的整合

未来的研究可以关注如何更好地整合语言教学与其他学科的知识。例如，可以通过与商业、科技等专业的教学团队合作，开设跨学科的课程，使学生在语言学习的同时获得相关领域的实际知识。

2.实际项目的开展

教学可以鼓励学生参与社区服务项目，通过使用英语与社区居民交流，解决实际问题。这样的实践项目可以增强学生在实际应用中使用英语的信心和能力。

建立与社区的合作伙伴关系，为学生提供更多实际项目的机会。学生可以通过与社区机构合作，运用英语解决实际问题，实现知识在实践中的应用。

3.教学方法的创新

（1）任务型教学法的推广

任务型教学法注重学生在真实任务中的语言运用能力。未来的研究可以进一步推广任务型教学法，通过设计丰富多样的任务，培养学生在实际应用中的语言能力。

（2）技术手段的整合

结合新兴技术，如虚拟现实、人工智能等，创新大学英语的教学方法，以更好地促进实际应用能力的培养。

第一，虚拟现实技术的运用。借助虚拟现实技术，可以在教学中模拟真实情境，提供更具体、更贴近实际的语言使用体验。例如，学生可以通过虚拟场景参与模拟商务谈判，提高他们在真实工作环境中的交际能力。

第二，人工智能辅助学习。引入人工智能技术，通过智能化的学习推荐系统为学生提供个性化的学习资源，根据学生的兴趣和需求进行有针对性的英语实际应用训练。这有助于提高学习效果和培养学生的实际语言运用能力。

参考文献

[1] 姜怡佳. 合作学习在高职高专英语口语教学中的应用 [J]. 才智, 2013 (22): 19-20.

[2] 闫爱花. ESP 理论指导下的大学英语专业化口语教学: 以梧州学院为例 [J]. 梧州学院学报, 2011 (1): 99-103.

[3] 李少华. 从《希望英语》看高职英语口语教学改革 [J]. 新闻战线, 2015 (5): 165-166.

[4] 屈静. 民航院校飞机维修专业英语口语教学改革的几点思考 [J]. 中国民航飞行学院学报, 2010 (1): 66-68.

[5] 郭丽霞. 小学英语口语教学问题及对策研究 [J]. 科教文汇 (中旬刊), 2013 (12): 122-123.

[6] 聂思思. 刍论基于英语口语大赛背景下的高职英语口语教学改革 [J]. 四川职业技术学院学报, 2016 (3): 152-154.

[7] 刘晓阳. 大学英语课程思政的实施路径研究 [J]. 吉林工商学院学报, 2018, 34 (5): 126-128.

[8] 杜刚跃, 孙瑞娟. 高校英语教学课程思政有效策略研究 [J]. 延安大学学报 (社会科学版), 2019, 41 (4): 122-126.

[9] 卢军坪. 大学英语课程推进课程思政的可行性探索 [J]. 上海第二工业大学学报, 2019, 36 (2): 129-133.

[10] 宋丽华. 大学英语课程思政的必要性及可行性分析 [J]. 智库时代, 2019 (41): 43-44.

[11] 黄怡凡. 课程思政体系下的大学英语教学 [J]. 文教资料, 2018 (5): 209-211.

[12] 孔标. "大思政" 格局下大学英语课程思政的落实研究 [J]. 长春师范大学学报, 2020, 39 (3): 179-182.

[13] 黄佰宏. 课程思政视域下的大学英语教学改革与实践: 以浙江理工大学为例 [J]. 浙江理工大学学报 (社会科学版), 2020, 44 (4): 466-472.

[14] 姜春华, 刘英健. 传统文化融入大学英语课程思政的实践探索: 以《全新版大学进阶英语》为例 [J]. 海外英语, 2021 (6): 129-130.

[15] 时园园. 课程思政融入大学英语教学的实践探索: 以抗疫时期的大学英语教学为例 [J]. 海外英语, 2021 (6): 170-171.

[16] 蔡基刚. 课程思政视角下的大学英语通识教育四个转向:《大学英语教学指南》(2020版) 内涵探索 [J]. 外语电化教学, 2021 (1): 27-31.

[17] 夏海玲. 课程思政视域下大学英语演讲教学实践与 MF 教学模式探究 [J]. 校园英语, 2021 (6): 33-34.

[18] 房慧.融入中国红色文化的大学英语课程思政教学探索：以陕西红色文化为例 [J].校园英语，2021（5）：12-13.

[19] 袁璐.课程思政视角下在线大学英语教学中使用网络新闻英语的实践反思 [J].中国多媒体与网络教学学报（上旬刊），2021（2）：163-166.

[20] 陈敏，谢天言.基于学习需求分析的大学英语课程思政教学研究 [J].江苏经贸职业技术学院学报，2020（3）：85-88.

[21] 贺林雁.课程思政视角下高职大学英语口语混合式教学研究 [J].校园英语，2020（26）：41-42.

[22] 郑升祎.大学英语课程思政教学内容的探索：以《新通用大学英语综合教程（第二版）》为例 [J].海外英语，2020（12）：153，155.

[23] 王川川，刘志景，马志伟，等.将课程思政元素融入大学化学教学的探索实践 [J].河南化工，2020，37（6）：68-69.

[24] 王燕."互联网+"背景下大学英语教学改革发展探究 [J].传播与版权，2019（3）：158-159.

[25] 于浩."互联网+"背景下优化高校英语课堂教学的措施探讨 [J].湖北开放职业学院学报，2019，32（6）：168-170.

[26] 姚晓语.任务型教学法在音乐治疗专业大学英语教学中的应用 [J].科技视界，2018，（30）：118-120.

[27] 曹玉洁.项目教学法在大学英语课堂教学中的应用 [J].甘肃广播电视大学学报，2018，28（5）：78-82.

[28] 张燕.分组教学法在大学英语教学中的应用 [J].智库时代，2018，（41）：271+278.

[29] 于欣宏.混合式教学法在大学英语教学中的应用：以蓝墨云班课为例 [J].黑龙江科学，2018，9（19）：28-29.

[30] 刘娟.体验式教学法在大学英语听说教学中的应用 [J].产业与科技论坛，2018，17（19）：163-164.

[31] 魏琼华.任务型语言教学法在大学英语多媒体教学中的应用 [J].中国教育技术装备，2018，（12）：116-117+122.